YO-CUN-431

Elena Mederos:
una mujer con perfil para la historia

COLECCION CUBA Y SUS JUECES

EDICIONES UNIVERSAL, Miami, Florida, 1991
OF HUMAN RIGHTS, Wasghington, D.C. 1991

MARIA LUISA GUERRERO

Elena Mederos:
una mujer con perfil para la historia

OF HUMAN RIGHTS
&
EDICIONES UNIVERSAL

OF HUMAN RIGHTS
Box 2160 (Hoya Station)
Georgetown University
Washington, D.C., 20057

&

EDICIONES UNIVERSAL
P.O. Box 450353 (Shenandoah Station)
Miami, FL. 33245-0353

© Copyright 1991 by Of Human Rights
Library of Congress Catalog Card No.: 90-82245
ISBN: 0-89729-569-2

Foto de la cubierta: *Elena Mederos en Madrid, 1979,* (Foto de Linda Montaner)
Edición al cuidado de Lilliam Moro

A María Elena, hija muy querida de Elena, sin cuyo estímulo y ayuda no hubiera podido cristalizar este empeño.

Prólogo

Éste no es un libro producto de la investigación sino hijo del recuerdo. Muchas personas que estuvieron cerca de Elena en distintas etapas de su vida han escudriñado en el arcón de sus memorias, para revivir experiencias compartidas con ella y ofrecer su contribución a este relato que es sólo el perfil biográfico de una mujer visto a través de la huella que dejó en quienes tuvieron el privilegio de conocerla, tratarla y gozar de su amistad. Mi labor ha sido la de reunir y coordinar sus confidencias y recuerdos para poder compartirlos con las futuras generaciones de cubanos.

El lector puede tener la seguridad de que todos los testimonios que aquí se citan provienen de mi correspondencia o de entrevistas personales. Las palabras atribuidas a Elena, así como las narraciones de hechos y anécdotas que no aparecen adjudicadas a alguien en particular —bien en el texto o en las notas—, forman parte de mi testimonio, sustentado por más de cuarenta años de constante contacto con ella, aun durante las etapas de Bogotá y Washington en las que parecía interponerse la distancia, pero en las que se mantuvo ininterrumpida una cordial y afectuosa comunicación.

Esta no es la biografía definitiva de Elena Mederos. Quizá mañana, cuando hayan cambiado las condiciones en que hoy vive Cuba, puedan revisarse libros de actas, memorias, programas de organizaciones, periódicos y revistas que muestran, paso a paso, aquella vida pública que comenzó en 1928. El minucioso investigador podrá entonces dibujar el retrato completo que aquí sólo se esboza.

Han sido colaboradores eficaces en la preparación de esta modesta biografía su sobrino Francis Pujals Mederos, su primo Diego Mederos Echemendía (quienes no pudieron verla cristalizar), y Luis A. Baralt Mederos, hijo de la querida prima Lillian: ellos me proporcionaron valiosos datos familiares. También los amigos y amigas que aparecen citados en el texto y en las notas, a quienes expreso mi gratitud por la ayuda prestada.

Debo consignar especial agradecimiento a las siguientes personas que han sido determinantes en la realización de este empeño:

En primer término, Emelina Díaz de Parajón, de quien provino la idea. Ella y Nena Planas me impulsaron a emprender la tarea y en todo momento me dieron su confianza, estímulo y colaboración.

El Dr. Antonio Lancís Sánchez, quien tuvo la gentileza de leer los originales y ofrecerme opiniones muy acertadas y consejos que han redundado en beneficio de la obra.

Gunther y Gertrude Lomnitz, que estuvieron tan cerca de Elena e Hilario y que con devota dedicación revisaron lo escrito y me favorecieron con sus valiosas observaciones y sugerencias, así como con el aporte de numerosos pormenores conocidos durante largos años de amistad con ellos.

Isabel Ospina de Mallarino, la amiga bogotana que con amabilidad y sumo interés me proporcionó detallada información sobre la estancia de Elena en Colombia.

Margarita López, quien me ofreció testimonio de primera mano sobre el proceso de las luchas sufragistas en Cuba.

Frank Calzón, a quien debo importantes datos relativos a la fundación de Of Human Rights.

Rosa Abella, que con diligencia e interés me facilitó copias del material relacionado con el Lyceum que existe en la biblioteca de la Universidad de Miami.

Ernestina Bertot, que me ayudó a localizar, en los diarios de los años 50, información sobre la Sociedad de Amigos de la República.

A todos les reitero mi entrañable gratitud.

María Luisa Guerrero

I. El símbolo

Antecedentes: 1869

Era Domingo de Ramos el 21 de marzo de 1869. El "San Francisco de Borja", barco de bandera española, se encontraba anclado en la bahía de La Habana, junto al muelle de Casablanca, listo para recibir la carga humana constituida por los 250 deportados que debía llevar a la isla de Fernando Poo. Alrededor de las dos o las tres de la tarde, entre filas de voluntarios situados a ambos lados del sinuoso camino, los desventurados prisioneros comenzaron a bajar por la ladera sur de la loma de La Cabaña. Empujados, maltratados, atados de tres en tres o de cuatro en cuatro, vejados por la chusma que regocijada contemplaba el espectáculo desde el Muelle de Caballería al otro lado de la bahía, los desterrados iban rellenando poco a poco el enorme vientre de la nave que los alejaría, quizá para siempre, de la patria y de los seres queridos. Algo más lejos, al otro extremo del propio muelle, los familiares llorosos y acongojados y los simpatizantes de la causa independentista los veían partir, sin poder acercarse a ellos para darles el adiós definitivo.

Aquellos 250 deportados eran un muestrario de la rebeldía criolla: los había de todas las edades, desde un anciano de 83 años hasta un niño de 12; de todas las clases sociales y económicas, desde el propietario y el rico hacendado hasta el humilde labrador; de todas las profesiones: médicos, albañiles, dentistas, farmacéuticos, escribanos, administradores de ingenios, agrimensores, empleados, tabaqueros, estudiantes, procuradores, abogados, capitanes de partido, carpinteros, relojeros y hasta cinco sacerdotes; de todas las procedencias: criollos de las seis provincias, avecindados tanto en la capital como en ciudades importantes, pequeñas localidades y zonas rurales; y también extranjeros, especialmente españoles de distintas regiones. Y entre ellos, entre aquellos desdichados arrancados a sus familias y arrojados de su patria por un poder brutal, se encontraban Tomás Fermín Mederos, hacendado de 46 años; su hermano, Bonifacio Mederos, y José Cabañas, quienes habían estado detenidos en la prisión de La Cabaña desde el 15 de febrero.

El "San Francisco de Borja" ancló en la solitaria rada de Santa Isabel de Fernando Poo el 28 de mayo de 1869, después de más de dos meses de navegación. Pronto las múltiples penalidades que aquellos deportados tuvieron que sufrir hicieron su estrago en el grupo: muchos no pudieron sobrevivir a los castigos, la desnutrición y las enfermedades; algunos murieron después de una golpeadura, otros fueron víctimas del paludismo, las calenturas o el hambre. Los cuerpos de muchos de estos infelices muertos en alta mar terminaron por reposar en el fondo del Atlántico; varios quedaron enterrados en las inhóspitas tierras de Fernando Poo y algunos de los que posteriormente fueron trasladados a España dejaron sus pobres huesos en el lazareto de Mahón.

Unos pocos lograron escapar de aquel infierno. Primero, once de los deportados se internaron en la espesura de las selvas africanas y después de pasar 17 días huyendo se acercaron a la costa donde un barco inglés los recogió y los llevó a Liverpool. De este grupo formaba parte Félix Fuentes, quien años más tarde, en Nueva York, habría de ser amigo y cercano colaborador de José Martí. Otro grupo, integrado por nueve prisioneros, consiguió, tiempo después, huir en un barco, también de bandera inglesa.

Pero para los que iban quedando, los que no habían podido escapar, ni por la vía de la muerte liberadora ni por la de los barcos extranjeros, las penalidades fueron cada vez mayores y la situación sólo se estabilizó algo cuando se les envió a la Península. Así pasaron nueve años.

Al firmarse la Paz del Zanjón, la amnistía decretada permitió el regreso a la patria. Algunas familias pudieron reunirse de nuevo. Otras quedaron destruidas para siempre. Muchas tuvieron el triste consuelo de saber, a través de compañeros de infortunio, dónde y cómo habían muerto sus seres queridos. A algunas no les quedó ni tan siquiera eso. De Tomás Fermín Mederos y Medina, se supo que murió el 29 de junio de 1869. De su hermano Bonifacio y de José Cabañas, la nada, la ignorancia total sobre su destino definitivo. Tal vez la muerte les llegara temprano, porque en el relato hecho por una de las víctimas que sobrevivió a tantas vicisitudes no hay referencia a ellos y sólo se les menciona una vez, al principio, cuando incluye la enumeración de los desterrados[1].

Es de pensar que en aquella época las noticias llegaban con más dificultad a las localidades pequeñas que a las ciudades, y, por otra parte, en los regímenes de terror, un clima de aislamiento suele rodear a los familiares de un preso político, como una conspiración de silencio. Del ausente se habla con miedo y con misterio. Es, en cierta forma, una especie de temor a causarle, aunque a distancia, mayores penas y también el deseo de salvar de un destino parecido a los que quedan. El cautivo, por su parte, o bien no tiene posibilidad de escribir o no lo hace para no perjudicar a sus seres queridos. Por una u otra causa, en el caso de los Mederos y de José Cabañas la falta de noticias fue casi total.

---

[1] Juan B. Saluvet, *Los deportados a Fernando Poo en 1869*, Matanzas, Imprenta Aurora del Yumurí, 1892.

La familia

Los ocho Mederos, hijos de Tomás Fermín —Tomás, Eladio, Rafaela, Elisa, Rita, Rosa, María y Leopoldo—, lograron subsistir gracias al tesón y diligencia de su madre, Rafaela Fernández y Jiménez, que supo llenar el vacío dejado por el esposo desterrado y desaparecido casi al comienzo del desventurado episodio de Fernando Poo.

Los Mederos y los Cabañas eran de San Antonio de los Baños y Vereda Nueva, localidades agrícolas situadas al sur de la provincia de La Habana. Los miembros de ambas familias se dedicaban a la administración y cultivo de sus fincas. Eran vecinos, amigos, y compartían los mismos ideales. La infortunada deportación de sus allegados los acercó aún más y con el tiempo llegaron a fundirse en una sola familia. Dos jóvenes Cabañas, Mercedes e Inés, nietas del mártir José Cabañas, se casaron con Tomás y Leopoldo, hijos del también mártir Tomás Fermín Mederos.

Cuando se produjo la prisión de los conspiradores el 15 de febrero de 1869 y la deportación algo más de un mes después, Leopoldo contaba ocho años de edad, e Inés, su vecinita de los Guachinangos, caserío de Vereda Nueva, seis y medio. Dieciséis años más tarde, las circunstancias por las que atravesaba la nación se hacían cada vez más difíciles, sobre todo para los que estaban tildados de rebeldes. Leopoldo e Inés se casaron en la localidad en la que habían nacido y crecido, Vereda Nueva, y ese mismo año, 1885, emigraron a Cayo Hueso, en los Estados Unidos.

Tomás con su esposa Mercedes y su hermano Eladio se radicaron en Tampa, donde establecieron un negocio de tabaco. Allí se casó Eladio con Susana Echemendía, una de las jóvenes que con sus hermanas (las hermanas Cuervo, Candita Carbonell "la Virgencita de Ibor", hija del patricio Néstor Leonelo y otras más hasta el número de catorce), integraban el club de "Las discípulas de José Martí" y laboraban activamente por lograr la independencia de Cuba.

En Tampa, Cayo Hueso, New York —ciudades de tanta significación histórica para Cuba— los Mederos, al tiempo que ganaban el sustento de sus familias con el comercio del tabaco y una tienda de comestibles, continuaban las actividades patrióticas que eran como el legado de sus progenitores. En Cayo Hueso a Leopoldo e Inés les nacieron los dos hijos mayores, Polo y Romelia. Más tarde, la familia se trasladó a New York donde Leopoldo, en forma diligente y callada, como tesorero de un club patriótico de los que integraban el Partido Revolucionario Cubano, realizó una labor de recaudación sumamente valiosa para la causa de la independencia.

Comienzo de una nueva vida

Al terminarse las hostilidades, la familia decidió regresar a Cuba. Leopoldo volvía no a disfrutar del poder político, ni a ocupar un cargo administrativo en la patria liberada pero aún bajo la intervención norteamericana, sino a poner su energía, su tenacidad y su inteligencia al servicio de Cuba. Venía a construir, a trabajar sencilla y discretamente por el engrandecimiento de la nación —porque los hombres de empresa también fueron, como los del machete mambí, fundadores de la patria—.

Leopoldo era una persona de constitución algo frágil pero de una voluntad y una fuerza espiritual insospechadas. Su salud no era total: a veces lo aquejaban los bronquios; otras, el estómago. Temporadas en Isla de Pinos, adonde iba a tomar aguas medicinales, lo ayudaban a sobreponerse a estos males. Años más tarde solía ir con su familia a pasar los veranos en Martín Mesa, también de aguas salutíferas, en la región de Pinar del Río, donde la abuela de la conocida escritora contemporánea Hilda Perera, lo conoció y apreció su calidad humana.

Inés Cabañas venía a ser la compañera ideal para aquel hombre todo actividad, energía, nervio, dotado de una gran capacidad de organización y una creadora acometivi-

17

dad. Ella era la típica madre de familia de entonces, dedicada por entero al esposo y a los hijos. Su suavidad de maneras, su serenidad y comprensión, su ternura derramada aquí y allá constituían elementos que cohesionaban el núcleo familiar y facilitaban la convivencia. Ejercía, sin parecerlo, una moderada influencia.

De estos padres nació en Cuba, en 1900, Elena Mederos y Cabañas. En su tarjeta de bautismo figuraba una bandera cubana, símbolo del determinismo patriótico que marcaría toda su vida.

II. Preludio de una vida

La gestación de la República

El día 1 de enero de 1900 comenzaba el año finisecular, o sea, el último del siglo XIX, popularmente considerado, sin embargo, como el inicio del nuevo siglo XX[1]. Nadie podía prever que los años venideros estarían marcados por la convulsión y el cambio. Este siglo, destinado a ser uno de los más tormentosos de la historia, venía precedido por un signo de paz. No pretende esta afirmación suponer la ausencia total de problemas: los ha habido en todas las épocas y lugares. Pero en ese momento todo parecía controlable. En ese primer día de enero de 1900 se abría un paréntesis de relativa tranquilidad para el mundo.

En Cuba los augurios eran propicios. La intervención norteamericana, puente entre la dominación española y el establecimiento de la República, se producía en medio de la mayor armonía. En conformidad con lo expuesto por Martí en el *Manifiesto de Montecristi*, no había odio entre los antiguos enemigos. Cubanos y españoles confraterniza-

---

[1] Elena Mederos solía decir que ella iba con el siglo. En realidad era finisecular, ya que el siglo XX empieza en 1901. Tradicionalmente, no obstante, se hace referencia al año 1900 como su comienzo.

ban y se unían en el común empeño de forjar una nueva nación. Vinculados a la raza por la historia, la sangre, el temperamento y la lengua, los cubanos se sentían gozosos con la promesa de la independencia que había de llegarles dos años después, pero no renegaban de su origen, ni rechazaban a la España que los había subyugado. Más aún, ahora que no sentían la opresión de las cadenas, respetaban y comprendían mejor a la madre patria de la que procedían sus costumbres, su cultura, su religión, su forma de ser y de sentir. El cordón umbilical se había cortado y el último vástago desprendido de la Metrópoli quería estrenar sus fuerzas y vivir con vida propia pero sin renegar del lazo cultural que lo unía al pasado e influenciaría, para siempre, su personalidad como pueblo. Es verdad que otra fuerza se había injertado a través de la brutal institución de la esclavitud: Africa estaba también presente en el sector más maltratado, humillado y escarnecido de la población de la Isla. Durante las guerras independentistas, estos cubanos de origen africano se habían puesto en pie y habían marchado, mano a mano, con los criollos (que años atrás les habían dado la libertad) en una común tarea de redención.

Un tercer elemento, de carácter geográfico, lo constituía la vecina nación norteamericana, que brindaba su experiencia a la República que nacía. A pesar de que los españoles habían sido los primeros en colonizar gran parte del territorio de Estados Unidos, la herencia hispana no prendió en las frías tierras del norte con la misma fuerza que en los territorios al sur del Trópico de Cáncer. Ahora, cuando Cuba iba a surgir como nación independiente, se tendía desde 90 millas al norte la mano amiga (que ya había ayudado a romper el yugo en la Loma de San Juan y en la bahía de Santiago) para colaborar de nuevo en el proceso de entrenamiento y organización. La nación norteamericana iba a dejar algo de su huella benéfica —pese a los naturales resquemores originados por la Enmienda Platt, Guantánamo e Isla de Pinos— pero sin modificar, en lo fundamental, la idiosincrasia y la cultura cubanas.

Todo, pues, era júbilo en Cuba este primer día del año 1900. Se presentaba un panorama de promisorias expectativas. He aquí el parte de prensa aparecido el día 2 de enero en el diario *The New York Times* que bajo el título de "Procesiones de Año Nuevo en La Habana", describe la borrachera de alegría, humor sano y sentimiento patriótico que invadía a los cubanos al acercarse el momento histórico de la independencia:

> La Habana. Enero 1. El año nuevo se introdujo con una procesión de antorchas que se formó poco antes de la media noche la que, precedida por una banda de música, dejó la parte baja del Prado e hizo un recorrido por las calles principales de la ciudad. Casi lo único que se cantaba era el Himno Nacional.
>
> Todo el pueblo parecía estar despierto aguardando la llegada de 1900. Los acordes del popular Himno hacían que todos se asomaran a las ventanas y puertas y la procesión era acogida con delirante entusiasmo. Numerosos niños iban estallando descargas cerradas de cohetes a lo largo de la marcha. Todos los generales cubanos prominentes eran vitoreados aunque los ¡vivas! eran principalmente para ¡Cuba libre! El presidente McKinley y el gobernador Wood también compartían el aplauso popular.
>
> Cuando la procesión regresó al Prado y la banda tocó una vez más el Himno Nacional de Cuba, algunos americanos presentes solicitaron que tocara The Star-Spangled Banner. La banda los complació de inmediato y la multitud vitoreó fuertemente.[2]

En este ambiente de júbilo y en este momento de exaltación patriótica, el 13 de enero, a las 9 de la mañana, vino al mundo Elena Inés Mederos y Cabañas[3]. Aun cuando

---

[2] "Havana New Year Processions", *The New York Times*, New York, January 2, 1900 (traducción del inglés).

[3] En una copia de su partida de nacimiento hecha en 1977, el segundo nombre aparece escrito con I, pero en su título universitario y en la solicitud de ciudadanía, escrita por su propia mano, aparece con Y. El nombre de su madre también aparece con Y.

el establecimiento de la República como entidad independiente demoraría dos años más, este nacimiento coincidía con el de Cuba.

Elena era la Benjamín de la familia. Y a juzgar por la bella mujer en que se convirtió después, debió haber sido una niña preciosa. Vivían los Mederos en los altos de un edificio propio mandado a construir con el propósito de establecer allí el hogar familiar. Estaba en la calle de Monte núm. 194 esquina a Antón Recio, en La Habana. El piso bajo se destinaba a alquiler y en alguna época se ubicó allí una tienda de ropa denominada "La Reunión". Al lado, en otro edificio también propio, se encontraba el almacén de tabaco en rama, negocio al que se dedicaba el jefe de la familia. La residencia era espaciosa y ventilada, con una sala de buenas proporciones al frente, y comedor, también amplio, al fondo; un pasillo central comunicaba estas dos habitaciones. Distribuidos a ambos lados del pasillo había cinco dormitorios y un baño. En alguna parte, quizás detrás de la cocina, se encontraba un patio pequeño que era como una expansión de la casa y en el que algunas plantas daban frescor al ambiente. Por el patrón de la época podía considerarse como una pequeña mansión. En todo caso era una casa con las comodidades propias de una familia de clase acomodada.

Allí nació Elena. Su hermano Leopoldo, Polo para la familia, ya tenía casi 12 años y medio, y su hermana Romelia, once y medio. Cuando la niña cumplió los cuatro años, los padres decidieron ponerle una institutriz. Como Romelia y Polo habían nacido y se habían criado en la emigración, asistiendo a la escuela en Estados Unidos, eran bilingües y dominaban el español y el inglés. Pero Elena había nacido en Cuba y en la casa sólo se hablaba el español. Leopoldo e Inés quisieron darle la oportunidad de conocer, como sus hermanos, otro idioma. Así vino a vivir con ellos, para encargarse de la niña, Addie Burke, una dama norteamericana poseedora de una vasta cultura y grandes dotes de educadora. La de ella fue una de las grandes y benéficas influencias que contribuyeron a moldear la personalidad de Elena desde que a los cuatro años estuvo bajo su cuidado y atención, positiva relación que perduraría a través de los años.

Cuando Elena contaba unos nueve años, tanto los padres como Addie estimaron que debía asistir a una escuela con el fin de que no se criara encerrada en el medio familiar, sino que tuviera trato normal con otros niños de su edad. Así, en septiembre de 1909 empezó a asistir al Candler College, una escuela elemental de la que era director Mr. H.B. Bardwell, situada entonces en los números 10, 12 y 14 de la calle Virtudes, en La Habana.

En 1912 Elena empezaba la segunda enseñanza y debía asistir a una escuela superior. Pareció conveniente el Colegio Sánchez y Tiant, en aquel entonces uno de los más importantes de La Habana, situado en la Calzada de la Reina, frente al lugar donde se construyó después la Iglesia del Sagrado Corazón de Jesús. Tanto el Candler College como Sánchez y Tiant debieron representar para la niña ventanas abiertas en su vida. Y, para mayor dicha, compartía la nueva experiencia con su inseparable Lillian, de los mismos apellidos que ella, Mederos y Cabañas, prima doble por ser ambas hijas de dos hermanos casados con dos hermanas, casi una hermana, ya que por la edad —Sara María Lillian le llevaba sólo un mes y dos días— habían crecido a la par y juntas habían disfrutado juegos infantiles y la atención algo preferente de los padres, tíos y hermanos, por ser las más pequeñitas en sus respectivos hogares. Más todavía, Lillian también tenía una institutriz norteamericana y entre ésta y Addie había una relación de amistad.

La selección del Colegio Sánchez y Tiant fue afortunada ya que la directora, Eloísa Sánchez de Taboadela, era persona de gran calidad y de principios éticos muy firmes, maestra por vocación, poseedora de un instinto tan maternal que consideraba a todas las alumnas como si fueran hijas. El colegio era laico, pero en modo alguno falto de orientación moral y religiosa. Por las mañanas, antes de comenzar las clases, solía Eloísa leer algún pasaje de la *Imitación de Cristo,* esa pequeña joya literaria de meditación cristiana, escrita en el siglo XV por el monje alemán-holandés Tomás de Kempis, y que ejercería en la jovencita una extraordinaria influencia. Lo citaría a menudo y conservaría junto a sí un ejemplar de él hasta los últimos días de su existencia.

A Sánchez y Tiant asistían niñas que, andando el tiempo, se destacarían en distintas actividades. Baste recordar sólo algunas cuyos nombres tuvieron trascendencia en uno u otro aspecto de la vida nacional: María Teresa Álvarez, Teté para su amigas, que se casó más tarde con el Dr. José Hernández Figueroa, decano de la Facultad de Derecho de la Universidad de La Habana; cuando Teté llegó a la Universidad se dedicó al estudio de las ciencias, llegando a ser profesora de Botánica en ese mismo centro; Berta Arocena, casada luego con el gran periodista Guillermo Martínez Márquez y, periodista ella también, fue fundadora y primera presidenta de Lyceum, sociedad de enorme trascendencia en la vida cultural cubana; también Margot Baños, luego esposa de uno de los más distinguidos intelectuales cubanos de su generación, Jorge Mañach; y la fraterna Lillian, casada luego con otro intelectual destacado, Luis A. Baralt.

Del paso de Elena por el Sánchez y Tiant quedan dos testimonios de interés: uno lo constituye la opinión de la propia Eloísa, quien solía expresar que de todas las alumnas que pasaron por su colegio, Elena era su orgullo y hacía notar cómo desde temprano demostraba madurez y extraordinario sentido de la responsabilidad, característica predominante en toda su vida. Contaba Eloísa que después de terminadas las clases, Elena se ponía a jugar o a conversar con otras niñas, pero siempre estaba atenta al reloj y pendiente de la llegada de Addie, que pasaba a recogerla a las 4 de la tarde. Y a los ruegos de las demás compañeras para que siguiera jugando y dejara a Addie esperando, Elena contestaba, con formalidad y seriedad que impresionaban a Eloísa, que ella no podía actuar así porque lo correcto era tener consideración para con los demás. Según Eloísa, la muchacha "se distinguía entre todas por ser diferente. Tenía palabra desde niña. Era única y demostró, desde muy temprano, calidad de líder".

Por aquel entonces empezaron los contactos con jovencitos, ya que las alumnas de Sánchez y Tiant a veces iban a patinar con los alumnos del Candler College. Entre estos estaban Luis Alejandro Baralt y Jorge Mañach. Años más tarde, comentaba Eloísa que a ella le gustaba Luis por lo atento y juicioso que era. Y agregaba divertida: "Yo lo quería para Elena. Pero sucedió que fue Lillian quien se casó con él"[4].

Otro testimonio del carácter de Elena lo ofreció Berta Arocena, su compañera en las aulas, al escribir sobre *Los veinte años del Lyceum*. Dice Berta al referirse a la presencia de Elena en la institución: "Ella es Elena Mederos de González, la muchachita soñadora de Sánchez y Tiant que concitaba el respeto, la admiración y el cariño de todas sus condiscípulas"[5].

Mientras tanto, Addie seguía junto a ella completando su educación cuando la jovencita regresaba de la escuela. De hecho, permaneció en la casa hasta bastante después del casamiento de Elena. En una entrevista periodística celebrada posteriormente en Miami, la redactora pone en boca de Elena que Addie vivió con ella hasta el año 1940[6]. Pero la fecha está equivocada: regresó a los Estados Unidos posiblemente entre los años 30 y 31 y se debió al doble deseo de volver a su país, donde quería morir, y de reunirse

---

[4] May Ramos O'Hare, testimonio personal sobre sus conversaciones con Eloísa Sánchez, de quien era hija adoptiva.

[5] Berta Arocena, *Los veinte años del Lyceum*, La Habana, Imprenta de la Revista *Crónica*, Editorial Lex, 1949.

[6] Ena Naunton, "En Washington una cubana vela por la libertad. Elena Mederos lucha por los derechos humanos en Cuba" (entrevista). *The Miami Herald*, Miami, mayo 6, 1978.

con las hermanas y sobrinas de las que había estado alejada durante muchos años.

El lazo que las unía, sin embargo, no se quebró nunca. A lo largo de su vida, muchas personas oyeron a Elena hablar de Addie con admiración, respeto, gratitud y afecto. Y cuando pasaba por New York en sus numerosos viajes al extranjero, ya fuera sola o con su esposo y su hija, jamás dejaba de visitarla. Sobre Addie cuenta Emelina Díaz de Parajón:

> Era una americana muy fina, muy distinguida, menuda y delgada, que hablaba en voz muy baja... Tuve la suerte de conocerla. Fue en el año 34. Elena y yo coincidimos en New York y un día ésta me invitó a almorzar con Addie para que yo la conociera. Vivía la antigua institutriz en una casa de huéspedes y estuvo muy atenta y agradable. Siempre recordaré su actitud acogedora y amable[7].

Años más tarde, cuando ya la institutriz, casi al final de su vida, se encontraba residiendo en un hogar de ancianos en las afueras de New York, Elena seguía visitándola. May Ramos narra que en 1947, con ocasión de encontrarse residiendo en Manhattan como estudiante de arpa de la famosa Julliard School of Music, tuvo la oportunidad de acompañar a Elena en una de sus visitas y recuerda que Addie llamaba con ternura "Elenita" a su antigua pupila y se interesaba por la hija, María Elena[8].

Elena también recibía clases de música. Hay un testimonio de que asistía al Conservatorio Santa Cecilia[9]. Y alguien parece recordar haberle oído hablar del profesor Carnicer. Otro testimonio sobre este punto lo brinda Emelina Díaz, quien apunta:

---

[7] Emelina Díaz de Parajón, testimonio personal.
[8] May Ramos O'Hare, testimonio personal.
[9] Título de Maestra de Solfeo. Conservatorio Santa Cecilia, La Habana, 1913.

Elena tocaba el piano. No quiero decir que interpretara rapsodias de Liszt. Pero sí tocaba valses con mucho gusto y estilo. Yo recuerdo haberle oído una vez un *Danubio azul* muy bien ejecutado, muy melodioso y muy agradable[10].

Solía Elena contar una anécdota que posiblemente se remonta a estos tiempos:

> Cuando yo era jovencita quería pintar, tocar el piano y cantar. Me llevaron a un profesor de canto que me escuchó atentamente y cuando terminó la audición de prueba, dictaminó con toda seriedad: "Poco pecho, poca voz pero muy desentonada". Ahí tuvieron punto final mis aspiraciones como cantante.

En cuanto a su interés por la pintura, se mantendría vivo siempre, aun en la última etapa de su vida. Muchas de las personas que participaron en las directivas del Lyceum recuerdan haber observado cómo, mientras se discutían los distintos asuntos que figuraban en el orden del día, Elena, sin dejar de prestar toda su atención, se entretenía en hacer dibujitos en un papel. Otras veces eran caricaturas.

En relación con este juvenil deseo de pintar, contaba otra anécdota: terminados ya sus estudios secundarios, decidió asistir a la Escuela de San Alejandro. Allí la entrevistó un profesor, probablemente el ilustre Leopoldo Romañach, director de la Academia, y Elena, con cierta petulancia nada típica en quien era siempre natural y sencilla, le dijo que no tenía que empezar por el primer año porque ella sabía ya pintar. El profesor, sonriendo, comentó: "Señorita, ni el mismísimo Miguel Ángel se hubiera atrevido a hacer una afirmación como ésa". Elena se sintió tan avergonzada con la lección que acababa de recibir que no se decidió a asistir a la Academia.

---

[10] Emelina Díaz de Parajón, testimonio personal.

De Sánchez y Tiant pasó a la universidad, donde se matriculó en la Escuela de Farmacia. Es curioso que eligiera una carrera que no iba a ejercer jamás, ya que en el futuro polarizaría sus intereses hacia otros rumbos. Hay varias versiones en relación con esto. En cierta ocasión en la que alguien le preguntó al respecto, ella expuso que, según el criterio imperante en esa época, las mujeres sólo estudiaban para ser maestras o farmacéuticas. Ante el deseo de ella de ir a la universidad, sus padres le dejaron la elección y como el magisterio no la entusiasmaba mucho, se decidió por la Farmacia.

Pero quizás el motivo de su elección sea el que Emelina Díaz escuchó de labios de Elena:

> Estábamos hablando con el Dr. Tomás Roig, que era su director. Elena se acercó con mucho interés a unas plantas recién nacidas y le preguntó qué eran. Él contestó que plantas aromáticas. Entonces Elena dijo: "Por eso yo sabía que me atraían, pues cuando tuve intenciones de estudiar la carrera de Farmacia mi propósito era el de investigar y estudiar las plantas aromáticas cubanas"[11]

Esta misma versión es la que, con ligeras diferencias, ofrece Robert R. Brauning, redactor de *The Miami Herald*[12]. Y, en otra entrevista realizada por Ileana Oroza, también de *The Miami Herald,* con ocasión del homenaje que se le brindó al cumplir los 80 años, la redactora pone en boca de Elena la siguiente explicación:

> Leí una novela donde los héroes cultivaban hierbas medicinales, así que decidí estudiar Farmacia... Mi padre

---

[11] Emelina Díaz de Parajón, testimonio personal.
[12] Robert R. Brauning, "Elena Mederos aboga por los presos políticos. Dedicada a la defensa de los derechos humanos" (entrevista), *The Miami Herald,* Miami, junio 18, 1977.

tenía una finca en aquella época y yo soñaba con cultivar las plantas que curarían a la humanidad[13].

Andando el tiempo, su camino sería otro, pero la meta permanecería la misma: luchar por el bienestar colectivo.

En las aulas universitarias no hizo muchas amistades. Se recuerdan los nombres de Mary Lagomasino y Carmelina Guanche, que fueron sus compañeras de estudio, y también el de Teté Álvarez, que ya había estado con ella en el Sánchez y Tiant y que aunque cursaba una carrera distinta tenía en común con Elena algunos intereses, como la Botánica. Al decir de algunos, su paso por la universidad fue discreto, aunque obtuvo, por lo menos, dos premios: uno de Química orgánica y otro de Análisis especiales[14]. De la universidad salió en 1920 con el flamante título de Doctora en Farmacia, diploma que quedaría guardado para siempre y que la capacitaba para una profesión que no ejercería nunca. Oficialmente, la jovencita ponía así el sello final a su etapa de estudiante.

Al considerar la personalidad de Elena Mederos y hacer un análisis de sus cualidades, hay que referirse a su íntimo "ser", a esa característica innata en cada individuo que es la esencia de la personalidad, ese "yo" a que se refería Ortega y Gasset cuando expresó: "Yo soy yo y mi circunstancia".

Sabemos que el ser humano no está hecho de una sola pieza sino que es, en cierto modo, una especie de rompecabezas integrado por muchos pedacitos distintos: la herencia genética, las influencias ajenas, las amistades, un maestro, un libro, la comunidad en que se desarrolla, el momento en que vive, en fin, todos los factores que actúan sobre

---

[13] Ileana Oroza, "Elena Mederos: una defensora de los derechos humanos" (entrevista), *The Miami Herald,* Miami, febrero 23, 1980.

[14] Las circunstancias por las que atraviesa Cuba no han permitido el examen de su expediente de estudios, por lo que sólo han podido tenerse en cuenta los documentos citados.

una individualidad integrándose a ella y hasta modificándola. Pero esas son las "circunstancias" y el "yo" es otra cosa: algo así como las huellas dactilares que marcan, identifican y distinguen para siempre. De aquí que, a veces, hijos de un mismo padre y una misma madre, criados en un mismo ambiente, sean diferentes y tengan vidas, necesidades y metas absolutamente diferentes. Ya dice el refrán popular que los cinco dedos proceden de una misma mano y no son iguales.

El "yo" de Elena era excepcional, lleno de amor al prójimo, de nobleza, de bondad, de armonía interior. Era un "yo" intrínsecamente bueno, inteligente, sensible y de positivos valores, entre los que la libertad, la dignidad y la democracia eran predominantes.

En cuanto a sus circunstancias durante la época formativa, Elena no pudo haber sido más afortunada. Había venido al mundo vinculada a las raíces históricas de su patria y su familia. A ambas hizo referencia casi al final de su vida, en las palabras que llevaba escritas para leer en el almuerzo homenaje que se le brindó al cumplir los 80 años:

> Del cúmulo de ideas que vienen a mi mente en estos momentos, se destacan dos que quiero compartir con ustedes. Una es la de reconocer que quizás mi afán de hacer y mi constante persistencia en el esfuerzo responden al estímulo de antecesores que fueron luchadores incansables, con una profunda preocupación por los problemas patrios. Su ejemplo y el de tantos patriotas de ayer y de hoy constituyen una magnífica conjunción de factores a los que agradezco mi formación ideológica[15].

La familia Mederos siempre trató de conservar la cohesión de sus miembros, hasta el punto de que cuando Romelia, la hija mayor, se casó con el ingeniero Francisco Pujals

---

[15] Elena Mederos, palabras para agradecer el homenaje que se le brindó con motivo de su 80 cumpleaños. Miami, febrero 24, 1980.

Claret, su vecino de la calle de Antón Recio, don Leopoldo mandó a levantar en su casa un tercer piso con similares proporciones y comodidades, con el fin de que la hija no se alejara del núcleo familiar. Allí nacieron y vivieron los Pujals Mederos hasta que, muchos años después, la necesidad de mayor espacio hizo que se mudaran para una casa más amplia frente al Malecón. También cuando Elena se casó, al regreso del viaje de luna de miel pasado en los Estados Unidos, el matrimonio joven se quedó a vivir en la casa de Monte junto a sus padres.

A las dos circunstancias tan favorables que presidieron su nacimiento —el alborear de la patria y el amoroso medio familiar—, hay que añadir otra de no menor importancia: el factor genético, que puede influir y determinar la constitución del "yo" a que se refiere Ortega. Sus padres dejaron su marca en aquella personalidad que iba formándose. De Leopoldo le vinieron quizá la visión, el temple, la firmeza de carácter, el espíritu de lucha, la generosidad y el entusiasmo por los proyectos que emprendía. Tenía calidad de líder como él y era capaz de darse enteramente a una causa y poner en ella entusiasmo, tesón y energía. También como él se sentía siempre estimulada por el afán de hacer. De Inés heredó serenidad, comprensión y una extraordinaria cualidad persuasiva que le permitía avenir a los desavenidos, armonizar los intereses más opuestos y hacer trabajar conjuntamente, en un empeño común, a personas totalmente dispares.

De Addie, su institutriz, además de una sólida formación intelectual, adquirió esa especie de disciplina de trabajo que habría de perdurar hasta sus últimos días, la percepción de lo adecuado y correcto, la actitud flexible y enérgica a la vez, un admirable tacto para proceder siempre con ponderación y absoluta ecuanimidad, el valor para enfrentar circunstancias difíciles sin que sus nervios se alteraran y ese espíritu reflexivo que le permitió moderar siempre sus emociones y actuar sin dramatismos inútiles ante situaciones conflictivas o penosas.

De Eloísa Sánchez recibió una cierta dimensión de lo ético, de lo trascendente del espíritu y el conocimiento del Kempis, libro mencionado como uno de sus preferidos.

De su tía Rafaela Mederos de Fernández, pionera en la lucha por lograr el sufragio femenino, obtuvo la reafirmación de su innata independencia de criterio y su convicción sobre la dignidad que por derecho corresponde a la mujer.

El resultado de todas estas influencias fue una mujer completa en toda la extensión de la palabra, una mujer que habría de dejar una huella en la historia del feminismo y del servicio social en Cuba.

Pero a esta vida, ya formada y lista para proyectarse hacia el futuro, todavía no la habían rozado esas dos poderosas fuerzas que son las que prueban el carácter: amor y dolor. Durante el período de su formación, Elena no había confrontado grandes angustias, penalidades o pasiones. Sólo un hecho parecía haber afectado profundamente a la familia y, por consiguiente, a ella, como parte de esa unidad: el accidente sufrido por su hermano Polo cuando su automóvil se volcó en una curva de la carretera a Güines. Polo, que había sido un notable estudiante de medicina, iba en un auto con otros compañeros de curso a festejar la graduación y su nombramiento como jefe de Internos del Hospital Mercedes. Uno de los jóvenes murió en el accidente. Polo, en estado sumamente grave, estuvo entre la vida y la muerte y a punto de perder las piernas que al fin pudieron salvarse, pero con algún defecto visible. El problema físico no era, sin embargo, lo que más agobiaba al joven médico sino la pérdida del amigo que había perecido en aquel fatal accidente. Como resultado de su trauma interior, Polo jamás ejerció la profesión de médico. Elena sintió, como los demás miembros de la familia, las consecuencias y, según contaba ella años más tarde, aquel accidente repercutió en toda la estructura familiar. Durante bastante tiempo la vida del núcleo giró alrededor de Polo, figura central del drama, a quien todos trataban, cada cual a su modo, de distraer y compensar por su sufrimiento.

Pero al fin esto pasó sin torcer el destino de la jovencita. Polo se recuperó y para Elena la vida volvió a cobrar su ritmo de estudios y enriquecimiento cultural. El verdadero dolor no mordería su carne hasta muchos años más tarde.

Terminados sus estudios universitarios, buscaba ansiosa su camino. Nada había perturbado aquella existencia tranquila dedicada a cultivar su mente, a la lectura y a sus sueños, porque, aun sin parecerlo en lo absoluto, esta joven era una romántica soñadora en cuya cabeza bullían desde muy temprano proyectos distintos que tenían como lazo común y propósito fundamental el beneficio de sus semejantes. "Mi hija —apuntaría en una entrevista casi al final de su vida— dice que yo siempre estoy inventando algo. Y es verdad que soy un poco de dejarme llevar por el impulso. Pero ese romanticismo procuro siempre canalizarlo hacia algo específico"[16].

---

[16] Ileana Oroza, entrevista citada.

III. El amor, trayectoria íntima

Elena visitaba con frecuencia a su tía Rafaela ("Fela") Mederos, casada con Agustín Fernández. A semejanza de su hermano Leopoldo, era ésta una persona de ideas muy definidas y de firme carácter, dotada de una gran sensibilidad social y disposición para defender sus principios y sus derechos. También, como sus hermanos, había estado en la emigración.

A Elena le gustaba escucharla y a veces regresaba a casa exponiendo ideas que asustaban un poco al padre, a pesar de su amplitud mental y conocido liberalismo; en ocasiones iba a casa de la hermana y le reprochaba el que inculcara ideas demasiado atrevidas a su hija. Fela se reía y le decía que Elena era muy capaz de cuidar de sí misma, porque pensaba con su cerebro y tenía madera de líder. Él se incomodaba e iba a sentarse meditabundo y silencioso en el portal: no podía evitar cierta inquietud, quizás premonitoria, por su hija, para la que soñaba una vida plácida y feliz[1].

Pero la joven hija resultaba mucho más independiente que sus hermanos mayores, tenía otros y más amplios

---
[1] Lydia Pla de Osuna, testimonio personal sobre las conversaciones con su madre Concha Fernández Mederos de Pla.

intereses y parecía decidida a gobernarse a sí misma. Tenía un carácter quizás más fuerte que el de él y esto lo intranquilizaba.

Elena sentía que como persona tenía el derecho a escoger su propia vida, el derecho de ser ella misma. Afortunadamente Leopoldo no era un padre autoritario, pues era más comprensivo de lo que aparentaba y poseía una cierta flexibilidad para asimilar nuevas ideas. Por otra parte, la hija lo admiraba y quería demasiado, lo que facilitó que no se produjeran choques violentos entre ellos por discrepancia de opiniones acerca del derecho a la autodeterminación que Elena reclamaba para sí. Los acontecimientos futuros disiparían estas preocupaciones paternas.

En casa de su tía Fela Elena tenía la oportunidad de relacionarse con gente joven. Rafaela Mederos y Agustín Fernández tenían dos hijos, Agustín y Raúl, y una hija, Concha, que era algo mayor que Elena y Lillian. Allí se conversaba, se escuchaba música, y otras veces el entretenimiento consistía en juegos de salón por entonces de moda.

Ningún amorío de adolescente perturbaba la tranquila existencia de la joven Elena. Sin embargo, parece que un joven poeta se prendó de ella y le envió algún poema en el que le manifestaba sus sentimientos. Pero Elena no estaba todavía preparada para el amor. Fue un episodio que pasó con suma delicadeza y discreción, dejando entre ambos una bella amistad que perduraría siempre.

Es obvio que preocupaciones de otro tipo llenaban su pensamiento. Quizá ya fermentaban en su cerebro las metas que iba a ponerse en su vida. No quiere decir esto que rehuyera el trato con los jóvenes, ya que los frecuentaba desde que estaba en Sánchez y Tiant, asistía a las reuniones informales de la tía Fela o paseaba en bote con amigos en las excursiones a Cojímar, recordadas luego por Martínez Márquez. Era simplemente que no había llegado la hora de encontrar a su pareja. En esto, como en todo, Elena era selectiva. No iba a tener novio por tenerlo o por presumir de ello con las demás muchachas. Ella esperaba la llegada del amor verdadero. Desde luego que una muchacha "tan fina y tan elegante", según palabras de la abuela de Hilda Perera[2], debió haber tenido, además del poeta, numerosos admiradores. Según la escritora, Elena figuraba entre las candidatas preferidas por su abuela para el mayor de sus hijos, José Francisco.

Pero Elena estaba más allá de cualquier cálculo casamentero. El matrimonio llegaría a su tiempo. Así, un día en casa de su tía Rafaela, en una reunión para celebrar la graduación de su primo Raúl, éste se acercó a ella en compañía de su amigo y compañero de estudios: el joven abogado Hilario González Arrieta. Hubo una atracción mutua y el encuentro sería definitivo para ambos.

Hilario era más bien delgado y no muy alto, aunque sí bien parecido. Su madre, Victoria, había sido una bellísima mujer que, viuda desde joven, había trabajado sin descanso para mantener y educar a sus numerosos hijos. Hilario sentía hacia ella no sólo el natural cariño filial sino una admiración profunda por la abnegación y extraordinaria fuerza de carácter de que había dado pruebas al sacar adelante, ella sola, a sus hijos. Hilario era, físicamente, muy parecido a su madre. El joven procedía de una conocida familia, pues los Arrieta eran dueños de ingenios. (Muchos años después, en 1970 y en el exilio, apareció en New York una litografía mostrando el proceso de elaboración del azúcar en la casa de calderas del ingenio "Flor de Cuba", que perteneció a la familia. Este ingenio, situado en Colón, provincia de Matanzas, estaba considerado en 1850 como el de planta física más bella y funcional de la Isla y uno de los primeros en producción y rendimiento. Así que, años más tarde, en Washington, Elena conservaba la antigua litografía cerca de su escritorio).

---

[2] Hilda Perera, "Como yo recuerdo a Elena Mederos", *In Memoriam. Elena Mederos de González*. Tributo del Lyceum en el Koubek Memorial Center de la Universidad de Miami, Elizabeth, N.J., 1982.

Bien educado, caballeroso y de modales suaves, Hilario jamás alzaba la voz más allá de lo conveniente. Su mirar era abierto, dulce y tranquilo, lo que le daba un aire interesante. Tenía una sonrisa agradable, realzada por unos dientes perfectos. Con el tiempo fue perdiendo el pelo, pero conservó una fisonomía agraciada. Su buen carácter y su exquisito sentido del humor eran característicos, pero sobre todo atraía una gran ternura que se derramaba hacia cuantos se encontraban a su alrededor.

Algún tiempo después de haberse comprometido, el matrimonio no se hizo esperar. Fue, como dijera el llamado "maestro de los cronistas sociales", Enrique Fontanills, en sus leídas "Habaneras" del *Diario de la Marina,* "la primera boda de julio"[3]: se celebró el día 2 de julio de 1924 en El Cristo, la iglesia de los padres agustinos en la calle de Teniente Rey. La madre de Hilda Perera, presente en la boda, comentaba que era la novia de talle largo más elegante que había visto en su vida.

Leopoldo e Inés apadrinaron la boda, ya que los padres de Hilario habían fallecido. Los testigos, en contra de la costumbre, fueron pocos, pero de destacada actuación en la vida política cubana. Baste mencionar, como ejemplo, al presidente de la República, Alfredo Zayas y Alfonso, familiar del novio.

Un detalle menos trascendente, pero gracioso, fue que ese día llovió tanto que la novia tuvo que entrar en la iglesia protegida por paraguas y muchos de los invitados se vieron imposibilitados de concurrir.

Pasaron la luna de miel en Estados Unidos, en un viaje por todo el oeste que ambos recordarían siempre como una inolvidable experiencia compartida. Desde allí, en algún momento, Elena pudo escribirle a Eloísa Sánchez una bella

---

[3] Enrique Fontanills, "Habaneras", Crónica social, *Diario de la Marina,* La Habana, julio 3, 1924.

carta en la que le participaba lo feliz que era[4]. (Pocas personas habrá que en momentos tan trascendentales tengan un recuerdo amable para su antigua maestra; pero fue un cariño recíproco: poco antes de morir, en 1947, Eloísa le encomendó a Elena el velar por el futuro de su hija adoptiva, May Ramos, encargo que asumió con verdadero gusto).

Cuando Elena e Hilario regresaron del viaje, se fueron a vivir a la casona de los Mederos. Ya Leopoldo tenía en el piso alto a los Pujals Mederos, pero no le bastaba esto; quería seguir hospedando en el mismo edificio a toda la familia, que para él era una unidad compacta. Allí vivió el matrimonio hasta que Hilario fue nombrado Registrador de la Propiedad de Guanajay, en Pinar del Río, razón por la que los esposos se trasladaron a ese pueblo. Después se mudaron a Buen Retiro, Marianao, donde vivieron durante algún tiempo. Por esta época tuvieron la pena de perder a su primer hijo, un varón que murió al nacer. Fueron momentos difíciles y de grandes frustraciones. Pero el dolor la hizo más fuerte y más sabia: nuevos intereses vinieron a compensar ese profundo vacío.

La vida de Elena, pues, parece que transcurre en línea recta: infancia, preparación, adolescencia, estudios, amor y matrimonio. Pero en su transcurso se va gestando la personalidad que va a participar y a destacar en las luchas sufragistas, la oposición a la dictadura de Machado, el Lyceum, el Servicio Social...

La casa de Monte y Antón Recio se encontraba medio vacía. Los Pujals Mederos se habían mudado para el Malecón. Polo, que se había casado con María Beci, vivía en la Víbora. Inés y Leopoldo decidieron mudarse también y pidieron a Elena e Hilario que los acompañaran. Así fue como se instalaron todos en una casa de la Avenida de La Paz en el Reparto Kohly. Posteriormente, viviendo en

---

[4] May Ramos O'Hare, testimonio personal. (La carta, que May guardaba, quedó en Cuba cuando tuvo que dejar el país).

la calle 17 entre H e I, en el Vedado, recibieron la mayor ilusión y motivo esencial de sus vidas: una hija, María Elena.

A Hilario le gustaba mucho el campo y tenía varias fincas en explotación. Todos los que dependían de él dieron testimonio de su generosidad y trato afectuoso, siempre pendiente de los problemas de cada uno. Naturalmente que si era afectuoso y gentil con los demás lo era mucho más con aquella a quien, a su manera reservada y tranquila, amaba entrañablemente. En esta pareja cada uno encontraba en el otro apoyo, respeto a las propias ideas, comprensión para sus respectivos problemas, así como un mutuo estímulo en el empeño de alcanzar metas. Podían hablar entre sí, comunicarse sinceramente, intercambiar pensamientos, compartir las mismas emociones. Elena amaba a Hilario con un sentimiento íntimo y reservado, sin manifestaciones exageradas, fundamentado en lo que ella más podía apreciar en su esposo: compañerismo, respeto y comprensión. Ella aprendió mucho de Hilario: su organización y sensibilidad humana. Como ejemplo de su mutuo sentido de responsabilidad social, en Pinar del Río él vendió una finca de café en parcelas pequeñas a los arrendatarios, de modo que estos llegaran a ser propietarios gracias a términos muy generosos, ideados gracias a la experiencia legal de Hilario.

Recogemos un comentario de Elena, no por confidencial menos elocuente acerca de Hilario: "Hilario ha sido siempre muy delicado en lo que se refiere a mi dinero. Jamás ha querido tocar un centavo de lo mío". Elena tenía dinero propio debido a la generosidad de su padre, quien no había querido esperar hasta la hora de la muerte para dejar a sus hijos su fortuna, sino que en vida la había compartido con ellos con el deseo de proporcionar a cada cual independencia económica. A Elena, entre otras cosas, le había dado un edificio en las esquinas de las calles de Corrales y Monte ("Cuatro Caminos"), en el cual se hallaba situada una sucursal del Banco de Nova Scotia.

En otra ocasión, refiriéndose a sus múltiples actividades que a veces la hacían sentirse incómoda consigo misma por el tiempo que le llevaban, comentó:

> Hilario fue siempre muy generoso. Me dejó actuar con completa independencia. Jamás interfirió en lo que yo creía que era mi deber hacer; jamás se opuso a mis actividades ni sufragistas ni sociales; jamás se quejó por el tiempo que yo les dedicaba. Por el contrario, siempre me brindó su estímulo y su comprensión.

Domingo Romeu, un prestigioso abogado de La Habana, expresó una vez: "Hilario siempre llevó con elegancia los triunfos de su mujer"[5].

Cuando Hilario murió de repente en el año 1954, el amor y los empeños comunes quedaron truncos. Hilda Perera, al evocar a Elena en el acto que el Lyceum le ofreció en memoria de su labor, expresó que la imagen de más profundo valor que de ella guardaba era la que percibió a raíz de tan lamentable pérdida. Contó entonces la escritora:

> En el viejo patio del viejo colegio Ruston de Quinta y G, alguien me dio la noticia de la muerte de Hilario González, su esposo. Acudí a darle el pésame y guardo indeleble, como lección de estoicismo, la imagen de aquella mujer serena, íntegra y valiente ante el dolor y la muerte. No vi en ella las muestras desproporcionadas de la viudez súbita, sino la tristeza insondable y callada que hacía más profundos y sabios sus ojos mansos[6].

Se mostró firme y entera ante el dolor por la prematura muerte de su esposo. Debió haber tenido presente una frase que decía a veces: "Hay que pactar con las realidades.

---

[5] Ernestina Bertot, testimonio personal.
[6] Hilda Perera, trabajo citado.

Desde luego —solía añadir— cuando éstas no suponen una indignidad". Quedaba la hija y en ella había de concentrar, a partir de este momento, todo cuanto le quedaba de amor. Era, en cierta forma, unir al amor de la madre el amor de la mujer porque era la prolongación de ambos.

IV. Comienza la lucha. El camino del feminismo

Una idea que se abre paso

La gran riqueza de la vida radica en que ofrece múltiples alternativas. Y Elena tenía ante sí muchas para trascender el limitado papel entonces reservado a la mujer. Pudo conformarse concentrándose en el matrimonio y la maternidad, pero fue más allá.

La exploración de alternativas no demoró mucho. Ya desde su época de adolescente había recibido de Eloísa Sánchez algunas orientaciones sobre la función que debía corresponder a la mujer en la nueva sociedad. Hay que pensar en las tantas muchachas que se formaron en el colegio Sánchez y Tiant y cuyos nombres trascendieron después en todos los campos (científico, social, político, educacional, incluso en el periodismo). Posteriormente sus contactos con la tía Fela la hicieron pensar en serio en la discriminación de que era objeto la mujer. Lo más urgente era liberarla de su conformismo, de su apatía, de su indiferencia, para reclamar el lugar que en justicia se le debía, superando los prejuicios que limitaban su capacidad de desarrollo múltiple. Elena se rebelaba contra el papel tradicional adjudicado a la mujer y aceptado por ésta. La mujer debía ser algo más que la sombra del hombre, algo más que la esposa, la madre o la hija. Y había que luchar para demostrar que estaba capacitada para ese "algo más". La mujer tenía derecho a expresar lo que pensaba, derecho a la "voz", y, como consecuencia, derecho al voto. La lucha debía comenzar, pues, por ahí, por la conquista del sufragio femenino.

Allá en el colegio, cuando estudiaba la historia patria, se había sentido conmovida por el esfuerzo y la labor de la que consideraba la primera feminista de Cuba: Ana Betancourt de Mora. Más de una vez, en sus charlas y conferencias, haría alusión a las palabras de esta distinguida compatriota que, el 10 de abril de 1869, actuando en sustitución de su esposo enfermo, se dirigió a la Asamblea Constituyente, reunida en Guáimaro, para defender el derecho de la mujer a la libertad personal. He aquí la alocución que Elena adoptó como punto de referencia en la lucha por los derechos de la mujer:

> La mujer cubana en el rincón oscuro y tranquilo del hogar, esperaba paciente y resignada esta hora sublime en que una revolución justa rompa el yugo y le desate las alas.
> Todo era esclavo en Cuba: la cuna, el color, el nexo. Vosotros queréis destruir la esclavitud de la cuna peleando hasta morir si es necesario. La esclavitud del color no existe ya, habéis emancipado al siervo. Cuando llegue el momento de liberar a la mujer, el cubano, que ha echado abajo la esclavitud de la cuna y la esclavitud del color, consagrará también su alma generosa a la conquista de los derechos de la que es hoy, en la guerra, su hermana de caridad abnegada y mañana será, como fue ayer, compañera ejemplar[1].

El discurso fue corto pero elocuente. Aquellas dramáticas palabras no encontraron, sin embargo, eco en los convencionales. Los derechos de la mujer no fueron reco-

---

[1] Ana Betancourt de Mora, fragmento de la alocución dirigida a la Asamblea Constituyente de Guáimaro el 10 de abril de 1869 cuando representó ante ella a su esposo enfermo.

nocidos en Guáimaro, ni en Jimaguayú; tampoco mas tarde cuando, ya conquistada la independencia, eminentes patricios discutieron y redactaron la Constitución de 1901 por la que había de regirse la nueva República.

Durante la primera etapa de la vida republicana, algunas mujeres, en especial las que se dedicaban a la enseñanza, como la insigne educadora María Luisa Dolz y la propia Eloísa Sánchez, manifestaron su inconformidad con este cerrado criterio que las excluía de toda participación en los procesos políticos de Cuba. Estimaban ellas que la instrucción era el medio idóneo para alcanzar la completa liberación de la mujer y, en efecto, es un hecho comprobado que, a medida que iba aumentándose el nivel educacional de la mujer cubana, se ensanchaban sus horizontes. Un análisis de los nombres de las líderes sufragistas muestra que, salvo raras excepciones, todas eran mujeres que habían recibido una educación superior.

Inteligentes y preparadas, las mujeres empezaron a organizar sociedades de tipo filantrópico o social para desarrollar programas benéficos, culturales y educacionales, a la vez que servían de foro propicio para seguir reclamando los derechos políticos que las convertirían en elementos más útiles a la comunidad. En tales funciones sociales y humanitarias, fueron adquiriendo la necesaria experiencia, el entrenamiento para la lucha.

Antecedentes

En 1915, cuando se fundó la más antigua de las asociaciones sufragistas, el Partido Nacional Sufragista, Elena era aún muy joven, enfrascada en sus estudios en el colegio Sánchez y Tiant, y lo continuaba siendo cuando en 1918, mientras estudiaba en la universidad, se fundó el Club Femenino de Cuba, una de cuyas dirigentes era precisamente la tía Rafaela Mederos, de quien iba a recibir, poco después, aquellas primeras lecciones de activa militancia feminista que tanto preocuparon a su padre, don Leopoldo.

El Club Femenino organizó la Federación Nacional de Organizaciones Femeninas que auspició la celebración, en 1923, del Primer Congreso Nacional de Mujeres —no sólo primero en Cuba sino primero en Hispanoamérica— y un Segundo Congreso Nacional en 1925. En estas fechas Elena aún no estaba en condiciones de darse a las actividades feministas. Pero en 1927, la Federación Nacional de Organizaciones Femeninas, con motivo del proyecto de reforma del artículo 38 de la Constitución[2], reanudó sus actividades de divulgación cívica y organizó un ciclo de conferencias encaminado a crear un estado de opinión favorable hacia el sufragio femenino. Estas conferencias estuvieron a cargo de Julia Martínez, Laura Betancourt Agüero y Margarita López. Esta última dijo en una de ellas:

> Con clarísima conciencia de que el sufragio es un derecho del ciudadano y no una simple prerrogativa que puede otorgar un gobierno y quitar otro, las mujeres cubanas han pedido invariablemente y con mesura no igualada, la reforma del artículo 38 de la Constitución en este sentido: la supresión de la palabra *varones*.
> El Proyecto de Reforma no ha respondido, por consiguiente, a las aspiraciones de la mujer cubana. La opinión pública femenina no se ha tenido en cuenta en la modificación del artículo 38.[3]

---

[2] Constitución de la República de Cuba (reformada en 1928) artículo 38:
"Todos los cubanos mayores de 21 años tienen derecho al sufragio con excepción de los siguientes: 1ro. Los asilados. 2do. Los incapacitados mentalmente por declaración judicial de su incapacidad. 3ro. Los inhabilitados judicialmente por causa de delito. 4to. Los individuos pertenecientes a las fuerzas de mar y tierra que estén en activo servicio.
Las leyes determinarán la oportunidad, grado y forma en que debe concederse a la mujer cubana, mayor de 21 años, el ejercicio del derecho al sufragio".

[3] Margarita López, "Conferencia de divulgación científica", La Habana, diciembre 3, 1927.

Coincidieron estas referencias con la visita a Cuba de un grupo de mujeres del Woman's National Party, de los Estados Unidos, interesadas en lograr que la Sexta Conferencia Panamericana, cuya sede iba a ser La Habana, reconociera para todos los países de América el principio de la igualdad de derechos entre la mujer y el hombre. Al llamamiento de las sufragistas norteamericanas respondieron las asociaciones femeninas de Cuba y juntas colaboraron en la causa común en el Comité Pro Igualdad de Derechos, que quedó constituido con carácter provisional.

El Comité obtuvo un gran triunfo al ser oídas sus delegadas en la Sesión Plenaria de la Sexta Conferencia que se celebró el 8 de febrero de 1928 en el Aula Magna de la Universidad de La Habana. En representación del Comité hicieron uso de la palabra ante los ministros de Estado allí reunidos: María Montalvo de Soto Navarro, presidenta de la Federación de Asociaciones Femeninas; Pilar Jorge de Tella, Julia Martínez, Ángela Zaldívar, Plintha Woss, Muna Lee de Muñoz Marín (en representación de las mujeres de Puerto Rico) y Doris Stevens, presidenta de la Comisión de Relaciones Internacionales del Woman's Party de los Estados Unidos.

Elena comentó:

> La trascendencia de este hecho traspasa los límites del feminismo en Cuba por ser la primera vez que un organismo oficial de derecho internacional atiende las demandas de un grupo de mujeres en defensa de los derechos de su sexo[4].

Como respuesta a estas gestiones, los Estados del Sistema Interamericano crearon la Comisión Interamericana de Mujeres, organismo expresamente dedicado a lograr el reconocimiento de los derechos civiles y políticos de la mujer.

---

[4] Elena Mederos, "Desenvolvimiento femenino en Cuba. El feminismo en Cuba", *Almanaque de El Mundo,* La Habana, enero, 1931.

El Comité Pro Igualdad de Derechos había cumplido su cometido y, por lo tanto, se dieron por terminadas sus actividades. La creación de la Comisión Interamericana de Mujeres representaba un paso importante en la conquista de los derechos femeninos, pero era sólo eso, un paso. Había, pues, que seguir adelante. Cada país tenía que incrementar sus esfuerzos para movilizar a la opinión pública y luchar activamente con el fin de que las conquistas teóricas se convirtieran en realidades. Para ello era necesario evitar la desintegración de los grupos que habían formado parte del disuelto Comité Pro Igualdad de Derechos. La Dra. Flora Díaz Parrado ofreció un almuerzo a las integrantes del mismo y planteó la idea. La Federación Nacional de Asociaciones Femeninas acogió con entusiasmo la sugerencia y se dispuso a crear el Comité de Acción Cívica que había de funcionar dependiente de la Federación. Se llevaron a cabo reuniones preliminares y el 24 de febrero de 1928 se constituyó bajo la presidencia de María Montalvo de Soto Navarro.

Fue entonces cuando Elena se incorporó definitivamente al movimiento, vinculándose al recién creado Comité, en el que llevó a cabo una efectiva labor de organización y propaganda. Con la colaboración de las visitantes Irene de Vasconcelos, Teresa de la Parra y Blanche Zacharie de Baralt, el Comité preparó un acto público que tuvo gran repercusión.

Comienza la lucha

Al tiempo que esto sucedía, el representante a la Cámara, Manuel Castellanos, que había presentado un Proyecto de Ley sobre el voto femenino, organizaba el Comité del Sufragio Femenino con el fin de obtener mayor apoyo para su iniciativa. De un intercambio de impresiones convocado por Pilar Jorge de Tella y Ofelia Domínguez Navarro surgió la idea de fusionar ambos Comités y formar con ellos una organización que tuviera vida propia independiente y mayor efectividad. Así se creó la Alianza Nacional Feminista que quedó constituida el 6 de septiembre de 1928 con gran entusiasmo y un amplio programa de actividades. Elena fue electa secretaria de la Alianza y a partir de este momento se daría enteramente a la causa de la defensa de los derechos de la mujer.

Estas mujeres, provenientes de diferentes ideologías políticas, dieron una excelente prueba de comprensión y espíritu de concordia, lo que hizo posible que los grupos que representaban los valores más tradicionales pudieran admitir programas reformistas, mientras que los grupos radicales templaban sus demandas y aceptaban un liberalismo moderado. Gracias a esta tolerancia, la diversificación pudo adquirir una cierta unidad que permitió la colaboración de organizaciones tan distantes en el espectro social como la Asociación de Damas Isabelinas de Cuba, de filiación católica, y la Unión Laborista de Mujeres, más tarde Unión Radical de Mujeres, fundada por Ofelia Domínguez, marxista militante; de personas tan dispares como Leticia de Arriba de Alonso, marquesa de Tiedra; Celia Sarrá de Averhoff, hija de uno de los más ricos propietarios de Cuba; Pilar Jorge de Tello, de la alta burguesía; o Margarita López, de filiación católica, la comunista Rosario Guillaume o la radical Mariblanca Sabas Alomá.

En las resoluciones de los Congresos de Mujeres de 1923 y 1925, además del propósito de luchar por obtener el reconocimiento del derecho de la mujer al sufragio, quedó plasmada una amplia gama de preocupaciones sociales. Las resoluciones del Congreso de 1923 tratan desde la reforma educacional, el amor a las plantas y los animales y el embellecimiento de las ciudades, hasta los asuntos legales de tipo penal y civil, la promoción de una legislación de menores, la reforma penitenciaria, la legislación sobre el adulterio, la lucha contra las drogas, la prostitución y la trata de blancas, y la consideración de los derechos de los niños ilegítimos. Las resoluciones del Congreso de 1925 incluían, a más de estos temas, el interés por los asuntos laborales y la exigencia del derecho de la mujer a recibir un salario igual al hombre por el desempeño del mismo tipo de trabajo[5].

Un somero análisis de estas resoluciones demuestra la unidad que se imponía por sobre las enormes diferencias existentes entre los distintos grupos. La lucha por el sufragio era empresa de todas las mujeres, así como el mejoramiento de las condiciones laborales y sociales en general.

De las actividades de Elena durante esta época hay tres testimonios concretos muy elocuentes. El primero proviene de Berta Arocena, esposa del periodista Guillermo Martínez Márquez, quien en su primera charla con Renée Méndez Capote sobre la posibilidad de fundar en La Habana un Lyceum inspirado en la obra del Lyceum de Madrid, se refiere a las personas que serían invitadas a una reunión preparatoria que habría de efectuarse en su casa el 1 de diciembre de 1928. Las dos amigas mencionaron los nombres de Sarah —hermana de Renée—, Lillian y Elena Mederos, Rebeca Gutiérrez, Matilde Martínez Márquez y Carmelina Guanche. Cuenta Berta: "Lillian respondió entusiasmada. Elena se negó porque estaba ocupadísima en la organización de la Alianza Nacional Feminista"[6]. Entre las mencionadas, Lillian Mederos, Carmelina Guanche y Rebeca Gutiérrez, así como la propia Berta, fueron también fundadoras de la Alianza, pero era Elena la que estaba "ocupadísima" con su organización.

El otro testimonio lo ofrece la misma Elena en una entrevista que le hizo, en 1977, un reportero del diario *The Miami Herald*. Según el periodista, ella "relata con deleite sus luchas feministas por el derecho al voto para las mujeres

---

[5] Resoluciones de los Congresos Nacionales Femeninos.
1ro.: 1923. *Memoria* del Primer Congreso Nacional de Mujeres, La Habana, 1924.
2do.: 1925. *Memoria* del Segundo Congreso Nacional de Mujeres, La Habana, 1927.

[6] Berta Arocena, *Op. cit.*

cubanas" y a continuación cita las palabras de Elena al respecto: "Una vez marchamos por las calles de La Habana aguantando la bandera. En otra oportunidad recuerdo que estuvimos paradas frente al Palacio Presidencial pidiéndole la renuncia a Machado"[7].

El tercero proviene de otra entrevista realizada también en Miami, casi tres años más tarde, por la reportera Ileana Oroza, quien cuenta que Elena, entre sonrisas y como si aún estuviera disfrutando aquellos momentos inolvidables, recuerda sus luchas en relación con el movimiento feminista y sus visitas a los talleres de despalillo de tabaco donde trabajaban numerosos grupos de mujeres, a las que distribuía folletos de propaganda. Y decía Elena con cierta picardía: "A las mujeres las sorprendíamos sentadas, así es que tenían que escucharnos"[8].

Pero la prueba más fehaciente de su laboriosidad, liderazgo y eficiencia fue su nombramiento como delegada de Cuba a la Comisión Interamericana de Mujeres, que, de acuerdo con la resolución de la Sexta Conferencia Internacional Americana, contaría con una delegada por cada uno de los países miembros de la entonces Unión Panamericana, hoy Organización de Estados Americanos. Su nombramiento fue gestionado por la Alianza y por la Secretaría General de la Comisión de Washington, D.C.

La Primera Conferencia de la Comisión Interamericana de Mujeres se celebró en La Habana del 17 al 24 de febrero de 1930. Flora de Oliveira Lima, delegada del Brasil, hizo el siguiente comentario: "Por primera vez en la historia, las delegadas designadas por los gobiernos para investigar el estatus jurídico de las mujeres se reunían para celebrar una conferencia"[9].

---

[7] Robert R. Brauning, entrevista citada.

[8] Ileana Oroza, entrevista citada.

[9] Flora de Oliveira Lima, "The First Conference of the Interamerican Commission of Women", Reprinted from the *Bulletin of the Pan American Union,* Washington, D.C., The Pan American Union, April, 1930.

La Conferencia funcionó en el edificio de la Escuela de Derecho de la Universidad de La Habana. Doris Stevens, de los Estados Unidos, presidió la primera sesión, la única de carácter privado, en la que las delegadas se reunieron con el propósito de adoptar el programa y establecer las reglas de procedimiento para el desarrollo de la misma. En la primera sesión pública el local estaba completamente lleno. Doris Stevens abrió el acto y cedió la presidencia a los Dres. Fernando Sánchez de Fuentes y Rosa Trina Lagomasino, representantes del gobierno y de la universidad, respectivamente. Elena, como delegada de Cuba, dio la bienvenida a las demás delegadas.

Al quedar instituida la Comisión en el año 1928, se había acordado que el temario a discutir en la Primera Conferencia, en La Habana, sería el de la nacionalidad. La Secretaría de la Comisión designó al efecto un Comité Especial presidido por Alicia Paul, de los Estados Unidos, reconocida especialista en ese campo. Con la cooperación prestada por las delegadas de los distintos países se prepararon un informe y un proyecto de trabajo sobre el tema de la nacionalidad en relación con los derechos de la mujer. El informe era completo y comprendía material sobre las leyes de nacionalidad de 84 países del mundo, así como la forma en que estas leyes afectaban a las mujeres. Después de la discusión del tema, las delegadas votaron por unanimidad la aprobación del "Tratado de Nacionalidad" presentado por el Comité.

La actuación de Elena, tanto en la recopilación de los datos nacionales para el informe cuanto en la preparación y organización de la Conferencia en sí, fue eficiente y fructífera. A su cargo tuvo el resolver los pequeños problemas e inconvenientes de tipo práctico, atendiendo a todo, desde la supervisión del local de sesiones hasta el espacioso local adyacente a éste, que se destinó a centro de operaciones de la Conferencia y en el que durante dos semanas se estuvo desarrollando un vertiginoso trajín de taquígrafas, mecanógrafas, intérpretes, empleadas de oficina y voluntarias cubanas procedentes de las distintas asociaciones de mujeres. "Escasamente quedaba tiempo para comer y dormir"[10]. Elena se movía de un lado a otro solucionando todos los asuntos con diligencia inigualada. He aquí las palabras con las que define su labor el *Libro de Oro* de la Comisión Interamericana de Mujeres:

> La señora Elena Mederos de González representó a Cuba en las primeras Conferencias y Asambleas de la Comisión Interamericana de Mujeres. En 1928, en la Conferencia celebrada en La Habana, fue la fuerza que promovió el propósito de lograr la completa organización de la CIM y la aprobación de resoluciones sobre documentos que deberían presentarse en la Séptima Conferencia Internacional Americana[11].

Cuando en 1930 todo estuvo listo y comenzó la Primera Conferencia de la CIM, su actuación en el desarrollo de la misma resultó muy destacada. Una de las más brillantes sesiones fue la celebrada en el Aula Magna de la Universidad, llena completamente, y Elena tuvo a su cargo uno de los discursos.

Como resultado inmediato de esta Primera Conferencia hay que destacar el estímulo local. Algunas jóvenes estudiantes pidieron a Doris Stevens que las ayudara a organizar un grupo de trabajo para luchar por la obtención del voto femenino en Cuba. El día siguiente al de la clausura de la Conferencia se celebró una reunión en la que hubo una numerosa concurrencia de estudiantes. Además de Doris Stevens hablaron para brindar sus orientaciones a las estudiantes, las delegadas de Panamá, Chile, México y Cuba, representada por Elena.

---

[10] *Ibid.*
[11] Comisión Interamericana de Mujeres, *Libro de Oro,* Washington, D.C., Secretaría General de la Organización de Estados Americanos, 1982.

En general, la labor realizada por Elena en la Comisión fue valiosa, no sólo en la preparación y desarrollo de la Primera Conferencia, sino a través de toda la trayectoria del organismo que ha sido designado como "La voz de la mujer de las Américas"[12]. Esto no se limitó al tiempo durante el cual desempeñó el cargo de delegada de Cuba, sino que se extendió hasta después de que en 1953 las circunstancias políticas determinaron un cambio en la delegación en la que había servido con tanta capacidad y dedicación y con tanto provecho para las mujeres de Cuba y de los demás países hermanos de América.

En forma extraoficial, Elena siguió siempre presente en la Comisión. Jamás dejó de estar en contacto con ella y, más tarde, ya en el exilio, cuando se encontraba desempeñando un alto cargo en el UNICEF[13], representó, como observadora, a este organismo especializado de las Naciones Unidas ante las sucesivas Conferencias de la Comisión. En todas ellas su palabra fue siempre orientadora y de valor para los objetivos de ambas organizaciones que, por ley de naturaleza, entre la mujer y el niño hay un lazo indisoluble y el progreso y bienestar del uno van siempre unidos a los del otro.

En reconocimiento a esta labor continuada, eficiente y productiva, el *Libro de Oro* de la CIM publicó la foto de Elena en el momento en que recibía de manos de Alejandro Orfila, secretario general de la Organización de Estados Americanos, un diploma que acreditaba su contribución a los ideales feministas. Además de la fotografía, aparece la siguiente nota:

> Elena Mederos de González, reconocida como la Decana de la Comisión Interamericana de Mujeres, título tan me-

---

[12] *Comisión Interamericana de Mujeres,* folleto de divulgación, Washington, D.C., Organización de Estados Americanos, 1973.
[13] United Nations International Children Emergency Fund. (Fondo de las Naciones Unidas para la Infancia).

recido por sus veinticinco años de servicios continuos a la Comisión, 1928-1953. Convencida de la verdadera responsabilidad de la CIM para dar su máximo apoyo a la obtención de la igualdad de derechos para la mujer de las Américas, ha dedicado su vida al cumplimiento de las metas trazadas por la CIM[14].

La lucha contra Machado

En 1927, el presidente Machado había convocado una Asamblea Constituyente con el fin de extender su mandato y dar un carácter legal a lo que se dio en llamar "la prórroga de poderes". Pero, con el propósito de obtener apoyo popular, introdujo algunas reformas de interés para determinados grupos, entre ellas la alteración del artículo referente al sufragio universal. Con anterioridad, en abril de 1925, Machado había asistido a una sesión del Congreso de Mujeres, ocasión en la que prometió el reconocimiento del voto a la mujer.

El Proyecto de Reforma, una vez aprobado por la Asamblea Constituyente, tenía que ser considerado por el Congreso de la República, con el fin de que se dictaran las leyes complementarias correspondientes. Tres meses después de la celebración de la Sexta Conferencia, el Congreso de Cuba se encontraba discutiendo el engañoso artículo 38 de la reformada Constitución, que con la omisión de la palabra "varones" venía a representar una cierta promesa de voto futuro para la mujer cubana. Un Representante, Porfirio Andreu, propuso una enmienda a la Ley Electoral con el objeto de conceder el voto a la mujer. El debate terminó con una aplastante derrota de la enmienda y en lugar de ella se aprobó que las leyes posteriores determinarían en el futuro la forma en que la mujer podría ejercer el voto. Mientras, las sufragistas aguardaban el veredicto en las

---

[14] Comisión Interamericana de Mujeres, *Libro de Oro, Op. cit.*

galerías públicas del Capitolio y en los alrededores. El 11 de mayo de 1929 se aprobó la nueva Constitución que daba al Presidente la ansiada prórroga de su mandato, y el voto femenino se quedó sólo en una promesa.

La oposición a Machado, que ya venía fomentándose desde que aparecieron los primeros síntomas de su deseo de perpetuarse en el poder, cobró fuerza al ser aprobada la nueva Constitución. La denominación de "Egregio" que le dieron sus partidarios acabó por enardecer al pueblo, y como el Presidente y el Congreso, que él dominaba, habían decepcionado al sector femenino de la población, los oposicionistas —constituidos principalmente por intelectuales de la clase media, estudiantes y marxistas— añadieron el tema del sufragio femenino a sus protestas. El Directorio Estudiantil Universitario, el Partido Comunista y el grupo clandestino ABC incluyeron la concesión del voto a la mujer en sus respectivos manifiestos o declaraciones.

Las feministas defraudadas se unieron, en su gran mayoría, a la acción revolucionaria, vinculándose cada cual a los grupos de oposición con los que sentía mayor afinidad. Las revistas *Carteles* y *Bohemia* facilitaron sus páginas a las mujeres que luchaban por la defensa de sus ideales. Desde ese momento la cuestión del sufragio femenino y la revolución contra el gobierno quedaron estrechamente ligadas y en distintas ocasiones grupos de mujeres realizaron demostraciones, unas veces en demanda de sus derechos y otras como actos de protesta abiertamente subversivos contra la dictadura de Machado y contra el clima de terror que iba cada vez agravándose más hasta llegar a adquirir, en 1933, características de verdadera guerra civil. Muchas mujeres de la clase media, y hasta de la alta, se lanzaron a las calles a medida que la situación se hacía más tensa, sobre todo después del 30 de septiembre de 1930, cuando el estudiante Rafael Trejo, miembro del Directorio Estudiantil Universitario, resultó muerto en una manifestación que se dirigía a la residencia del filósofo y guía de la juventud, don Enrique José Varona.

La casa de la Avenida de La Paz en el Reparto Kohly, donde por aquel entonces vivía Elena con sus padres y esposo, se convirtió en sitio de reunión de oposicionistas, sin distinción de grupos, aunque, quizás con preferencia, convergían allí los "abecedarios" o militantes de la organización clandestina ABC, muchos de los cuales eran antiguos amigos y hasta familiares: Baralt, Mañach, Ichaso, Saladrigas y el primo Diego Mederos. En tales ocasiones, Elena solía pasear por la acera o sentarse en el portal haciendo que leía un libro para, en caso de advertir algún movimiento sospechoso de la policía o de la "porra", avisar a los conspiradores[15].

Según testimonio del periodista Brauning[16], se sabe por lo menos de dos ocasiones en las que Elena marchó por las calles de La Habana llevando una bandera cubana.

Mientras la oposición al régimen de Machado seguía consolidándose y la crisis política, económica y social se agudizaba, las feministas no cesaban en sus afanes sufragistas. A pesar de algunas disidencias, como la de la Unión Radical de Mujeres, presidida por Ofelia Domínguez Navarro, ni la Alianza, cuya estrategia de campaña estuvo dirigida de 1930 a 1934 por María Gómez Carbonell, ni otros organismos afines, como el Club Femenino de Cuba, interrumpieron su lucha por el sufragio, ya que pensaban que éste era un arma más para combatir la dictadura. En 1932, en medio de las revueltas civiles, el Congreso, ante la posibilidad de las elecciones, volvió a considerar la cuestión del voto femenino que, aunque esta vez recibió el apoyo de la mayoría de los congresistas, no obtuvo la mayoría de las dos terceras partes requeridas por la reformada Constitución de 1928. El movimiento feminista, que buscaba el voto como un instrumento democrático para provocar un cambio a través de un proceso electoral pací-

---

[15] Diego Eladio Mederos Echemendía, testimonio personal.
[16] Robert R. Brauning, entrevista citada.

fico que evitara mayores derramamientos de sangre, había sufrido una nueva derrota.

No le quedó a las mujeres, pacifistas o no, radicales, moderadas o de extrema derecha, otro camino que el de la revolución abierta. De julio de 1932 al 12 de agosto de 1933, Cuba se debatió en un gran caos político. En julio de 1933, varios grupos de oposicionistas tuvieron conversaciones con el embajador de los Estados Unidos, Sumner Welles. Hortensia Lamar, miembro del Club Femenino y de la Alianza y una de las líderes feministas más connotadas, presidió la reunión en la que se discutieron problemas nacionales, las violaciones constitucionales por parte del gobierno y el tema del sufragio femenino.

Por fin, el triunfo

El 12 de agosto de 1933, acosado por la convulsión interna, las huelgas y, por último, la presión norteamericana, el general Machado renunció y huyó de Cuba. La Alianza, invocando el nombre de Ana Betancourt de Mora, pidió al presidente provisional, Carlos Manuel de Céspedes y Quesada, el reconocimiento del derecho de la mujer al sufragio. Pero poco pudo hacer Céspedes en tan corto tiempo. El gobierno de la Pentarquía (Porfirio Franca, Sergio Carbó, Guillermo Portela, José María Irizarri y Ramón Grau San Martín) que le sucedió, cedió el gobierno a uno de sus miembros, Ramón Grau San Martín, quien promulgó decretos ejecutivos encaminados a la reforma social y económica del país. Entre estos decretos estaba el Decreto-Ley núm. 13[17], que concedía, por fin, el voto a la mujer. Sin embargo, el clima de inestabilidad política que vivía la Isla no permitía a las feministas cantar victoria por lo obtenido: Ramón Grau San Martín fue sustituido por otro

---

[17] "Decreto-Ley núm. 13", *Gaceta Oficial de la República,* La Habana, enero 2, 1934.

Presidente provisional, el coronel Carlos Mendieta. Surgía entonces la duda de si las leyes promulgadas por un gobierno de tan corta duración serían aceptadas por el nuevo gobierno. En 1934, una coalición de sectores a la que se dieron facultades de tipo legislativo, aprobó una Constitución Provisional que ratificaba, entre otras medidas del gobierno de Grau, el derecho de la mujer al sufragio. El punto final a la cuestión lo puso la Constitución de 1940, producto de una genuina Asamblea Constituyente electa por el pueblo.

En relativo corto tiempo, las sufragistas cubanas habían alcanzado el pleno derecho al voto. Cuba venía a ser el cuarto país de América Latina en reconocer a la mujer sus derechos políticos; los tres primeros fueron: Ecuador en 1929 y Brasil y Uruguay en 1932. Estados Unidos fue el primer país de este hemisferio en concederlo, en 1920.

Claro está que esta lucha y este triunfo no fueron la obra de una sola mujer ni de varias, sino la labor de todas, del grupo entero de feministas que, sin distinción de clase social o posición económica, hicieron sacrificios y dedicaron tiempo y entusiasmo al propósito. No fue, pues, Elena la única mujer que luchó por la conquista del voto. Pero sí puede decirse que su capacidad, diligencia y eficacia, su persistencia en el esfuerzo, su don de multiplicarse, su calidad de líder y su dedicación al empeño, la colocan en lugar distinguido entre el grupo de luchadoras que se dieron no sólo a la tarea de conquistar este derecho de la mujer, sino a la obra de lograr su mejoramiento integral: social, político, jurídico, cultural y económico.

Algunas consideraciones

Pero, ¿cómo sentía Elena el feminismo? ¿Qué concepto esencial fundamentaba su acción? Quizás la respuesta esté contenida en el siguiente detalle:

Hace años, en la revista *Américas,* publicada por la Organización de Estados Americanos, apareció un artículo sobre "La obra educadora de Amanda Labarca". Elena conservaba ese número de la revista doblado por una página en la que aparecían las siguientes palabras:

> El feminismo de Amanda Labarca fue equilibrado y realista... Logró reivindicaciones para sus congéneres —nada menos que el derecho al voto— con un gran sentido de la ubicación en el tiempo y en la historia y, ante todo, sin utopías. No buscó la igualdad con el hombre sino la equivalencia[18].

Al margen del párrafo hay dos fuertes líneas a lápiz, trazadas por la mano de Elena y la última expresión aparece subrayada. Estas palabras constituyen no sólo la más cabal descripción del feminismo de Amanda Labarca sino también del feminismo de Elena Mederos. De que ella lo sentía en esta forma lo prueba el énfasis puesto en todo el párrafo, así como el concepto subrayado que después citaría en una conferencia ofrecida en la Unión de Cubanos en el Exilio, filial de Puerto Rico[19].

En una charla semi-informal con las jovencitas de la YWCA[20], al referirse a la mujer del siglo XX la propia Elena explica con claridad la médula de su feminismo. He aquí algunas ideas entresacadas de esa charla:

> La mujer debe participar a la par que el hombre en la gran tarea de reestructurar nuestro mundo de hoy y de mañana... Sin poder ni querer liberarse de las tareas que se derivan de su misión biológica, adquiere mayor concien-

---

[18] María Gowland de Gallo, "La obra educadora de Amanda Labarca", *Revista Américas,* Washington, D.C., Organización de Estados Americanos, 1975.

[19] Elena Mederos, "Visión panorámica de la mujer latinoamericana desde que el continente fue descubierto hasta 1975", conferencia pronunciada en la Unión de Cubanos en el Exilio, San Juan, Puerto Rico,. 1975.

[20] Young Women Christian Association.

cia de su función ciudadana y de su mayor responsabilidad en la colectividad al conquistar la igualdad de derechos civiles y políticos... Se trata de constituir un dinámico y valioso aporte a la tarea de conquistar las metas ideológicas que constituyen la razón del progreso humano[21].

La clave de su pensamiento feminista se encuentra en algunas de las frases de esta charla tan esclarecedora.

Una cosa puede afirmarse y es que en sus luchas sufragistas Elena dedicó sus mejores empeños a no desvirtuar lo que era meta ideológica de su feminismo, esto es, la reivindicación para la mujer del justo lugar que le corresponde en la sociedad, en igualdad de condiciones con el hombre, junto a él: como las dos mitades de un todo en el que está la raíz de la vida humana.

---

[21] Elena Mederos, "La mujer en el mundo actual, su estatus y proyecciones", charla pronunciada en el Seminario de la YWCA, La Habana, s/f, posiblemente entre 1948 y 1950.

V. El Lyceum

La lucha de Elena por los derechos de la mujer no terminó con la clausura de la Primera Conferencia de la Comisión Interamericana de Mujeres celebrada en La Habana en febrero de 1930. En realidad, no terminaría nunca. Mas, al finalizar la Conferencia, cuya organización la mantuvo ocupada durante dos años, disminuyó el ritmo de sus actividades. Las asociaciones sufragistas languidecieron algo debido a que sus integrantes iban incorporándose a los distintos grupos de oposición a la dictadura de Machado. Elena no perdió el entusiasmo por la causa ni dejó de estar en contacto con las dirigentes feministas de Cuba y de los demás países, y tampoco dejó de realizar la parte que le había correspondido en los programas y proyectos aprobados en la Primera Conferencia. Así lo atestigua un importante informe presentado a la Segunda Conferencia en el que quedó recopilada toda la legislación que afectaba a la mujer[1].

En este momento de relativa calma, Elena pudo escoger una vía de acción que ya se le había ofrecido con anterio-

---

[1] Elena Mederos, "Informe presentado a la Comisión Interamericana de Mujeres sobre el estatus de la mujer en Cuba", La Habana, 1933.

ridad, pero que sus obligaciones con la Alianza y la organización de la Primera Conferencia de la CIM le habían impedido aceptar. Esta alternativa era el Lyceum, sociedad femenina de carácter cultural fundada en 1929.

Aquí daría comienzo una de las etapas más creadoras de su vida, en la que sus intereses se diversificarían hasta el infinito. En la vorágine del hacer y del servir, al involucrarse cada vez más en ese empeño de superación comunitaria en el que dejaría su marca inconfundible, no estaría sola sino acompañada por numerosas personas que le eran afines. Había llegado la hora de hacer por los demás y también, al mismo tiempo, la hora de la amistad.

De 1931 a 1961 —año este último en el que, obligada por las circunstancias, dejó el Lyceum y a Cuba— tuvo efecto un proceso natural de selección humana y consolidación de afectos por el cual se ligaría a muchas personas con las que se sentía compenetrada. Durante su niñez y su adolescencia, Elena había hecho pocas amistades realmente significativas. Su prima Lillian había sido por estas épocas su confidente, casi su única amiga, más bien su hermana. De las compañeras de Sánchez y Tiant sólo perduraría, muy unida a ella hasta confundirse en la hermandad lyceísta, Teté Álvarez. Después, en la universidad, Carmelina Guanche y Mary Lagomasino fueron sus más cercanas compañeras de estudio. Pero es en el Lyceum donde realmente cristaliza la amistad. Allí, en medio de un cotidiano hacer colectivo, su alma, quizás un poco solitaria, se abre enteramente a la intimidad de otros seres en los que encontraba similitud de intereses, ideas y sentimientos. Es el período de la unión con las personas afines, de los acercamientos fraternales, de las amistades entrañables, que se extendería hasta sus días finales y le sobreviviría, ya que en el recuerdo de las que aún quedan, perdura el vínculo de la genuina, pura y desinteresada relación humana que las unió.

Tenía Elena una gracia especial que la acercaba a todos y le conquistaba la simpatía y el cariño de cuantos la rodeaban. Era diferente, considerada, amable, sencilla y comprensiva, cualidades que inspiraban confianza y admiración. Era la dadora de sí misma, la dispensadora de estímulo y orientación, la comprensiva Elena.

Contaba con amigos en distintas partes del mundo, especialmente en Latinoamérica, donde se encontraba en comunicación con las líderes feministas de todos los países, y en los Estados Unidos, donde mantenía estrechas relaciones de amistad con algunas norteamericanas que, en una u otra ocasión, la habían ayudado en sus proyectos de asistencia social o sus actividades cívicas. No obstante, puede decirse que el círculo de las amistades a las que se sentía más profundamente unida tuvo su epicentro en el Lyceum. ¿A qué citar nombres? Aparecen en la lista de las personas que figuraron en las distintas directivas del Lyceum. Solamente cabe destacar a Emelina Díaz de Parajón, que ocupaba un lugar preferente en sus afectos y su estimación. Así lo atestigua una correspondencia constante, mantenida durante veinte años después de la salida al exilio, en la cual las dos corresponsales volcaban fraternalmente sus más íntimos sentimientos, ya fueran éstos de alegría, de pena o de preocupación por la patria.

Mas como el Lyceum no fue para Elena sólo fuente de amistades significativas sino también vía idónea para la acción, se hace preciso explorar los contornos de ese marco dentro del que se ubicó su vida durante treinta años para analizar qué influencia pudo tener en ella. Quizás haya que señalar, como primera premisa del análisis, que la influencia fue recíproca. En varias ocasiones se la oyó decir: "La gente piensa que yo le he dado mucho al Lyceum, pero el Lyceum me ha dado mucho más a mí".

Breve historia del Lyceum

El Lyceum fue, en verdad, un milagro que se inició en el proyecto de catorce mujeres visionarias que, en medio de la mayor crisis económica sufrida en la Cuba republicana (descontada, naturalmente, la actual bajo el régimen imperante), y sin otro recurso que su entusiasmo, se lanzaron a la sublime aventura de fundar una institución cuyos objetivos primarios —promover el progreso de la mujer y la difusión de la cultura—, serían ensanchados hasta mucho más allá de lo imaginado por la labor tesonera y también entusiasta de sucesivas directivas. La palabra "entusiasmo", pues, lo presidía todo y lo propiciaba todo. De aquí que trabajar por el Lyceum, hacer de la Asociación un bastión de cultura, de fe, de democracia, de libertad y de civismo, no resultaba un empeño penoso, un deber molesto, sino un verdadero disfrute espiritual.

Las fundadoras fueron: Berta Arocena, Mary Caballero, Carmen Castellanos, Dulce María Castellanos, Carmelina Guanche, Rebeca Gutiérrez, Matilde Martínez Márquez, Lillian Mederos, Renée Méndez Capote, Sarah· Méndez Capote, María Teresa Moré, Alicia Santamaría, Ofelia Tomé y María Josefa Vidaurreta.

En un simpático y ameno reportaje en dos tiempos, escrito por Berta Arocena al cumplir el Lyceum sus primeros veinte años de servicio a la comunidad, ha quedado narrada la historia de la gestación y nacimiento de la Asociación, en medio de limitaciones y penurias, así como la habilidad del grupo, con ayuda de algunas personas generosas (en especial las madres de las fundadoras), para sortear los naturales problemas económicos. Lo que no podían sospechar aquellas mujeres intrépidas era que habían dado inicio al más vasto de los proyectos culturales y sociales de carácter privado emprendidos en toda la historia de Cuba. "Iniciativa muy valiente, concebida con altos vuelos, cuidadosamente orientada y afanosamente realizada", diría Elena veinticinco años más tarde[2].

---

[2] Elena Mederos, "El Lyceum y su mundo interior", *Revista Lyceum*, vol. XI, núm. 37, La Habana, Editorial Lex, febrero, 1954.

En un principio, los objetivos de la institución no fueron muy ambiciosos. Se trataba, según estipulaba el artículo primero de los estatutos redactados por Renée Méndez Capote, de "fomentar en la mujer el espíritu colectivo, alentando y encauzando toda clase de actividades de orden cultural, social y filantrópico"[3].

Ana María Borrero, de tan vasto abolengo cultural, escribió en *Vanidades:*

> Empezó el Lyceum con un sofá de medallones y una docena de sillones coloniales... y aunque la familiar organización se hizo pronto mayor de edad y se cubrió de responsabilidades, pasaron muchos años antes de que se cambiaran los sillones[4].

El Lyceum fue ampliando sus horizontes con una adecuada dosificación del esfuerzo, afirmando su paso día tras día, acoplando su capacidad de acción al ritmo de los tiempos, a medida que iban surgiendo las necesidades, las posibilidades o las circunstancias que permitían la expansión.

Si el Lyceum fue el resultado del entusiasmo de unas pocas, la perdurabilidad y vigencia de la Asociación fue el milagro de la voluntad colectiva de muchas mujeres que, en sucesivas directivas y despojadas de todo personalismo, se dieron a la tarea de unir fuerzas con el fin de que la obra cobrara vitalidad, creciera y se proyectara hacia el futuro como una afirmación de fe en el poder superador de la cultura.

En la convivencia, cada individualidad se iba a identificar con las demás hasta hacer un todo colectivo que no

---

[3] *Estatutos del Lyceum,* Marianao, Imprenta El Sol, 1931.

[4] Ana María Borrero, "¿Qué sabemos del Lyceum y Lawn Tennis Club?", *Vanidades,* La Habana, marzo, 1945. (En realidad, los sofás eran dos. Gertrude Lomnitz compró uno de ellos y lo tenía en su casa de Miramar).

había de llevar nombres propios, característica fundamental de la obra lyceísta. El espíritu que animaba a la Institución se fundaba en la solidaridad y la cooperación entre dirigentes, personal y asociadas, voluntarias obreras de aquella que alguien denominó "colmena". La faena colectiva, la obra sin nombre específico, la labor anónima de quienes se sentían parte integrante de un empeño superior a todas las vanidades, a todos los personalismos, a todos los egos, hizo posible el milagro de un Lyceum de anchas puertas, abiertas de par en par para toda la ciudadanía, y de horizontes sin fronteras extendidos no sólo hacia todas las formas de cultura, sino también hacia promisorias expectativas de renovación social.

José María Chacón y Calvo, uno de los más distinguidos intelectuales cubanos, advirtió claramente esta característica de la obra:

> En la fecunda historia del Lyceum, tan íntimamente unida a las tareas de nuestra cultura, hay una nota que da a la Institución un singular carácter: el sentido colectivo de sus empresas. En una sociedad como la nuestra, trabajada por factores de desintegración, esta función de lo colectivo, esta firme unidad de grupo, este sentido de impersonalidad, alcanza un valor social extraordinario. Se habla del Lyceum como esfuerzo de una colectividad; no se concreta en un solo nombre, por ilustre que sea y aunque conozcamos bien cuáles son los de sus grandes animadoras[5].

La Asociación, nacida en una época de turbulencias patrias durante la cual la Universidad de La Habana y los centros de enseñanza secundaria estuvieron cerrados por largos períodos, vino a sustituir a los centros de estudio y

---

[5] José María Chacón y Calvo, "El Lyceum como empresa colectiva", *Programa del Festival Pro Biblioteca Pública del Vedado,* La Habana, julio, 1941.

se convirtió en una especie de refugio para la cultura. Allí, en el Vedado, en la vieja casona de Calzada número 81 entre A y B, primer hogar del Lyceum, se llevó a cabo un amplio y sorprendente programa de difusión cultural que mereció la aprobación, el beneplácito y la cooperación de los más distinguidos talentos consagrados a las letras o a las ciencias.

Lo que significó el Lyceum pueden expresarlo estas palabras de un artículo de Eugenio Florit publicado en la *Revista Lyceum* en 1936:

> Toda la *inteligencia* cubana de estos últimos años —angustiosos años de lucha para salvarse de la tragedia circundante— debe al Lyceum buena parte de sus éxitos —si los tuvo— y, por lo menos, de su supervivencia. Porque a la represión brutal que hallábamos en la calle, en el pobre caminar desorientado de todos los días, con el espíritu huérfano de resonancias amigas: a ese doloroso estado de querer decir algo sin periódico en qué escribir ni tribuna en donde alzar la voz, el Lyceum respondió siempre con un amplio gesto de bienvenida: y aquella casa de mujeres fue el areópago de ideas y amable hogar para los hombres que nos dejábamos la carne en la lucha tenaz o en el desaliento doloroso. Más de una vez pudimos ver allí amigos que el destino separaba por caminos distintos y las luchas políticas por rencores de partido, conversando sobre un tema cualquiera con la sonrisa cordial en el rostro, abandonando en el umbral el fuego de la lucha: las mujeres guardaban en su casa lámpara de más duradero aceite. Y manos femeninas acercaban amigos al reclamo de un verso o al eco de una palabra alentadora. Porque es muy de señalarse la total ausencia de prejuicios que valoriza esta obra. Intelectuales del más opuesto credo, desde el apasionado marxista al católico acérrimo; todo el que en los últimos años ha tenido algo que decir lo ha podido decir desde la tribuna del Lyceum[6].

---

[6] Eugenio Florit, "El Lyceum y la cultura cubana", *Revista Lyceum*, vol. I, núm. 3, La Habana, septiembre, 1936.

Fructífera había sido la labor realizada, pero se aspiraba a más. Ya el local quedaba pequeño para las legítimas ambiciones de tener una biblioteca abierta a todo el público y de alcanzar, con ayuda científica, a sectores de la comunidad que por sus circunstancias sociales se veían marginados, privados no ya tan sólo de los privilegios de la cultura, sino de los más elementales recursos. Pero el Lyceum tampoco contaba con recursos materiales para alcanzar las metas que se había propuesto.

Así, el 22 de febrero de 1939, diez años después de su fundación, se inició una nueva etapa en la vida del Lyceum: su unión con el Lawn Tennis Club, que, si bien estaba dedicado únicamente a actividades deportivas y de recreo, no tenía diferencias ideológicas con el Lyceum, que siempre tuvo entre sus objetivos la formación integral de la mujer, de la que el deporte debía formar parte. El Lawn Tennis, que por aquel entonces llevaba una vida algo lánguida, tenía lo que le faltaba al Lyceum, esto es, un local pequeño pero un terreno grande con muchas posibilidades, si bien no liberado de gravámenes económicos. Las dirigentes de ambas instituciones comprendieron la conveniencia de unir sus recursos y presentaron el proyecto a sus respectivas juntas generales. Así se produjo, el 22 de febrero de 1939, la fusión del Lyceum y el Lawn Tennis Club, extraordinario ejemplo de cooperación que llegó a funcionar perfectamente.

La nueva sociedad constituiría un todo, pero cada una de sus partes integrantes podría utilizar, por separado, el nombre propio en las respectivas actividades; serían respetados y mantenidos los dos terrenos dedicados al deporte del tenis, así como sus facilidades; se llevaría a cabo una labor intensiva para recoger los bonos hipotecarios emitidos por el Lawn Tennis Club y se procedería a proyectar la ampliación del edificio social de acuerdo con las nuevas necesidades. Ese mismo 22 de febrero de 1939 fue puesta la primera piedra de lo que sería el edificio del Lyceum Lawn Tennis Club. Lillian Mederos, graduada de Arquitectura, con la colaboración de Ricardo Morales, Mario Parajón y otros amigos del Lyceum, tuvo a su cargo la confección de un proyecto que iba a resultar muy funcional, adaptado a las necesidades más perentorias y con posibilidades para una futura expansión.

A partir de este momento se abrió una nueva etapa de redoblada y útil actividad. Sin mengua de las actividades culturales, que se mantuvieron con la altura y al ritmo dinámico de los diez primeros años, se intensificaron la preocupación por el bienestar colectivo y la voluntad de servir, encauzándose especialmente a través de la Sección de Biblioteca, que contaba con la primera biblioteca pública circulante de carácter gratuito y la primera biblioteca juvenil del país, y de la Sección de Asistencia Social que, a más de la Escuela Nocturna para Adultos y un sinnúmero de otras actividades, propiciaría la creación del Patronato de Servicio Social y, por ende, la Escuela de Servicio Social de la Universidad de La Habana.

A medida que pasaban los años, la obra iba consolidándose, cobrando significación nacional, aspirando siempre a hacer más y mejor, basada en principios de cooperación, tolerancia y autocrítica.

Según Rosario Rexach, quien fuera presidenta del Lyceum:

> Por la moderación huyó el Lyceum de toda ampulosidad en el gesto, en la palabra o la decoración... el Lyceum supo siempre que sólo en el trabajo de cada día y en la renovación continua y bien planeada se asienta una obra perdurable. Así, desde su inicio y en toda su evolución, evitó a toda costa el énfasis en el entusiasmo y los afanes desmedidos[7].

---

[7] Rosario Rexach, "El Lyceum de La Habana como institución cultural", ponencia presentada al Congreso de la Asociación Internacional de Hispanistas celebrada en Berlín, Berlín, agosto, 1986.

En lo referente a la importancia de la obra realizada, imposible sería mencionar siquiera los millares de conferencias, conciertos, recitales, exposiciones de arte, cursos, seminarios, análisis de libros, comentarios sobre la actualidad internacional, clases, concursos, concesión de becas y premios y demás actividades que acreditan una enorme labor cultural. Nada escapaba a los ojos avizores de las mujeres que llevaban a las inolvidables juntas de los martes por la tarde sus inquietudes, ideas y proposiciones y las exponían libremente a la consideración de la Directiva en pleno. Todo se aireaba dentro del marco del mayor respeto y con el más genuino afán de acertar y de brindar a la comunidad el fruto depurado de sus deliberaciones. Sobre todo fue así después de 1951, año en que adoptó una sección del nuevo Estatuto de la Asociación referente al nombramiento de consejeras. Elena fue, naturalmente, una de las tres nombradas. Las consejeras eran las "sabias" que aconsejaban con su dedicación y experiencia a sentar pautas para el Lyceum.

Elena, al aludir a las juntas, señaló que con frecuencia daban la impresión de caóticas porque a menudo varios de sus miembros expresaban sus puntos de vista simultáneamente. Sin embargo, siempre había un orden del día riguroso y las vocales de cada sección tenían turno fijo para informar y exponer sus proyectos, los que se aprobaban, desaprobaban o modificaban por mayoría. "En esas juntas nos forjamos nosotras y fuimos abriendo la senda que el Lyceum ha recorrido"[8].

La adecuada distribución de actividades en secciones hacía de aquellas juntas semanales como reuniones de especialistas. Todo tuvo cabida en el Lyceum: deporte, música, poesía, arquitectura, decoración, exposiciones de diversa índole (juguetes, relojes, natividades, rosarios, abanicos, artículos arqueológicos, libros, grabados, cocina

---

[8] Elena Mederos, "El Lyceum y su mundo interior", art. cit.

internacional, arreglos de mesa); temas de divulgación médica, estética, tópicos educacionales y hasta filosóficos; manifestaciones de arte clásico y de vanguardia; festivales de modas y flores; comentarios de libros y de sucesos de actualidad; cursos de arte dramático y ballet; enseñanza de idiomas y declamación, clases de encuadernación y de taquigrafía, mecanografía o contabilidad, cocina, modelado, artes típicas, encajes y cerámica. En resumen, todo lo imaginable, desde las más depuradas expresiones del espíritu hasta los conocimientos prácticos encaminados a la preparación para la vida cotidiana.

Al Lyceum no sólo tuvieron acceso los intelectuales y artistas del país, sino del extranjero: todo el que pasó por Cuba pudo ocupar su podio, colaborar en su *Revista* o exponer en sus salones. Por ejemplo: Joaquín Turina, Concha Espina, María de Maeztu, Teresa de la Parra, Federico García Lorca, José Vasconcelos, Salvador de Madariaga, Gabriela Mistral, Carlos Enrique Paz Soldán, Osvaldo Bazil, Luis Alberto Sánchez, Rafael Alberti, David Alfaro Siqueiros, María Zambrano, León Felipe, Amanda Labarca, Juan Ramón Jiménez, Alejandro Casona, Gustavo Pittaluga, Claudio Sánchez Albornoz, Hipólito Hidalgo de Caviedes, José Antonio Encinas, Manuel Altolaguirre, Herminio Almendros, Alfonso Reyes, Juan Chabás, Mariano Ruiz Funes, Luis Jiménez de Asúa, Andrés Eloy Blanco, Alberto Sayán de Vidaurre, Rómulo Gallegos, Fernando de los Ríos, Alberto Baeza Flores, Ciro Alegría, Mariano Picón Salas, Andrés Iduarte, Miguel Ángel Asturias, Pablo Neruda, los Henríquez Ureña (quienes por su estrecha vinculación con Cuba eran como de casa), y tantos otros más que harían esta lista interminable. Y no sólo intelectuales y artistas —nacionales y extranjeros— sino profesionales, personas de distintas ideologías, obreros y obreras que contaron con la Escuela Nocturna, la Biblioteca o los cursillos y actividades diversas.

Con el advenimiento del régimen castrista, el trajín de la "colmena" quedaba sustituido por el trágico silencio de un edificio solitario, vacío, sin espíritu: el 16 de marzo de 1968 el régimen comunista cerró sus puertas y quitó la placa conmemorativa que le obsequiaron los intelectuales cubanos, por iniciativa de Jorge Mañach, con motivo de las Bodas de Plata, el 22 de febrero de 1954. En los últimos momentos, una de las más distinguidas dirigentes[9] suplicó al interventor, con humildad suma, la entrega de la placa que tanto representaba para la institución, y con el fin de dar fuerza a su solicitud hizo notar la existencia de algunas firmas como la de Juan Marinello, uno de los patriarcas del comunismo en Cuba, que acreditaban la neutralidad del Lyceum en relación con la cultura. Todo fue inútil. El interventor tenía órdenes específicas e indicó que la placa iría al Museo. Nada se sabe, sin embargo, de su paradero. Quizás ya haya sido fundida para intentar la supresión de toda huella del Lyceum o aprovechar el valor de la plata. Lo probable es que no se exponga al público nunca porque si así se hiciera sería la prueba más contundente de la labor realizada por la clausurada Asociación durante sus 39 años de vida.

Elena y el Lyceum

Descrito a grandes rasgos el marco en el que Elena se situó, cabe ahora tratar de la relación que se estableció entre la mujer y la institución: ¿Qué fue el Lyceum para Elena?

> ... este mundo interior del Lyceum que tan honda repercusión ha tenido en lo personal y lo colectivo para todas las que hemos integrado su núcleo social durante los últimos veinticinco años[10].

---

[9] Emelina Díaz de Parajón, testimonio personal.
[10] Elena Mederos, "El Lyceum y su mundo interior", art. cit.

Así lo describe, al cumplir la Institución su primer cuarto de siglo, el 22 de febrero de 1954.

El análisis detallado de esta conferencia es revelador en cuanto a lo que Elena dice al respecto. Aquí y allá va exponiendo, como si hiciera un balance de la propia vida, aspectos interesantes no sólo de la manera en que el Lyceum contribuyó a completar su formación integral, sino de lo que dio a todas las que, en uno u otro momento, tuvieron el privilegio de participar en las responsabilidades de dirigirlo.

El día de la conferencia Elena estaba radiante y parecía disfrutar enormemente de la evocación de todos aquellos recuerdos que resultaban como una revelación para el público en general y especialmente para quienes, aunque socias de muchos años o simples amigas que disfrutaban de las múltiples actividades ofrecidas por la Asociación, desconocían los detalles íntimos, las interioridades que las hacían posibles, y abrían, según la propia Elena, la ruta por la que el Lyceum se iba introduciendo en el alma nacional.

Elena sentía que su personalidad había alcanzado una más completa dimensión:

> En ellas [las juntas] aprendimos a pensar en colectividad y colectivamente; a templar los criterios más radicales con las observaciones de los miembros más ecuánimes; a buscar la justa medida; a agudizar —unas— el sentido crítico y —todas— a aceptar, con espíritu sereno, la crítica ajena. Cuántas veces, al terminarse la redacción de un documento oficial, podía decirse que todas habíamos puesto la mano en él, quien con una enmienda, quien sugiriendo un cambio de palabras, el orden de los párrafos, etc., sin que en ningún caso la ponente o autora de la minuta se mortificara por ello en lo más mínimo[11].

---

[11] *Ibid.*

Tenía Elena gran seguridad en el propio criterio, mas, no obstante, no vacilaba en consultar el parecer de otras personas cuando pensaba que pudieran ayudarla a enfocar adecuadamente un asunto o un problema que se propusiera resolver. Aquella mujer de tan superior valimiento no se sintió jamás infalible. Nunca trató de imponer sus puntos de vista. Esto lo atestiguan todas las que en algún momento pertenecieron a la Directiva del Lyceum y la vieron, en ocasiones, escuchar argumentos contrarios a los expuestos por ella, considerarlos, y refutarlos serenamente, templar su parecer para llegar a un entendimiento final o acatar democráticamente la opinión de la mayoría sin manifestar descontento ni inconformidad alguna. Su interés era hacer siempre lo más acertado, sin empeñarse en que prevaleciera su idea.

> La coordinación de la acción personal dentro de la actividad de un grupo necesariamente requiere cierta disciplina, respeto al criterio ajeno y acatamiento a la decisión de la mayoría[12].

En muchos casos se trataba de ideas propias que, sin proponérselo ella y por un proceso de absorción inconsciente, fueron convirtiéndose en pauta de la colectividad dirigente:

> Aprendimos también en esas juntas a valorar en cada planteamiento básico sus aspectos positivos y negativos... a medir las posibles consecuencias inmediatas y mediatas... a prever las críticas que pudiera provocar... ventilábamos nuestras dudas libremente... participábamos en estas contiendas con el ánimo de afirmar nuestras convicciones o de revisarlas, nunca con criterios cerrados, y así desarrollamos el hábito de reflexionar... las lyceístas también aprendieron a perder[13]...

---

[12] *Ibid.*
[13] *Ibid.*

Al hablar sobre las características de las mujeres que integraron las primeras directivas, las que emprendieron y llevaron a cabo el trabajo que ella calificó como de base y sobre el que descansaba la obra del Lyceum, dijo lo siguiente:

> Para mí lo más característico del núcleo era su homogeneidad dentro de una gran heterogeneidad. Es decir, que lo constituía un grupo de mujeres, que inclusive era renovado con frecuencia, con una sincera preocupación social y un ansia de superación individual y colectiva. Ellas acudían al Lyceum y se prestaban a laborar en la Directiva porque allí hallaban una vía para satisfacer su anhelo de expresión y de servicio[14]

Es posible que, en su gran mayoría, las que integraron las directivas del Lyceum, y no sólo las de los primeros años de base, como ella los denomina, sino también las que colaboraron a lo largo de toda la vida de la Asociación, se vincularan a la obra y se comprometieran con ella movidas por ese anhelo de expresión y de servicio. Mas lo indudable es que esa rotunda afirmación provenía de lo más hondo de quien la hacía, dándola al público como razón y motivo principal de la dedicación de las dirigentes lyceístas. Era la íntima confesión de su yo interior que ella vestía de objetividad al referirlo a otras personas pero que, inadvertidamente, exponía su propio afán de hacer y de darse, de compartir con los demás la gran riqueza espiritual de que estaba dotada y despertar en otras personas sus mismos afanes. Servir era para ella una necesidad sentida intensamente desde la adolescencia. De aquí que agradeciera al Lyceum la oportunidad que le brindara de poder actuar para encauzar sus energías creadoras.

El constante hacer por el Lyceum la llevó a ponerse en contacto con numerosas personas y entidades con las que,

---

[14] *Ibid.*

a su vez, se involucraba en otros haceres. Así laboró activamente en la Institución Hispano Cubana de Cultura, el Fondo Cubano-Americano de Ayuda a los Aliados, la Fundación Cubana del Buen Vecino, la Asociación Cubana de las Naciones Unidas, el Instituto de Rehabilitación de Lisiados "Franklin D. Roosevelt", la Fundación de Investigaciones Médicas, el Instituto Internacional de Protección a la Infancia, el Congreso Nacional Feminista, la Mesa Redonda para estudiar una Legislación de Menores, la Corporación Nacional de Asistencia Pública, la Sociedad de Amigos de la República, el Comité Nacional de la UNESCO, el Llamamiento de las Naciones Unidas en favor de la Infancia y otras muchas que la mantenían en constante actividad. Elena nunca dijo "no" a nada que le ofreciera la oportunidad de hacer algo en provecho de sus semejantes. Estaba siempre allí, donde y cuando se la necesitaba. Lo curioso es que daba abasto y se ocupaba de todo sin faltar jamás a una reunión o una junta. Parecía como si el tiempo se estirara con el fin de que pudiera alcanzarle para tanto agotador quehacer. La ayudaba en esto, quizás, su conocida libretica negra que la acompañaba siempre. Algunas amigas la llamaban "la Biblia de Elena". "Elena era ambidextra, ¿te acuerdas? escribía lo mismo con la mano derecha que con la izquierda...", según testimonio personal de Emelina Díaz de Parajón.

El que pudiera dar atención a tantas actividades diferentes y acometer cada día nuevas empresas parecía ir más allá de lo realmente factible. Algunos lo atribuían a un superior sentido de organización típico de una formación en la que hubo mucho de la influencia anglosajona proveniente de Addie Burke. La función de la libreta negra es quizás característica de persona sumamente organizada.

Sin embargo, no es ésta la impresión de quienes tuvieron íntimo contacto de trabajo con Elena. No podría afirmarse que era totalmente desorganizada, pero tampoco podría tomársela por un modelo de rígida organización. Quizás era demasiado humana y flexible para eso. Quien ojeara las páginas de aquella libreta tal vez se sorprendiera por la apariencia de confusión que reinaba en ella: anotaciones por aquí y por allá, palabras incompletas, nombres, direcciones, teléfonos, listas de compras por hacer, actividades diversas, fechas de citas con tal o más cual persona, ideas esbozadas en forma esquemática, título de algún libro o artículo de periódico que se proponía leer, dibujitos, caricaturas, comentarios, esbozos de ideas, etc. Todo en el más aparente desorden. Se conservan muchas de estas hojas sueltas descartadas por ella cuando le resultaban inservibles y deseaba aligerar el contenido de la libreta, generalmente demasiado abultada. Sin embargo, vienen a ser poco menos que ininteligibles. Sólo ella podía descifrar esos garabatos, aquellas medias palabras, aquellas notas que parecían incompletas. Lo mismo podría decirse de los bloques de papel amarillo, rayado, que siempre tenía a mano y que usaba como borrador en la preparación de cualquier trabajo o proyecto.

La confusión parecía prevalecer también en su archivo y en los numerosos papeles que siempre tenía a su alrededor. Aparentemente nada tenía mucho orden, pero ella siempre sabía dónde estaba cada uno y dónde encontrar el dato que buscaba y en el momento necesario. Se movía dentro de un ordenado desorden. Lo importante era que no fallaba. Siempre estaba a la hora indicada en el lugar preciso, sin que jamás demostrara excesiva prisa. La eficaz distribución de su tiempo no seguía una rígida estructuración, sino que era algo intuitivo que daba la sensación de una gran naturalidad. Lucy Briggs, esposa del Consejero de la Embajada americana de La Habana, comentó que nunca había conocido a nadie con tal capacidad ejecutiva y, al mismo tiempo, una apariencia tan descansada.

El Lyceum era como su centro de trabajo. Allí convergían, en definitiva, todas sus actividades. Aun cuando tuviera que salir para atender múltiples empresas en las que se encontraba involucrada, retornaba al Lyceum una y otra vez al día. Despachaba en cualquier rincón: la cocina, la biblioteca, el salón de recibo, el almacén de libros y, terminada la ampliación del edificio, en aquel tercer piso que daba a la calle 8, donde pasaba horas enteras trabajando.

Solía empezar a trabajar muy temprano en la mañana. Hilario, su esposo, era muy madrugador. Ella contaba que él simpatizaba mucho con las personas que se levantaban temprano, pues hacerlo tarde era costumbre de haraganes. Afortunadamente, Elena era de las que se levantaban casi con el alba. Jamás, a no ser en los últimos meses de su vida, se quedó en cama después del amanecer. Así, cuando Hilario salía a ocuparse de sus negocios, Elena se iba al Lyceum a empezar la diaria labor, interrumpida de vez en cuando para atender a las numerosas personas que venían a plantearle sus problemas, a solicitar su opinión y consejo o a cambiar impresiones sobre algún proyecto que estuviera sobre el tapete.

Fue también en el Lyceum donde ella pudo expresar su talento para descubrirle a otras las capacidades insospechadas que poseían. Resultó ser como una mina de habilidades en busca de actividades apropiadas en qué ejercerlas.

En el Lyceum Elena se sentía comprendida, apreciada, querida, necesaria; en el Lyceum se encontraba completa, feliz. Era su vía, la vía que al fin había encontrado para hacer efectiva su calidad de líder, su dinamismo, y descargar tanta energía, tanto afán de darse, tantas posibilidades de ser útil y de servir. De aquí su reconocimiento y su arraigado amor por la institución. "Una de las emociones que recibí en Puerto Rico —comentaría de regreso de un viaje en los días del exilio— fue la de encontrar a personas, a las que yo no conocía, que me hablaban del Lyceum".

Pero si el Lyceum le dio tanto como Elena afirmaba, no es menos cierto que recibió centuplicado lo que le dio. Porque de esa acción desarrollada y encauzada por las vías que se abrían ante ella, la Asociación fue precisamente la gran beneficiaria. El trabajo de aquella mujer se revirtió en favor de la obra lyceísta, dándole mayor amplitud y significación, enriqueciéndola y haciéndola más trascendente para la comunidad.

De sobra es sabido el hecho de que Elena no fue una de las catorce fundadoras que emprendieron la audaz aventura del Lyceum. Ella misma lo hizo notar en la ya mencionada conferencia. Como también se sabe qué quehaceres la privaron de incorporarse a la empresa desde su inicio. Sin embargo, los nombres de Elena y el Lyceum pasaron juntos a la historia.

Así se refiere Ana María Borrero a Elena, aunque sin nombrarla:

> A través de la existencia fecunda y milagrosa del Lyceum se ha paseado la serena capacidad de una mujer cubana excepcional. Tampoco hay que nombrarla, todos sabemos de quién se trata. Ella ha sido, en todo momento, la presencia invisible; la fina cinta de pura seda que ha unido las voluntades; que ha dirigido sin dirigir; que jamás ha dejado de ser y de estar[15].

Berta Arocena, con autoridad para opinar por haber sido una de las dos iniciadoras y la primera presidenta de la Asociación, hace referencia a estas palabras de Ana María Borrero, despeja la incógnita y reafirma el concepto al apuntar:

> Ella —escribiré yo— pasa o pasará por esta o aquella circunstancia adversa, sonriendo comprensiva y con la cabeza en alto. Fijos sólo los ojos en los hilos perseguidos a favor del Lyceum con un esfuerzo hasta la fatiga, con un enfoque del porvenir hasta la videncia. Ella es Elena Mederos de González... la máxima líder del Lyceum a mi juicio[16].

---

[15] Ana María Borrero, trabajo citado.
[16] Berta Arocena, *Op. cit.*

Cinco años más tarde, con ocasión de conmemorarse los 25 años de la fundación, la *Revista Lyceum* publicó varios interesantes estudios dedicados a la institución, y entre ellos un trabajo de Vicentina Antuña titulado "El Lyceum", que había sido preparado y leído por la autora en el Anfiteatro de la Escuela de Filosofía y Letras de la Universidad de La Habana, como parte de la serie sobre *Historia de las instituciones cubanas*. La Dra. Antuña, para dar fin a su conferencia, acude también a las referidas palabras, algo sibilinas, de Ana María Borrero, pero, antes de llegar a ellas, expresa lo siguiente:

> No puedo terminar esta breve exposición de las principales actividades de la Sección de Asistencia Social, sin realizar un acto de justicia, que, por muy evidente que sea para todos los que conocen el Lyceum, no considero menos oportuno hacer en estos momentos. Este acto es el reconocimiento de la consagración sin límites de Elena Mederos de González a las tareas lyceístas en general y a la Asistencia Social en especial... Y en cuanto al Lyceum, si hemos insistido en este trabajo en el carácter colectivo de sus empresas, justo es también que, sin desmentir lo que antes afirmamos, reconozcamos ahora lo que Elena Mederos ha sido y es para nuestra Asociación[17].

No hay muchos datos sobre las primeras actividades de Elena en el Lyceum. En las *Memorias* correspondientes a los períodos 1929-1930 y 1930-1931 no se menciona su nombre. Es de suponer que Elena se hiciera socia en algún momento durante estos dos años y hasta quizá desde la fundación, pero no habría de participar como miembro de la Directiva hasta el período que comienza en febrero de 1931. En la mencionada conferencia sobre el mundo inte-

---

[17] Vicentina Antuña, "El Lyceum", *Revista Lyceum,* vol. II, núm. 37, La Habana, Editorial Lex, febrero, 1954.

rior del Lyceum, ella apuntó que fue llevada allí por su prima Lillian.

El 22 de febrero de 1931, al cumplirse dos años de la fundación, Elena inició sus actividades de dirigente del Lyceum como una de las tres vicepresidentas[18].

En la *Memoria* correspondiente al período 1932-1933, suscrita por Carmen Castellanos como secretaria de Actas, hay una nota que dice:

> Por serle imposible a la Sra. Elena Mederos de González ocupar la presidencia como le correspondía en el tercer período, se hace cargo de la misma nuevamente la Srta. Piedad Maza a partir del mes de junio[19].

Deberes maternales la privaron del desempeño del cargo de presidenta, pero, al finalizar el año 1932 y celebrarse, el 22 de diciembre, las elecciones para el bienio 1933-1935, resultó electa de nuevo como una de las tres vicepresidentas. Durante el bienio anterior, 1931-1933, su actuación en la vicepresidencia fue dinámica. Algunas personas de aquella época que aún viven dan fe de su constante presencia en todas las actividades de la Sociedad: por el día asistía a juntas o reuniones, ayudaba en cuanta labor preparatoria fuera necesario realizar, estimulaba a todos, resolvía problemas... Más tarde, a la hora de los eventos sociales, participaba, bien en forma pasiva, como parte de la concurrencia, o en forma activa en la presentación de los conferenciantes. Daba la imagen de ser el eje de todo.

Ana María Ayala, que fue miembro de la Directiva durante ese segundo bienio, cuenta que Elena la llamó para

---

[18] El Lyceum no elegía una presidenta, sino tres vicepresidentas para un período de dos años, las que, por turnos de 8 meses, ocupaban la presidencia. Debe señalarse que la presidenta de turno siempre actuaba en armonía con las dos vicepresidentas, creándose así una especie de presidencia colegiada.

[19] Lillian Mederos, *Memorias,* Lyceum, La Habana, Editorial Hermes, 1932-1933.

invitarla a ocupar el cargo de Vocal de Ciencia, Literatura y Artes Plásticas, y al cambiar impresiones con ella, le dijo más o menos:

> No pienses que se trata de trabajo suave. Imagínate, es como lo que se cuenta de las tareas de una madre con una criatura acabada de nacer. No tenía luz eléctrica pero sí disponía de una caja de fósforos. Cada vez que el niño despertaba, la madre encendía un fósforo y a la mañana siguiente, la cajetilla estaba vacía. Esto un día y otro día. Pues bien, un trabajo igual de constante dedicación es el que hay que hacer aquí[20].

Tenía un concepto muy particular de la acción. Se cuenta que una vez alguien propuso una candidata para formar parte de la Directiva, agregando, sin embargo: "No sé si podrá porque siempre está tan ocupada que probablemente no tendrá tiempo". Elena respondió: "Nada de eso, precisamente esas son las personas que necesitamos porque son las que trabajan y hacen. Las que no están ocupadas es porque no hacen nada y aquí no van a cambiar". Así era ella, pertenecía al grupo de las personas que a pesar de sus múltiples quehaceres, siempre encuentran el tiempo necesario para emprender algo nuevo y útil. Y gracias a esa dedicación de otras muchas mujeres "ocupadas", la obra del Lyceum alcanzó el grado de excelencia que todos están de acuerdo en reconocerle.

Con esta misma diligencia habría de actuar a través de los 30 años durante los cuales ocupó distintos cargos. Fue vicepresidenta por cuatro bienios y presidenta en tres de sus turnos, vocal de Clases, de Publicidad, de Asistencia Social en varios períodos y consejera general durante los últimos años.

Hay que decir que ponía tanto empeño en la realización de los menesteres más altos cuanto en las actividades más

---

[20] Ana María Ayala, testimonio personal.

simples y comunes: con la misma buena voluntad tomaba una escoba para barrer algún local el día de la Exposición de Flores como se subía al estrado del salón de actos para presentar a un intelectual de renombre, o traducir, en forma simultánea, la conferencia de algún extranjero. Para ella no había tarea que resultara de poca monta, ni empresa que le pareciera poco digna de sus capacidades, como no había tampoco impedimento que la hiciera sentirse incapaz de asumir un papel de relevancia en cualquier circunstancia fortuita. Algunas personas pensaban que se prodigaba demasiado, que no era prudente malgastar, en cosas pequeñas, tantas energías que debían reservarse para empresas más significativas. Pero Elena no reparaba en eso. Todo merecía su interés. La obra era como un enorme engranaje. Hacía lo que tuviera que hacer cuando las circunstancias lo requerían. Presidenta, consejera o simple vocal, siempre estaba al tanto para ver dónde era necesaria, ofrecer una mano amiga o una orientación valiosa a la persona que se estrenaba como vocal, colgar cuadros en una exposición de arte, asumir la tarea de alguien que, por circunstancias imprevistas, no podía realizarla, dar una demostración de arreglo de flores, decorar un rincón, disponerse a solicitar una conferencia, recibir al visitante distinguido, realizar cualquier gestión pertinente, atender a algún periodista que buscaba información, visitar hospitales o la cárcel de mujeres, organizar la Fiesta de Reyes para los niños de la barriada, ostentar la representación del Lyceum en un congreso femenino, participar, a nombre de la Institución, en una mesa redonda que estudiaba una posible legislación de menores; ofrecer charlas, conferencias y comentarios; actuar de mediadora y tratar de resolver situaciones difíciles que se presentaran; presidir reuniones... En fin, era la figura que, de acuerdo con las palabras de Ana María Borrero, *paseaba su serena capacidad a través de la existencia del Lyceum.*

Deben apuntarse como fundamentales, para el ulterior desenvolvimiento y expansión de la Sociedad, varias iniciativas suyas que tuvieron un carácter precursor y alentaron y fomentaron la proyección del Lyceum hacia límites imprevistos, convirtiéndolo en la obra privada de mayor dimensión cultural y social entre las que se proponían el desarrollo integral del país.

Una de estas ideas fue la que produjo el hecho ya mencionado de la fusión con el Lawn Tennis Club, que habría de procurar al Lyceum los medios materiales para ampliar su órbita de acción. La propia Elena ofreció detalles sobre la fusión, pero ella no mencionó el papel que le correspondió en el desenvolvimiento de las gestiones y feliz culminación del empeño. Es la palabra autorizada de Emelina Díaz de Parajón la que recuerda al respecto:

> La fusión entre el Lyceum y el Lawn Tennis fue idea de Elena... En esto se portó como una verdadera visionaria. El Lyceum estaba entonces en el apogeo de su historia pero no cabía ya en el limitado local de la casa de Calzada entre A y B y se presentó la oportunidad de la fusión al saberse que el Lawn Tennis estaba confrontando una difícil situación económica. Tenía un número muy escaso de socias y no podía cubrir los gastos que ocasionaba el mantenimiento de la sociedad. El edificio del Lawn Tennis era muy reducido; constaba entonces de un local en los bajos donde estaba la oficina y una sala pequeña que luego fue parte del salón de actos. En los altos estaban los baños y las taquillas. Elena vio que se podían reunir las dos entidades, concibió un plan y de inmediato empezó a trabajar sobre él. Una y otra vez yo argumentaba que no era posible llevar aquello adelante, que no íbamos a poder pagar lo que entonces parecía enorme deuda de los bonos hipotecarios, además de conseguir la cantidad necesaria para realizar las obras del edificio que constituía el objetivo principal del Lyceum. Pero ella siempre me tranquilizaba: "Tú verás que sí, haremos el edificio y pagaremos la deuda porque pediremos la ayuda de todos y la recibiremos"[21].

---

[21] Emelina Díaz de Parajón, testimonio personal.

Su fe y la confianza que lograba inspirar a las demás impulsó la concertación de la operación. Emelina repite una y otra vez que ella no sabía cómo iban a poder salir de tan tremendo empeño.

Pero la decisión de Elena era inquebrantable.

> Los bonos hipotecarios, que se encontraban sumamente repartidos, eran pequeños, de $100.00 cada uno, y estaban en poder de muchas familias de la aristocracia del Vedado. Había un gran temor de que al conocerse la operación, se convocara a una junta de accionistas en la que un grupo constituido por la mitad más uno pudiera tomar posesión de la propiedad. Elena concibió la idea de visitar a cada uno de estos y solicitar la donación del bono. Para ello, buscaba un punto de apoyo —alguna persona amiga que hiciera el contacto—, iba a ver a la persona poseedora del bono, le explicaba los fines de la nueva sociedad, así como el propósito de construir una biblioteca pública circulante y después, sin más ni más, le pedía la donación del bono. Y era de ver con qué generosidad extraordinaria se lo cedían. El Lyceum tenía ya un nombre acreditado por su labor y Elena inspiraba una profunda confianza. Era extraordinaria la forma en que la gente creía en aquella mujer que hablaba bajito, despacio, con tal seguridad en todo lo que exponía que no se le podía decir que no[22].

Sin embargo, por la propia Elena se sabe que no en todos los casos fue así:

> Recuerdo que Margot Morera y yo nos vimos prácticamente despedidas de una casa en la que la señora nos advirtió: "Mi esposo es abogado y ya tendrán ustedes que verse con él". Era un tercer piso y, al bajar, a ambas nos parecía que aquellas escaleras no se acababan nunca[23].

---

[22] *Ibid.*
[23] Elena Mederos, "El Lyceum y su mundo interior", trabajo citado.

La recogida de los bonos no fue tarea fácil ni de un corto lapso sino de años, pero cuando vino la clausura, quedaban por recoger menos de $5.000 en bonos que, en realidad, estaban prácticamente perdidos.

Todo esto, expuesto en forma tan simple, no deja entrever siquiera las múltiples dificultades que la tarea supuso, los obstáculos que hubo que vencer, las infinitas gestiones que fue preciso realizar, los ahorros que se hicieron necesarios para, con los limitados recursos económicos de que se disponía, comprar una faja de terreno con el fin de cuadrar el lote de un cuarto de manzana y construir el edificio, procurando, al mismo tiempo, no suspender las habituales actividades, sino al contrario, emprendiendo cada día muchas más. Es verdad que la fusión fue como un renacer. El número de socias, de 423 en 1939, se elevó a 788 durante el bienio siguiente; desde entonces fue en aumento constante hasta llegar a sobrepasar ampliamente el millar y medio y alcanzar, en 1953, la cifra de 1.692[24].

En 1933, el crecimiento de la sociedad y la experiencia que sus dirigentes iban adquiriendo, aconsejaron una reforma de los estatutos. Entre varios nombres sugeridos por la Junta General para integrar la comisión que tendría a su cargo el estudio y ponencia de la misma, Uldarica Mañas Parajón, que en esa época era miembro de la Directiva, propuso el de Emelina Díaz, esposa de su primo Mario Parajón, socia que desde 1931 venía colaborando en diversas actividades. Constituida la Comisión, Emelina trabajó, con diligencia y entusiasmo, interesándose, especialmente, en dos aspectos que formaron parte del proyecto: la ampliación de los derechos de las socias estudiantes y la cláusula

---

[24] Gráfica publicada en la *Revista Lyceum,* vol. XI, núm. 37, La Habana, Editorial Lex, febrero, 1954. Este número fue preparado para la celebración del 25 aniversario de la fundación del Lyceum. El número de socias aumentó hasta 2.000 y quizá más, pero no ha sido posible encontrar prueba documental.

que asegura la renovación parcial de la Directiva. Estas tareas la acercaron a Elena, que entonces era una de las vicepresidentas. He aquí lo que cuenta Emelina de esos primeros contactos con Elena:

> En 1933, la Junta General me designó para formar parte de la comisión encargada de preparar un proyecto de reforma de los Estatutos. Recuerdo, entre las que la integraban, a Hortensia Lamar, Otilia André de Giol, Lillian Mederos de Baralt y Mirelle García de Franca. Hablé mucho con Elena y le consulté mi idea relativa a las socias estudiantes. Estas, que pagaban la cuota de $1.50 mientras que las numerarias pagaban $2.50, no tenían derecho al voto. Elena coincidió conmigo y me dio la siguiente opinión: "Yo creo que el voto no debe dársele a nadie por precio, por cuota que paga, sino por su edad, cuando ya la persona demuestra que tiene la madurez suficiente para tomar decisiones". Me impresionó mucho esta forma sencilla y gráfica de enfocar el problema. A partir de entonces insistí en el punto y quedó consignado en los nuevos Estatutos el derecho al voto de todas las socias mayores de 21 años[25].

Al terminarse el bienio, en diciembre de 1934, se efectuaron nuevas elecciones y Emelina resultó electa para el cargo de secretaria de Correspondencia. Así el destino fue uniendo a estas dos mujeres que habrían de presidir y orientar el posterior desenvolvimiento y crecimiento del Lyceum. A partir de entonces fueron siempre de la mano en las empresas. Emelina confiesa que a veces se asustaba, como le sucedió con la audaz operación de la fusión con el Lawn Tennis, pero generalmente se dejaba guiar por la inspiración y la seguridad de Elena; otras veces era ella la que frenaba los impulsos que pudieran resultar imprudentes y hacía razonar a la amiga llevándola hacia los firmes terrenos de la realidad. Absolutamente compenetradas y

---

[25] Emelina Díaz de Parajón, testimonio personal.

alcanzando entre ambas un adecuado equilibrio, estas dos mujeres pueden ser consideradas como los recios pilares sobre los que se asentó la estructura del Lyceum durante su segunda etapa de gran expansión, de 1939 a los años 60, cuando las circunstancias políticas iniciaron la dispersión de las socias y el Lyceum fue sobreviviendo, gracias al valor de la misma Emelina y otras de sus dirigentes, entre amenazas y atropellos hasta la toma forzada del edificio en 1968, fecha en la que el régimen comunista decidió su clausura.

Elena era la inspiración, el impulso dinámico; Emelina, la gran administradora. Y si nadie hizo tanto como Elena para ampliar la proyección cultural y social del Lyceum hacia horizontes de superación colectiva que habrían de alcanzarse en esta segunda etapa, nadie hizo tanto como Emelina para lograr la consolidación económica de la Asociación sobre bases firmes y seguras, sanear su economía, realizar una nueva ampliación del edificio para ajustarlo a la ambición de proyectos largamente acariciados y a las consecuentes necesidades que surgían.

La creación de la Biblioteca Pública Circulante, de carácter gratuito, primera de su clase en Cuba, también se debió al tesón y empuje de Elena, aunque no fue suya la idea original. Berta Arocena, una de las fuentes más confiables a que acudir en busca de datos sobre los primeros años del Lyceum, señala que esta biblioteca fue el sueño de Renée Méndez Capote. Pero el sueño pudo convertirse en realidad gracias a la fusión que impulsó Elena y a los recursos de toda clase que, a través de ella, se obtuvieron. Además de las gestiones para conseguir una participación en los sorteos de la Lotería Nacional, hubo otras actividades que se llevaron a efecto para recaudar los fondos necesarios, tales como festivales de moda y rifas autorizadas. Elena era el alma de todo y para conocer bien cuál fue la parte que tuvo en las referidas actividades, hay que recurrir de nuevo al testimonio de Emelina, quien recuerda así los hechos:

Cuando empezó a insistirse en el propósito de la Biblioteca Pública Circulante, que fue en el momento de la fusión, Elena tuvo la idea de hacer una rifa. Después de cumplir con los trámites legales y obtener los consiguientes permisos, nos lanzamos a la rifa y al vértigo de vender papeletas, pues a mayor número de vendidas, más posibilidades teníamos de engrosar los fondos necesarios para llevar a cabo la construcción del edificio, en especial la parte que iba a alojar la Biblioteca Pública. Recuerdo que en aquella época íbamos las dos, a veces en tranvía, a las escuelas públicas y privadas del Vedado, La Habana y hasta de la Víbora. Entregábamos talonarios a las alumnas y las estimulábamos con el incentivo de un premio a la que vendiera más. Con eso se obtuvo una buena cantidad. Cada vez que llegábamos a un aula, Elena se situaba en el lugar de la maestra y decía un discursito interesante y conmovedor. Conquistaba, realmente conquistaba. Una vez me pidió que yo lo intentara y por más que me negaba y le decía que no, que me sentía incapaz de hacerlo, al fin me empujó y, efectivamente, a la mitad de mi discurso me quitó la palabra para darle fin a aquello porque yo no sabía cómo terminar[26].

No es preciso destacar el valor no sólo cultural sino también social de esta actividad. El tesoro cultural del Lyceum quedaba a disposición de todos, sin distinción de clases.

Por las noches, cuando empezaban las actividades que Ana María Borrero había denominado "la segunda vida del Lyceum", cuando las aulas se iluminaban para ofrecer el pan de la enseñanza a las personas humildes que por su situación económica se habían visto privadas de la instrucción más elemental, cuando la enseñanza vocacional les brindaba posibilidades de mejorar sus condiciones de vida, el amplio salón de la biblioteca, abierta al público desde las 9 de la mañana, se veía colmado de lectores que tenían

---

[26] *Ibid.*

libre acceso a todos los libros y podían llevarlos a sus casas con el objeto de continuar allá la lectura en sus horas de descanso. Puede asegurarse que ninguna otra actividad del Lyceum, con excepción de las desarrolladas por la Sección de Asistencia Social, tuvo tan gran impacto en la comunidad y, en ellas, la visión y la participación de Elena fueron decisivas.

Todo esto no es más que una mención esquemática, hilvanada sobre los pocos datos concretos disponibles en el exilio, de lo que Elena dio de sí al Lyceum.

Escribió una vez el poeta portugués Luis de Camoens: "Transfórmate en amante de lo que haces". Es posible que Elena no leyera nunca estas palabras, pero procedía como si las hubiera conocido, porque la entrega de sí misma a todas las obras en las que intervenía, pero muy especialmente a la del Lyceum, era total.

En suma, el Lyceum fue para Elena una obra de amor, expresión que de por sí lo dice todo. Pero esta obra de amor, con cuanto representó en la vida nacional de Cuba, no hubiera sido tan completa, tan trascendente, si no hubiera repercutido en la estructura del concepto tradicional de la caridad, base de todo bien dispensado a los demás, insuflándolo con nuevas ideas encaminadas a la mejor comprensión de los males sociales.

Así, con visión intuitiva y clara percepción de sus posibilidades, con fe y convicción absolutas y un esfuerzo hasta el desvelo, Elena se convirtió en la pionera, mejor aún, en la misionera del servicio social en Cuba.

VI. Evolución y práctica de una idea: la asistencia social

"No he venido a ser servido, sino a servir"

Estas palabras del *Evangelio* según San Mateo nos hacen recordar a Elena Mederos. Quienes la conocieron saben que detrás de sus generosos actos individuales cotidianos había un afán de entrega que trascendía el insuficiente gesto —aunque loable— de la caridad personal. No bastaba con abonarle a un necesitado los honorarios del médico, o, en vez de cobrar en sus fincas, dejarle a los arrendatarios lo que llevaba en su bolso. Tampoco bastaba hacerlo sin pretensiones, sin herir susceptibilidades. Elena sabía que ser sensible a las necesidades del prójimo y ayudar individualmente en su remedio era un buen comienzo, pero nada más. Era necesario trascender la caridad individual con acciones sociales de más amplio alcance. Y el Lyceum podía servir a este propósito.

Un concepto clave: asistencia social

Desde un principio hubo inquietud humanitaria en el Lyceum. En la *Memoria 1929-1930* que resume la historia de la Asociación durante su primer año de vida, hay varias referencias a alguna que otra modesta actividad de tipo benéfico (propaganda a favor de la Liga Antituberculosa de las Damas Isabelinas, reparto de juguetes a los niños pobres de la barriada del Vedado para celebrar el Día de los Reyes Magos, la confección de una canastilla permanente destinada a los niños necesitados que nacieran en el Hospital de Maternidad, institución pública municipal situada también en el Vedado; colaboración con la Liga contra el Cáncer; las visitas a la Escuela de Ciegos Varona Suárez, el Preventorio Martí y el Instituto Vocacional Manuel Inclán). Es de destacar también, por esta época, la ayuda brindada a Santa Cruz del Sur, en Camagüey, por los desastres sufridos a causa de un ras de mar que sepultó bajo las aguas todas las viviendas del pueblo, causando grandes pérdidas de vidas y de recursos materiales.

Por la época en la que se incorporó activamente al Lyceum, ya estaba Elena familiarizada con la labor realizada en Cuba por Holmer Folks, trabajador social norteamericano de gran experiencia, quien al término de la guerra hispano-cubano-americana había sido enviado a Cuba por la Asociación de Caridades del Estado de New York[1], con el fin de ayudar a las autoridades interventoras en la tarea de aliviar las situaciones de emergencia creadas por los años de lucha y las consecuencias terribles de la "Reconcentración" de Weyler.

En algunas conferencias sobre la historia del servicio social en Cuba, Elena hizo referencia a la labor de Folks, a cuya iniciativa se debió la Orden Militar número 271 que creó, en el gobierno nacional, el Departamento de Beneficencia. Sentía ella que a pesar del tiempo transcurrido desde esta primera iniciativa, no se habían producido cambios medulares en el tipo de atención brindada a los desvalidos, así como tampoco en el enfoque de los problemas sociales que tan directamente influyen en el bienestar de toda una comunidad. Así, pues, el Lyceum fue la vía ideal para impulsar en la comunidad la conciencia social

---

[1] New York State Charities Aid Association.

y encaminar sus propósitos de mejoramiento colectivo. Por iniciativa suya, la Sección de Beneficencia del Lyceum adquirió una nueva dimensión, transformándose, en 1933, en Sección de Acción Social, denominada posteriormente de Asistencia Social.

La evolución del concepto

Lillian Mederos, secretaria de Actas, definió así el hecho:

> No podía conformarse el Lyceum con hacer algunas obras de caridad de tarde en tarde. Se intenta desde esta Sección proyectar la obra renovadora y cultural del Lyceum hacia las clases más vivamente necesitadas de ella; ofrecer, más que el auxilio material del cual se ocupan muchas meritísimas instituciones, el alimento espiritual y laborar en pro de reformas sustanciales tendientes a mejorar su nivel de vida y el medio ambiente en general[2].

Era el paso definitivo que marcaba la evolución del espíritu social del Lyceum. De la beneficencia se había pasado al examen del cuerpo social, tanto en su aspecto colectivo como individual, para lograr, con el enfoque colectivo y racional, una mayor efectividad. Al decir de Jorge Mañach:

> El Lyceum se percató de que había otros tremendos vacíos en la sociedad cubana además de los flatos de la ignorancia. Eran las vidas vacías; los pobres, los enfermos, los frustrados, las casas sin hogar[3].

---

[2] Lillian Mederos, *Memoria,* Lyceum, La Habana, Editorial Hermes, 1933-1934.
[3] Jorge Mañach, "El Lyceum y la conciencia nacional", *Revista Lyceum,* vol. XI, núm. 37, La Habana, Editorial Lex, febrero, 1954.

Esos vacíos los había notado Elena mejor que nadie y con clara visión del porvenir había llevado sus inquietudes a la directiva de la Asociación, haciéndola tomar una actitud dinámica dirigida a lograr el mejoramiento de los problemas que afectaban a la comunidad. De entrada, había que ir más allá de los remedios tradicionales que, en definitiva, sólo conseguían poner un parche aquí y otro allá en el tejido social.

Sentía que la forma puramente compasiva y personal, empleada hasta por ella misma para socorrer a los necesitados, resultaba, a la larga, deficiente e ineficaz. La solución no consistía solo en aliviar a este o aquel individuo o grupo determinado sino que se hacía necesario penetrar en lo más profundo e intentar una transformación completa. El ataque a fondo era el único capaz de llegar a la raíz de las necesidades y de los problemas básicos con un criterio moderno y científico.

Elena se dedicó, pues, a estudiar la obra de Jane Adams —fundadora del trabajo social en Estados Unidos—, a documentarse, a ponerse en contacto con personas destacadas en este campo y a visitar los más importantes centros y escuelas de servicio social de otros países.

La posesión del conocimiento y la convicción de haber hallado la respuesta que buscaba desde hacía tiempo, determinaron en su vida un período de acción intensiva durante el cual se entregaría a una labor vertiginosa, tesonera y ardua que la llevó del hacer por los demás al hacer en forma constructiva, conmoviendo los conceptos tradicionales de la ayuda, despertando en la comunidad la sensibilidad social y haciéndola consciente de la parte de responsabilidad que le correspondería en la solución de sus propios problemas.

Así emprendió lo que ella llamó "la gran cruzada por elevar la personalidad humana"[4], convirtiéndose, de este

---

[4] Elena Mederos, "Patronato de Servicio Social", charla ante el Club Rotario de La Habana, 1938 ó 1939.

modo, en la pionera de la asistencia social en Cuba e involucrando al Lyceum en el magno empeño de llevar a cabo la necesaria transformación.

Pero, ¿cómo describir la nueva modalidad de ayuda social que Elena, con el respaldo del Lyceum, se proponía instituir en Cuba? ¿En qué consistía? ¿Cuáles eran sus fundamentos?

Quizás fuera Jorge Mañach quien lo expresó con mayor diafanidad al dedicar al Lyceum, con ocasión de celebrarse el aniversario de las Bodas de Plata de la Asociación, algunas de sus más hermosas páginas:

> Siempre hubo caridad activa de mujeres en Cuba, pero un poco ciega de su propia ternura y tan empírica que a veces resultaba contraproducente. Ahora se trata de algo más: de ligar la caridad al discernimiento, las situaciones a sus causas, los auxilios a sus técnicas más eficaces[5].

Por su parte, Elena también precisaba el término como ella lo percibía:

> ... se diferencia de la caridad en que no es puramente emoción sino que a la simpatía por el dolor ajeno, une el conocimiento, y a la abnegación, liga el espíritu de investigación[6].

En alguna ocasión va más lejos aún y apunta que la asistencia social es una síntesis de tres factores: el sentimiento de caridad, la sensibilidad social y la concepción científica que se afinca en la ideología democrática[7].

Claro está que su lucha por introducir las nuevas ideas no iba a ser fácil. Había que bregar con prejuicios y tradi-

---

[5] Jorge Mañach, "El Lyceum y la conciencia social", trabajo citado.
[6] Elena Mederos, charla ante el Club Rotario.
[7] *Ibid.*

ciones seculares y tenía que hacer frente a grandes incomprensiones. Pero ella, con su interés humano, su gracia y sentido del humor, su serena aceptación de las dificultades y su habilidad para persuadir a los recalcitrantes iba, paso a paso, a fuerza de argumentos y razones y a brazadas de entusiasmo contagioso, logrando cada vez más adeptos y un mayor reconocimiento.

La tarea, ella misma lo expresó en alguna ocasión, era inmensa e ilimitada, pero había que empezar por algo, no ambicionar demasiado desde el principio, andar con paso moderado por la vía segura y sin apresuramientos peligrosos, para tratar de alcanzar la meta que parecía lejana aunque no imposible. Por ello, su acción se centró primero en el Lyceum. La Sección de Asistencia Social fue adquiriendo un ritmo cada vez más dinámico, en tiempos bajo su dirigencia como vocal; en otros, en forma indirecta, pero siempre en función inspiradora y orientadora, tanto cuando estaba en el ejercicio de la presidencia de la Asociación como cuando actuaba en calidad de consejera.

Acciones concretas

De las canastillas entregadas en los hospitales, las ayudas de emergencia en casos de desastres naturales y las tradicionales fiestas de los Reyes Magos, se pasó a menesteres de mayor alcance, a actividades que llevaban ya en sí el germen de esa transformación que Elena iba intentando. Cobra importancia la labor de procurar el mejoramiento de las condiciones de vida en la Cárcel Nacional de Mujeres de Guanabacoa. No se conformaba con los programas recreativos llevados a cabo con la colaboración de socias lyceístas que se interesaban por las presas, ni la celebración de concursos que las ayudaban a pasar el tiempo y les ofrecían distracción. De aquí que se iniciaran, en las distintas Secretarías del Estado Nacional, gestiones encaminadas a lograr reformas sociales que habrían de resultar positivas para el bienestar de las reclusas. Tales fueron, entre otras, la designación de una maestra de *kindergarten* para los niños que se encontraban junto a sus madres recluidas, la de una maestra de economía doméstica que proporcionara a las presas conocimiento de oficios útiles, con el fin de ayudarlas a conseguir trabajo cuando llegara su eventual liberación, así como la de una enfermera residente que, a más de la atención de las enfermas, tuviera a su cargo la tarea de enseñarles la importancia de la higiene, tanto doméstica como personal. Se dio especial atención a la provisión de medicinas para el tratamiento de las que padecieran de enfermedades venéreas, así como por medio de conferencias y charlas se llevó a cabo una campaña de divulgación sobre los peligros y consecuencias del contagio venéreo.

Al mismo tiempo se hicieron gestiones con los respectivos funcionarios públicos para procurar mejoras en el Campamento de Indigentes de Tiscornia, en el Asilo Correccional de Guanajay y en la Escuela Reformatoria de Aldecoa.

Nada de esto resultó fácil, pues mover la maquinaria burocrática cubana no sólo requería un proyecto y una planificación, sino innumerables pequeños esfuerzos cotidianos agotadores (visitas, llamadas telefónicas, recordatorios y un largo etcétera). Elena hacía personalmente estas gestiones y Emelina Díaz, que siempre la acompañaba, aún recuerda la desenvoltura y la gracia con que solía presentar sus peticiones. Desde el director de Prisiones hasta los secretarios de Sanidad y Beneficencia, y de Gobernación, pasando previamente por entrevistas con pequeños y altos funcionarios, estas dos mujeres recurrían a cuantas personas podían prestarles ayuda en el empeño de mejorar situaciones que les parecían intolerables para un ser humano en pleno siglo XX, aun cuando se tratara de personas que habían transgredido la ley y se encontraban sujetas a la correspondiente sanción. Los comentarios de Emelina Díaz resultan interesantes:

A todas partes llegábamos preparadas. ¡Había que ver cuánto previo pensar y dilucidar hasta las palabras que convenía emplear! Recuerdo que una vez tanta lata dimos a un Ministro, o mejor dicho a un Secretario, que era como entonces se le llamaba, que éste; quizás para salir de nosotras, acabó por decirnos: "Bueno, háganme un presupuesto". Pero como íbamos preparadas, ya el presupuesto estaba hecho y grande fue su asombro cuando Elena lo puso ante sus ojos. Ella decía que yo era experta en preparar memorandos y siempre que se trataba de una de estas visitas, concurríamos provistas del consiguiente papelito. Tomado de sorpresa, el secretario en cuestión leyó nuestros planteamientos, examinó el presupuesto, que habíamos procurado no fuera muy elevado, y accedió a todo. "Tienen razón. Aprobado el presupuesto"[8].

No todos los proyectos presentados por el Lyceum fueron adoptados, ni todas las gestiones realizadas tuvieron éxito pero, en general, la labor promovió el interés de muchos y tuvo indudable repercusión en mejorar la situación, bastante lamentable entonces, de las personas que se encontraban recluidas en instituciones de tipo penitenciario o correctivo.

La Escuela Nocturna

La creación de la Escuela Nocturna para Adultos, completamente gratuita, marca quizás un punto crucial en la nueva política de beneficio comunal propugnada por la Sección de Asistencia Social del Lyceum. Recuerda Mariada A. Bourgin, una norteamericana que vivió muchos años en Cuba y fue gran amiga de Elena, con la que colaboró en distintos empeños, que ésta le había contado en cierta ocasión el incidente que dio origen a la Escuela Nocturna:

> Una noche al salir del Lyceum, se le acercó un hombre de color quien le dijo que él deseaba aprender a leer pero

---

[8] Emelina Díaz de Parajón, testimonio personal.

no podía hacerlo porque tenía que trabajar durante el día, sugiriendo al mismo tiempo, que la Asociación podría ofrecer a los analfabetos la oportunidad de superarse. Elena le prometió considerar la sugerencia y, en la próxima reunión de la Junta Directiva, propuso la creación de un aula nocturna dedicada a la enseñanza de adultos y abierta, con carácter gratuito, al público en general. La proposición fue aprobada, dándose así comienzo a la Escuela Nocturna[9].

Al principio, ésta constaba de una sola aula, atendida por una sola maestra pagada por la Asociación y con una asistencia regular de treinta o cuarenta personas. A más de la instrucción elemental, se ofrecían charlas y conferencias, y se puso a disposición de los alumnos una pequeña biblioteca circulante, debidamente seleccionada a nivel de las enseñanzas impartidas. Diversos cursillos de verano, de tipo vocacional, como los de corte y costura, jardinería, primeros auxilios, manejadoras o niñeras y cocina y repostería, venían a reforzar la enseñanza básica ofrecida regularmente y daban a los adultos que concurrían a ellas nuevas perspectivas de superación. Vale la pena anotar una anécdota contada por Emelina Díaz:

> Una vez se ofreció un curso de cocina. Se hizo una buena publicidad y muchas cocineras del Vedado se inscribieron. La Sección llevó a cabo gestiones con las respectivas dueñas de casa para que los días de clase, las familias comieran temprano con el fin de que las cocineras pudieran asistir. El curso fue realmente excelente y al terminarse cada alumna recibió un diploma acreditativo de su competencia. Días después, sin embargo, empezamos a recibir llamadas y quejas porque las cocineras, perfeccionados sus conocimientos y "graduadas", pedían aumento de sueldo. "Elena —le dije yo—, esto es inaudito". A lo que ella respondió muy complacida: "Nada de inaudito. Un éxito

---

[9] Mariada Bourgin, testimonio personal.

rotundo. Ellas se han superado y todos comemos mejor. Se han ganado el aumento"[10].

Con el tiempo, y al ampliarse el edificio social cuando ocurrió la fusión con el Lawn Tennis, una sola aula y una sola maestra resultaban insuficientes para el número de alumnos que requerían enseñanza. La modesta Escuela Nocturna se sostenía exclusivamente con los fondos proporcionados por el Lyceum de los beneficios de las exposiciones de flores, así como de las de vestidos tejidos que Nenita Roca y Otilia Ruz, quienes compartían los ideales de la Sección, organizaban todos los años con este generoso propósito. Con el fin de que la Escuela pudiera intensificar su efectividad, Elena hizo en el Ministerio de Educación gestiones que culminaron en una colaboración entre el Lyceum y el Estado, arreglo que durante años funcionó admirablemente. El Ministerio destacó allí una directora, la Dra. Zoila Funes, y varios maestros que se hicieron cargo de la enseñanza, mientras el Lyceum proporcionaba locales, personal no profesional y todos los recursos materiales necesarios. La Escuela Nocturna, ejemplo de cooperación estatal y privada, quizás único en la nación, funcionaba bajo la dirección compartida del Lyceum y la Superintendencia General de Escuelas y estaba sometida a una doble inspección: la oficial por parte del Ministerio y la privada por parte de la Sección de Asistencia Social. Varias aulas de enseñanza común y otras de tipo vocacional, tales como costura, tejido, cocina, economía doméstica, mecanografía y taquigrafía, a más de cursillos de verano: confección de juguetes, adornos de Navidad, dibujo decorativo, trabajos en barro, etc., aumentaron el auge de la Escuela Nocturna. Esta y la Biblioteca Pública, que funcionaba a cargo de bibliotecarias profesionales hasta las 11 p.m., hora en que terminaban las clases, hicieron del Lyceum un centro noc-

---

[10] Emelina Díaz de Parajón, testimonio personal.

turno de difusión cultural adonde acudían los miembros de las clases trabajadoras que durante el día no podían disponer del tiempo necesario para alcanzar su superación.

Además de la Escuela Nocturna, la Sección de Asistencia Social se fue involucrando en otras muchas actividades: los Comités de Damas Auxiliares de los hospitales Calixto García y Reina Mercedes, el Botiquín para proporcionar medicinas a las personas necesitadas, la Bolsa de Trabajo, el Ropero, la Campaña del Peso, etc.

Las voluntarias

Estas actividades no podían desarrollarse por sí solas. Lo más indispensable para realizarlas era el elemento humano y Elena inició una gran ofensiva para captar el interés de las socias y dirigirlo hacia labores de tipo constructivo en beneficio de toda la comunidad. Cada día, más y más personas iban integrándose en la obra común. Ellas vinieron a ser elemento catalizador que afincaba el sentido humanitario de la labor social llevada a cabo por la Asociación. Había que hacer, y para hacer se requerían hacedoras. Así, bajo la influencia estimulante de esta líder nata capaz de sacudir inercias, fue surgiendo el cuerpo de voluntarias del Lyceum, las que no actuaban respondiendo a un patrón rígido en forma centralizada sino que iban agrupándose aquí y allá, respondiendo a una u otra necesidad, gobernándose a sí mismas, imponiendo sus propios códigos, fijándose sus metas y constituyendo infinitas minúsculas entidades, en cierto modo autónomas, que funcionaban, sin embargo, como un todo armónico dentro de la Sección en la que, directa o indirectamente, Elena les daba mucho de sí, las orientaba y les contagiaba su anhelo de hacer y de servir con efectividad.

Adquirió esta movilización de voluntarias tal magnitud que podría calificársela como la actividad más importante, dinámica y significativa de las emprendidas por la Sección de Asistencia Social del Lyceum. Pero la función de las voluntarias trascendió más allá de los límites de la Sección. El continuo trajinar de aquellas legiones de mujeres entregadas a un afanoso trabajo daba enorme vitalidad a la Asociación. De acuerdo con una reseña publicada, con ocasión de la clausura del Lyceum en 1968, en la *Revista Cubana* dirigida por el Dr. Carlos Ripoll:

> Este esfuerzo tuvo un doble significado, centrífugo y centrípeto, ya que no sólo incorporó a la obra común tanto a las socias como a personas no asociadas, sino que se proyectó hacia el exterior en hospitales, cárceles, reformatorios, aulas y numerosas otras instituciones, contribuyendo a sensibilizar a grandes núcleos de población y favoreciendo la formación de una conciencia social colectiva[11].

Las voluntarias llevaban a cabo una labor útil que daba mayor significación a la obra del Lyceum, pero su función era limitada. La revolución de asistencia a que aspiraba Elena, con repercusiones en toda la sociedad cubana, no podía descansar totalmente sobre hombros voluntarios, sino que tenía que ser realizada por personas específicamente preparadas. Y, a éstas, había que formarlas, había que hacerlas profesionales del servicio social. Tal labor no podía improvisarse de la noche a la mañana. Se imponía, pues, la creación de una Escuela de Servicio Social, empresa que requería planificar, allegar fondos, convencer, organizar, luchar...

El marco del Lyceum iba pronto a resultar estrecho para la ambición de promover un concepto más positivo y progresista del servicio social. Elena sintió que debía concertar voluntades y ponerlas a la obra común de crear una Escuela de Servicio Social destinada a la preparación de personal capacitado que pudiera contribuir a la tarea de impulsar el bienestar colectivo.

---

[11] María Luisa Guerrero, "Reseña sobre la clausura del Lyceum", *Revista Cubana,* New York, 1968.

Ya con anterioridad, desde el momento histórico de la caída de la dictadura de Machado en 1933, las ansias de superación y la inquietud renovadora parecían haberse robustecido en toda la isla de Cuba. El informe de la Foreign Policy Association titulado *Problemas de la nueva Cuba,* había contribuido a dar una visión analítica de la problemática nacional.

Helen Hall[12], directora de la Casa Colonia de la Comunidad[13], de la ciudad de New York, quien había estado encargada de la parte del *Informe* referente a los problemas sociales, estableció contacto con cuantas personas se destacaban por su interés en tales problemas y muy especialmente con quienes en el Lyceum tenían a su cargo actividades afines a ellos. Como consecuencia de los contactos establecidos, la recién creada Sección de Asistencia Social del Lyceum comenzó a celebrar regularmente cambios de impresiones con las instituciones y personas que compartían sus mismas inquietudes por lograr el mejoramiento de las condiciones de vida del país. Estas actividades se vieron aumentadas y reforzadas en 1936 cuando la Institución Hispano Cubana de Cultura, de la cual Elena era vicepresidenta, patrocinó un ciclo de conferencias ofrecidas por Mme. Leo de Bray, trabajadora social belga, quien se encontraba de tránsito en La Habana al regresar a su país después de haber fundado y dirigido durante quince años la Escuela de Servicio Social de Santiago de Chile.

El Patronato de Servicio Social

Al propio tiempo, los cambios de impresiones que venía celebrando la Sección de Asistencia Social en los salones

---

[12] Relatado por Elena Mederos, *El servicio social en Cuba*. (No se ha podido determinar si este folleto fue preparado por ella o bajo su supervisión), La Habana, 1959.

[13] Settlement House of New York.

del Lyceum, se hacían cada vez más numerosos y concurridos. De ellos surgió la iniciativa de organizar una entidad independiente con un propósito específico. Al efecto se designó un comité gestor presidido por el Dr. Joaquín Añorga y en él Elena fungía como vicepresidenta. Así se fundó en 1938, el Patronato de Servicio Social integrado por un núcleo considerable de personas procedentes de diversos sectores de la comunidad que compartían un mismo ideal y estaban conscientes de que existía la apremiante necesidad de contar con personal técnicamente capacitado para llevar a cabo el trabajo social con características profesionales.

El Patronato realizó innumerables gestiones que paso a paso se concretaron en realidad al inaugurarse, en 1943, la Escuela de Servicio Social como anexa a la Escuela de Educación de la Universidad de La Habana.

La Escuela de Servicio Social

Detrás de esta labor de años del Lyceum y del Patronato, se encontraba la firme voluntad de quien concibió el empeño, de quien lo pensó, lo estudió, lo viabilizó y lo compartió con las instituciones y personas que podían brindar apoyo a la tarea de realizarlo. No hubo recurso de persuasión que no utilizara, tareas en las que no se involucrara, gestiones para fomentar interés en el proyecto del Patronato que no llevara a cabo... Una escuela de servicio social podía haber sido creada desde mucho antes de la fecha en la que la Facultad de Educación de la Universidad de La Habana le abrió sus puertas acogiéndola en su seno. Sobre todo, pudo haber surgido, con carácter privado, al amparo del prestigio del Lyceum y funcionar con la excelencia característica de cuanto en esa sociedad se hacía. Pero Elena aspiraba a algo de mayor envergadura. Así, resistió todas las tentaciones que sugerían esta solución inmediata y se consagró, con tenacidad y energía, a la tarea de buscarle a la Escuela un hogar en el alto centro docente, proporcionándole con ello categoría universitaria. Era la mejor forma de que cuando los profesionales formados en la Escuela salieran a cumplir su cometido de actuar en la comunidad, hallaran el debido reconocimiento y el respeto necesarios para que su función fuera efectiva. El decidido apoyo y la comprensión del Dr. José Manuel Gutiérrez, decano de la Facultad de Educación de la Universidad de La Habana, hicieron cuajar el empeño en realidad. El día 3 de mayo de 1943 comenzó a funcionar la Escuela de Servicio Social como anexa a la Escuela de Educación, si bien con carácter experimental y con una matrícula de 18 alumnos, en su gran mayoría graduados universitarios de otras escuelas, principalmente en Derecho, Filosofía y Letras y Educación.

Se inauguró con un acto en el que el Dr. Pedro Domingo, distinguido médico e intelectual español residente en Cuba, fundador de la primera Escuela de Servicio Social de Barcelona, pronunció una inspiradora conferencia con el título de "Ensayo de un plan de asistencia social".

El programa de estudios, de tipo tentativo, comprendía, a más de las materias teóricas esenciales para la formación de un trabajador social, el ejercicio de prácticas intensivas en cuatro campos de acción: Asistencia Social Escolar, Asistencia a Niños Desvalidos, Neuropsiquiatría y Asistencia Social Rural. Este primer curso, dividido en tres períodos, tuvo 30 semanas de duración.

En cuanto al profesorado, se contaba con la colaboración valiosa de elementos especializados en las disciplinas que el servicio social abarca, y catedráticos universitarios, entre ellos el propio decano de la Escuela de Educación, Dr. Gutiérrez, quien no sólo brindaba su apoyo como director sino también compartía las labores docentes.

La Escuela tuvo desde su inicio el total y continuado apoyo de las instituciones que la habían concebido; el Lyceum y el Patronato de Servicio Social. Por gestiones de ambos en las que, desde luego, Elena era principal inspiradora, se obtuvo la cooperación de Elizabeth Enochs, directora de Relaciones Hispanoamericanas del Buró del

Niño, de Washington, D.C., quien realizó una visita a Cuba para brindar su experiencia y consejo en el inicio del proyecto. También se logró la designación como consejera de Alice Shaffer, trabajadora social del propio Buró del Niño, quien prestó su valiosa colaboración y orientación en la primera etapa del desenvolvimiento de la Escuela de Servicio Social y durante los nueve meses que permaneció en Cuba estuvo virtualmente integrada al profesorado de la misma. Otra profesional, María Pintado de Rahn, quien había sido la primera directora de la Escuela de Servicio Social de Puerto Rico, al trasladarse a Cuba como residente se vinculó al empeño, ofreciendo su gran experiencia. Por último, el famoso antropólogo norteamericano Oscar Lewis, brindó sus orientaciones en relación con el servicio social rural.

He aquí las impresiones de una de sus más distinguidas profesoras al iniciarse el segundo trimestre de la Escuela. Piedad Maza dejó en sus *Memorias* la siguiente anotación:

> Pero el gran acontecimiento del año en el aspecto académico fue la fundación de la Escuela de Servicio Social anexa a la Facultad de Educación. El 9 de septiembre se celebró una reunión preliminar en casa de Elena Mederos, alma de la empresa, que así realizaba la gran aspiración de una vida volcada al bienestar de la comunidad, asesorada por José Antonio Encinas, psicólogo, y Pedro Domingo, médico eminente, tan valioso como el primero en su especialidad. De este modo, el 6 de octubre di mi primera clase en dicha Escuela, correspondiente al curso sobre "Problemas vitales de la adolescencia"...
>
> Debo confesar que ha sido en la asistencia social donde he experimentado en toda su plenitud, como en los primeros años de la Escuela Normal, el placer de trabajar en el ejercicio de mi profesión. En Pedagogía, la labor era ardua e ingrata... En cambio, en la Escuela de Asistencia Social casi todos los factores eran favorables: un número reducido y selecto con verdadera vocación para la carrera; asistencia

obligatoria; trabajos prácticos llevados a cabo con orden y regularidad. De ahí que, en un cursillo breve de 3 a 4 meses pudiera rendirse una labor mejor en cuanto a calidad que en los cursos normales, que en la Escuela de Educación se extendían de octubre a mayo. De ahí el esmero con que yo preparaba mis clases semanales y el placer que experimentaba al darlas ante un auditorio atento, respetuoso y consciente[14].

Desde un principio, el éxito alcanzado por el experimento y el interés que pudo apreciarse en la comunidad reafirmaron la existencia de la Escuela. El plan de estudios fue ampliado, siguiéndose, en lo general, las pautas de las más acreditadas escuelas de servicio social de países que ya habían impulsado estos estudios en gran escala —Estados Unidos, Suecia, Bélgica, Chile y otros—, si bien adaptándolo a las necesidades y características propias de la nacionalidad. A partir de septiembre de 1944, sobre bases de mayor firmeza y seguridad, se impartieron cursos más sistemáticos de acuerdo con el nuevo plan de estudios.

A los dos años de su fundación puede decirse que la Escuela de Servicio Social había arraigado firmemente y adquirido un carácter tal de competencia y seriedad que ante el cúmulo de aspirantes a ingresar en ella hubo que limitar la matrícula. Esto permitió la selección de los candidatos más calificados, con lo que la Escuela ganó prestigio y consolidó definitivamente su categoría universitaria.

Todo esto contribuía a la efectividad académica y perdurabilidad de la Escuela. Sin que ocupara un cargo de primer plano, Elena era figura rectora en el desenvolvimiento de todas y cada una de sus etapas y actividades. Oficialmente actuaba como supervisora de casos y, ya cumplido el tercer período de la Escuela, así como en años posteriores, tenía también a su cargo la supervisión de las tesis de grado. Extraoficialmente, sin embargo, Elena era el alma de todo:

---

[14] Piedad Maza, *Memorias*. Libro inédito en poder de su hijo Julio Fernández Maza.

resolvía problemas, gestionaba aquí y allá los fondos necesarios para el mantenimiento de las actividades, solicitaba la cooperación de personas y entidades y se mantenía en contacto con ellas con el fin de propender al acercamiento e integración de todos los factores que pudieran contribuir al buen funcionamiento y éxito de la recién creada Escuela.

La Corporación Nacional de Asistencia Pública

Había alcanzado, sin duda, una meta. Pero era necesario persistir en el esfuerzo para consolidar lo logrado. Así, cuando María Dolores Machín de Upmann, nombrada por Ramón Grau San Martín para ocupar el cargo de presidenta de la Corporación Nacional de Asistencia Pública, la invitó a participar como vocal en la dirigencia de este organismo, Elena, dispuesta siempre a asumir responsabilidades, aceptó el cargo que le abría una vía para encauzar más ampliamente los principios de la asistencia social en instituciones de beneficencia, públicas y privadas, al mismo tiempo que le permitía brindar apoyo decidido a la Escuela y a los trabajadores sociales ya graduados como profesionales.

En 1944, cuando María Dolores Machín asumió el cargo, la Corporación, que tenía proyección nacional, se encontraba adscrita al Ministerio de Salubridad y Asistencia Pública y estaba encargada de procurar el cuidado, la supervisión y la atención de los niños y ancianos desvalidos.

Pronto iba a dejarse sentir la influencia de Elena en este sector de la vida pública. A partir de 1945, la Corporación y el Centro de Orientación Infantil organizaron los primeros departamentos técnicos de servicio social con personal graduado de la Escuela de Servicio Social. En los Centros de Rehabilitación se estableció el estudio integral de los menores sujetos a medidas de seguridad y la Corporación Nacional de Asistencia Pública introdujo en sus programas el subsidio y la colocación familiar, como métodos técnicos para la protección de menores abandonados o desvalidos. En el campo médico-social, distintos organismos estatales crearon numerosos departamentos técnicos atendidos por trabajadores sociales. Estos departamentos sirvieron, a la vez, como centros de práctica para el entrenamiento de los estudiantes de la Escuela. Entre ellos pueden ser citados los hospitales Calixto García, Nuestra Señora de las Mercedes, Ángel Arturo Aballí, América Arias, Infantil, etc. En lo que se refiere a la Escuela específicamente, la Corporación, de acuerdo con la responsabilidad que le asignaba la ley, le otorgó, en 1945, una subvención que permitía cubrir sus gastos más esenciales.

Con todo esto puede advertirse la evolución experimentada desde la atención puramente compasiva y humanitaria que se daba a los necesitados antes de la creación de la Escuela en 1943 y el enfoque profesional y científico que iba imponiéndose después en los sectores, tanto públicos como privados. El Lyceum, por ejemplo, fue la primera entidad no oficial que incorporó personal profesional a su labor asistencial. Elena, con su fe inquebrantable, su persistencia en el esfuerzo, su humanitarismo, su laboriosidad y su conocimiento de los problemas sociales, había dado la pauta en todos los sectores. Pese a los criterios arcaicos y la incomprensión del medio ambiente en general, ella consiguió que esa esperanzadora ciencia, fundada en el respeto a la dignidad del ser humano, fuera aceptada cada vez en mayor medida como factor de superación comunitaria.

Quizás pudiera afirmarse que si su primera batalla había sido la llevada a cabo para lograr el pleno disfrute de los derechos políticos de la mujer, si su segundo empeño había sido engrandecer al Lyceum y volcarlo hacia los sectores de la sociedad que más lo necesitaban, la creación de la Escuela de Servicio Social marcaba el tercer gran hito en la ruta de una existencia dirigida hacia altos fines de superación colectiva y respeto al ser humano.

Otras importantes actividades

Pero si la fundación del Patronato de Servicio Social y la Escuela de Servicio Social, así como su labor en la Corporación Nacional de Asistencia Pública señalan el punto culminante de la labor social que tuvo su inicio en el Lyceum, son también de notar las otras múltiples y variadas actividades en las que la incansable luchadora se vio envuelta durante estos productivos años 40.

En primer término hay que destacar su continuada participación en la obra del Lyceum, tanto en el orden de la asistencia social cuanto en lo general, la que habría de perdurar hasta su forzada salida de Cuba. Al propio tiempo seguía desempeñando, con verdadero honor para su país, la delegación de Cuba en la Comisión Interamericana de Mujeres, en la que desarrolló una labor tan provechosa para la promoción de los derechos femeninos que mereció, más tarde, el reconocimiento de la Organización de Estados Americanos, expresado en una placa y en su designación como decana de la Comisión.

Durante esta época, el mundo se vio conmovido por la gran conflagración de la II Guerra Mundial, y Elena se vinculó a las actividades del Fondo Cubano Americano de Ayuda a los Aliados, de cuya junta directiva fue una de las más destacadas dirigentes.

Interesada siempre por el bienestar de los niños, asistió como miembro de la delegación de Cuba al IX Congreso Panamericano del Niño, celebrado en Caracas, Venezuela, en 1948, en el que tuvo una activa participación. Su continua preocupación por la niñez desvalida y los problemas de la delincuencia juvenil la llevaron, de 1945 a 1950, a tomar parte como delegada del Lyceum en una Mesa Redonda para estudiar una Legislación de Menores, en la que laboraba periódicamente junto a notables jurisconsultos y autoridades.

También por esta misma época, desde 1943 hasta 1951, dio su activa colaboración a la Fundación Cubana del Buen

Vecino, que presidía William Campbell y que tenía como objetivo promover la cooperación entre los seres humanos para que se ayudaran los unos a los otros. Tuvo Elena a su cargo la Sección de Asistencia Social de la Fundación, encargada de ayudar a la colectividad, al tiempo que servía como agencia de prácticas de la Escuela de Servicio Social. Fue, además, vicepresidenta de la junta directiva.

En la Fundación de Investigaciones Médicas, de la que era copresidenta Louise Smith, una norteamericana gran amiga de Cuba y de los cubanos, Elena actuó, desde 1945 hasta 1955, primero como vocal y luego como vicesecretaria de la Junta Directiva. Esta Fundación, que se dedicaba a realizar investigaciones relativas al mejoramiento de la alimentación y la salud de la población cubana, funcionaba en cooperación con la Facultad de Medicina de la Universidad de La Habana. Fundada por profesores extranjeros y cubanos, realizó trabajos de investigación en el Pabellón Especial del Hospital Calixto García, estudiando tratamientos con ACTH y cortisona en pacientes con artritis, lupus y asma. También llevó a cabo el tratamiento de personas afectadas por distintos tipos de anemia y enfermedades carenciales.

Conjuntamente con la Facultad de Medicina, la Fundación organizó una Conferencia Internacional de Vitaminología, celebrada en el Anfiteatro del Hospital Calixto García. Asistieron catorce de los más notables hombres de ciencia de Estados Unidos, incluidos dos Premios Nobel.

Deseosa de ser útil a los jóvenes estudiantes cubanos que se proponían ampliar sus conocimientos en el extranjero, Elena se hizo cargo, de 1947 a 1951, de la supervisión y administración en Cuba de los exámenes de admisión a las instituciones de enseñanza superior de Estados Unidos, los que se realizaban varias veces al año en la misma fecha y hora en EE.UU. y en numerosos países del mundo[15].

---

[15] Scholastic Aptitude Tests. Publicados por el Educational Testing Service bajo el patrocinio del College Entrance Examination Board, Princeton, N.J.

Los exámenes se realizaban en los distintos salones del Lyceum y Elena era asistida por supervisores auxiliares. Cuando se terminaban, todo el material tenía que ser sellado y enviado inmediatamente a la sede en Princeton. A veces, a la hora en que esto sucedía, las oficinas de correos, con excepción de la central, se encontraban cerradas. Pero Elena, con su habitual sentido de responsabilidad, no demoraba el envío hasta el día siguiente, sino que dejaba cuantas otras cosas tuviera entre manos y hacía personalmente el largo recorrido del Vedado a la Oficina Central, en La Habana Vieja, con el fin de cumplir el requisito.

Desde 1947 hasta 1955 fue vicesecretaria y vocal de Rehabilitación Social y Familiar del Instituto de Rehabilitación de Lisiados "Franklin D. Roosevelt". Fue esta otra de las obras sociales en las que se manifestaba no sólo su compasión por las personas con impedimentos físicos sino también su deseo de ayudarlas a superar los problemas que confrontaban, facilitándoles la preparación necesaria para que pudieran ser miembros útiles y activos de la comunidad.

En 1948 tuvo su primer contacto con el UNICEF al vincularse a la actividad denominada "Llamamiento de las Naciones Unidas en favor de la Infancia", en la que desempeñó el cargo de vicepresidenta de 1949 a 1951, fechas en las que actuó también como vicepresidenta de la Asociación Cubana de las Naciones Unidas.

Esta breve enumeración no agota la larga lista de actividades que desempeñó. En realidad, las palabras no resultan capaces de describir la energía desplegada, la devoción que ponía en cada causa, el empeño con que se daba a ella, la eficacia de su contribución, el afán de un hacer útil que la motivaba. Este período resulta, sin embargo, de una intensidad particular y en él fue siempre lo que pudiera denominarse "actora de tiempo completo". Y a más de estas actividades que podrían ser calificadas de "mayores", hay otras muchas grandes y pequeñas causas a las que se entregó con similar dinamismo y diligencia, mediante conferencias, charlas, organización de seminarios con participación activa en ellos, entrevistas para los periódicos, artículos en distintas publicaciones de Cuba y del extranjero (véase: Referencias bibliográficas).

Inés, la madre de Elena, decía que se sentía aliviada cuando su hija terminaba un proyecto, pues creía que entonces Elena tendría más tiempo para compartir con su familia. Pero, al correr de los años, Inés dejó de sentir esa sensación y se preocupaba pensando: «vamos a ver qué proyecto se le ocurre emprender ahora».

Para quien, como Elena, el trabajo era gusto y no obligación y para quien servir era obligación y gusto a la vez, el hacer, un hacer útil, parecía ser la mejor fórmula de darle sabor y pleno sentido a la existencia.

VII. Cuba entra en un callejón sin salida

El comienzo de "la noche oscura" de la patria

En la madrugada del 10 de marzo de 1952, cuando faltaban 80 días para la celebración de las elecciones generales, uno de los candidatos a la Presidencia, Fulgencio Batista, del Partido Acción Unitaria, traicionando su condición de senador de la República y el juramento de fidelidad prestado a la Constitución, preparó y llevó a cabo un golpe militar, depuso al presidente Carlos Prío Socarrás, secuestró las facultades legislativas del Congreso, destituyó gobernadores, alcaldes y concejales electos por el pueblo y se autoproclamó Presidente, asumiendo no sólo funciones ejecutivas sino también legislativas. Para ello confeccionó unos Estatutos Constitucionales con los que reemplazó la Constitución de 1940.

Según demostraban las encuestas de opinión pública, que le concedían una posibilidad de éxito muy inferior al 10%, Batista era el único de los tres aspirantes a la primera magistratura que no podía ganar las elecciones con votos. Su sola posibilidad estaba en las Fuerzas Armadas, de las que procedía. A ellas, pues, recurrió para usurpar el poder destituyendo al Presidente legítimamente electo por el pueblo en comicios inobjetables cuando sólo faltaban siete meses para su cese en el cargo. Se rompía, de esta manera, el ordenamiento constitucional.

El presidente Prío, tomado por sorpresa, vio sólo dos caminos: ponerse al frente de las tropas que se mantenían fieles al juramento de defender la Constitución y las leyes, y combatir a los confabulados, acción que podía significar la guerra civil con su inevitable derramamiento de sangre, o ceder el paso al usurpador que contaba con gran parte del ejército. Optó, pues, por asilarse con su familia en la embajada de México.

En unas horas, entre las tinieblas de una funesta madrugada, Cuba había dado un vuelco negativo en el concierto de las naciones democráticas. Parecía como si una ley fatal e ineludible hubiera encadenado a los cubanos a un destino que ellos no habían elegido.

En ese infausto golpe militar está la génesis de lo que habría de venir después: el intento desesperado de los líderes cívicos por recobrar la Constitución y con ella el estado de derecho, la rebelión armada, la fuerza compitiendo con la fuerza, quebrándola al fin y, como consecuencia, la toma del poder por Castro y el comunismo.

Mariada Bourgin recuerda que esa mañana iba hacia el Lyceum con el fin de trabajar con Elena en algunos detalles de un cursillo para voluntarias que, con el título de "Usted y su comunidad", venía ofreciéndose desde hacía tres semanas. Al cruzar el Puente de Pote, miembros del ejército registraron su automóvil. Siguió hasta el Lyceum, donde fue recibida por Prim[1], quien le informó que solamente se encontraban en el local Elena y él. Mariada subió al tercer piso y ambas amigas se abrazaron emocionadas, angustiadas y con lágrimas en los ojos, ya que intuían que el hecho iba a tener graves consecuencias negativas sobre el destino de Cuba[2]. Posteriormente, la Junta Directiva del Lyceum dispuso posponer el cursillo con el fin de evitar que, en

---

[1] Prim: uno de los empleados del Lyceum muy identificado con la Asociación. Tanto las dirigentes como las socias sentían especial simpatía por él.

[2] Mariada Bourgin, testimonio personal.

tan difíciles momentos, pudiera darse una interpretación errónea a algunos aspectos del mismo, lo que dificultaría la buena marcha de la Asociación.

En medio de la desgraciada ocasión del 10 de marzo de 1952, ocurrió un incidente, símbolo de la terrible conmoción que el golpe militar causó aun en los espíritus moderados que, como Elena, advirtieron su impacto desestabilizador. Uno o dos días después del cuartelazo, se festejaba en Palacio el degradante hecho. Para asombro de la ciudadanía, innumerables personas concurrieron a la recepción palatina para saludar al perpetrador de la "hazaña" y celebrar su insólita instauración como Presidente.

Elena, que por entonces vivía en la calle 20 entre 17 y 19 en el Vedado, recibió a una amiga que fue a visitarla para cambiar impresiones sobre los sucesos, y ambas pudieron conocer a través de un periódico que entre los concurrentes al bochornoso acto estuvieron no sólo varias personas conocidas, sino también una compañera allegada a ellas en las tareas lyceístas.

Al día siguiente, Elena y Emelina Díaz fueron al bufete de don Cosme de la Torriente, cubano distinguido que había sido delegado de Cuba ante la Liga Internacional de Naciones y presidente de la IV Asamblea de la misma, para comentar con él los sucesos y tratar de avizorar cuál iba a ser el futuro de Cuba. Al terminar la conversación y dirigirse hacia el elevador, vieron que de él salía la amiga que había concurrido a la recepción palaciega. Esta, con expresión sonriente y satisfecha, se les acercó amistosa extendiendo su mano hacia Elena, que no sólo no se la estrechó, sino que le dijo: "No doy mi mano a la mano que ayer estrechó la del hombre que ha torcido el destino constitucional de Cuba". Emelina puso fin a la difícil situación arrastrando a Elena hacia el elevador que permanecía abierto y lo puso en movimiento. Esta actitud airada y violenta resultaba inusitada en Elena pero, por eso mismo, da la medida de la justa indignación que sentía en aquellos dolorosos momentos para la patria.

Pero había que seguir viviendo

Días después, sin aceptar la situación del país, pero comprendiendo que era un hecho consumado que no habría de superarse con facilidad, Elena se entregó de nuevo a las habituales actividades que eran su forma positiva de contribuir al mejoramiento de la comunidad. Sólo se produjo, en 1954, un doloroso interregno ocasionado por la repentina muerte del esposo al que había estado tan unida durante casi 30 años. Pero la pena no se aliviaba con la inacción. Así como le ocurrió cuando la inesperada pérdida del hijo acabado de nacer, ahora, al producirse el también inesperado corte que el destino había deparado a su vida, sintió que sólo el trabajo podría ayudarla a superar la definitiva separación del compañero cuyo recuerdo se mantendría vivo siempre en la intimidad de su ser. Durante la década de los años 50 sus actividades fueron, pues, tan productivas como en períodos anteriores. Los sucesos, tanto nacionales como íntimos, no habrían de mermar su contribución al bienestar de la comunidad en que vivía.

Al Lyceum seguía dando lo mejor de sí misma. La Asociación había sobrevivido durante la difícil época del "machadato" sin claudicaciones, sorteando bien todas las situaciones y sin traspasar esa línea, casi invisible, que separa la actitud cívica de las actividades de la política partidista. Ahora, en la coyuntura de 1952 y en medio de la confusión de valores que subvertía a la nación, el Lyceum había de tomar el mismo camino, preservando vivas sus esencias y prosiguiendo su obra cultural y social. A esto contribuyó Elena en gran medida. Su tacto y su buen juicio orientaron el rumbo de la nave que se deslizaba segura en medio del encrespado oleaje del acontecer nacional.

En esta década el Lyceum celebró sus 25 años de maridaje con la cultura, el progreso y el bienestar social de la nación, 25 años de creatividad, de difusión de la belleza y del bien en sus más depuradas manifestaciones. Era la obra de un conjunto de mujeres que se habían dado a ella pero también, en gran parte, era la obra que había asumido Elena como un deber casi sagrado.

También siguió Elena entregada a lograr el progreso y adelanto de la Escuela de Servicio Social, que en esta época fue trasladada de la Escuela de Educación de la Universidad de La Habana a la Escuela de Ciencias Sociales de la propia universidad, en la que pasó a ser el Instituto de Servicio Social, de mayor jerarquía y una ubicación más de acuerdo con la índole social de sus planes de estudio. Este traslado fue ingeniado por Elena y llevado a cabo con especial tacto con el fin de no herir susceptibilidades en la Facultad de Educación que, en su oportunidad, había dado a la Escuela su espaldarazo consagrador y su primer hogar.

Junto a las labores llevadas a cabo en estos sus dos sectores preferidos, el Lyceum y la Escuela, Elena continuó dedicándose a todas aquellas actividades en las que hacía años venía participando, además de vincularse a otras nuevas. En 1950 fue designada como delegada del Lyceum al Congreso del Comité Nacional de la UNESCO y, de 1951 a 1954, fungió como delegada de Cuba en la Comisión sobre la Condición Jurídica y Social de la Mujer, organismo dependiente del Consejo Económico y Social de las Naciones Unidas. En su carácter de tal, asistió a la V Reunión de la Comisión, celebrada en Lake Success, New York, del 30 de abril al 14 de mayo de 1951. En este cargo realizó una labor importante de la que son muestra sus informes a la referida Comisión, los que requirieron un estudio a fondo de todas las leyes y disposiciones administrativas —en el orden del Derecho Público, Derecho de Propiedad, Derecho de Familia, Derecho de Nacionalidad, etc.— referentes a la mujer cubana[3].

---

[3] Elena Mederos, "Cuestionario sobre el Estado Legal y Tratamiento de la Mujer. Derecho Público. Derecho de Propiedad. Derecho de Familia. Nacionalidad, etc.". Compilación de todas las leyes que afectaban a la mujer, La Habana, 1951.

En 1954, el Instituto Internacional de Protección a la Infancia, con sede en Montevideo, Uruguay, la designó consejera técnica de Seminarios en México y Puerto Rico. Este nombramiento, hecho por un organismo de prestigio internacional, la llevó a realizar una labor de gran valor educativo sobre la administración de servicios para la protección infantil, la que desarrolló en estos dos países hermanos con su experiencia en la materia y con su habitual dinamismo.

Durante esta década pronunció varias conferencias en el programa radial de La Habana "La Universidad del Aire", de la que Jorge Mañach era director[4]. En agosto de 1950 y en mayo del año siguiente se publicaron dos artículos suyos en la *Revista Lyceum*[5]. También en mayo de 1951, la revista *Bohemia* le publicó un trabajo[6].

En la Sexta Conferencia sobre el Caribe, celebrada en 1956 en la Universidad de la Florida, Gainesville, Elena ofreció una conferencia en inglés sobre "The Franchise"[7]. También por esta fecha preparó un trabajo en relación con "El papel de la mujer en la lucha por la democracia en

---

[4] Elena Mederos, "La indigencia es un mal controlable", *Cuadernos de la Universidad del Aire,* La Habana, 1950. "La superación de actitudes y costumbres", *Cuadernos de la Universidad de Aire,* La Habana, 1952. "¿Ha tenido eficacia la participación de la mujer en nuestra vida pública?" *Cuadernos de la Universidad del Aire,* La Habana, 1957.

[5] Elena Mederos, "Las instituciones para niños abandonados", *Revista Lyceum,* La Habana, agosto, 1950. "Informe de la V Reunión de la Comisión de las Naciones Unidas sobre la condición jurídica y social de la mujer", *Revista Lyceum,* La Habana, Editorial Lex, mayo, 1951.

[6] Elena Mederos, "El estatus legal de las cubanas en la Comisión Femenina de las Naciones Unidas", *Bohemia,* La Habana, mayo, 1951.

[7] Elena Mederos, "The Franchise", *The Caribbean. Its Political Problems,* Serie I, vol. VI, Gainesville, University of Florida Press, 1956.

Latinoamérica"[8] y en la Tercera Conferencia Panamericana de Servicio Social, efectuada en 1957 en Puerto Rico, disertó, de forma brillante, sobre "Los valores espirituales en el trabajo social"[9]. En 1958 tomó parte en Washington en un Programa para Líderes Extranjeros (Fellow Foreign Leaders Program), organizado por el Departamento de Estado de los Estados Unidos; a su regreso del viaje publicó un artículo[10]. En noviembre de 1959 preparó, en colaboración con Selenia Pratts, trabajadora social de Puerto Rico, una ponencia que fue presentada en el Onceno Congreso Interamericano del Niño, celebrado en Bogotá[11]. Éstas no son más que algunas muestras de la incesante actividad de Elena.

Sin perjuicio de mantener este constante ritmo de trabajo, Elena, ajena a toda implicación de tipo político partidista, seguía sintiéndose hondamente preocupada por el vuelco institucional ocurrido en el país. Animada del firme deseo de que la República rectificara el rumbo y retornara a los cauces democráticos, buscaba incesantemente una vía eficaz que devolviera a Cuba la normalidad constitucional.

Comienza la lucha

La nación se encontraba dramáticamente dividida. De una u otra forma, Batista había sobrevivido a las tempes-

---

[8] Elena Mederos, "The Role of Women in the Struggle for Democracy in Latin America", La Habana, 1957. (No hay copia de este trabajo, pero aparece en una lista preparada por ella y le agregó la nota: "for inclusion in a book on the same topic").

[9] Elena Mederos, "Los valores espirituales en el trabajo social", trabajo presentado en la Tercera Conferencia Panamericana de Servicio Social celebrada en Puerto Rico, San Juan, 1957.

[10] Elena Mederos, "El trabajo social en los Estados Unidos y sus proyecciones más significativas", *Diario de la Marina*, La Habana, 1958.

[11] Elena Mederos y Selenia Pratts, "Influencia de los factores socioeconómicos del medio ambiente en los problemas de la infancia abandonada", ponencia presentada en el Onceno Congreso Interamericano del Niño, Bogotá, noviembre, 1959.

tades subsiguientes a lo que Hugh Thomas denominó una "insolente captura del poder"[12]. Asimismo, de una u otra forma, sus oponentes trataban de hacerlo caer. En tales circunstancias, en medio de una caótica situación, los espíritus serenos y equilibrados, sin determinadas militancias ni estériles ambiciones, eran los llamados a orientar y ejercer un papel moderador capaz de sacar a Cuba del "barranco" —calificación de Grau— en que había caído y procurar la superación del trágico rompimiento que el golpe del 10 de marzo había provocado en la ciudadanía. Entre estos espíritus sosegados y reflexivos, empeñados en buscar una salida que no favoreciera a un grupo ni a otro sino a la nación, se encontraba Elena. No deseaba, ni mucho menos propugnaba, el empleo de métodos violentos; sabía que la violencia engendra violencia. Lo aconsejable era, pues, buscar una alternativa que apelara al buen sentido de todos y estableciera vías positivas para la civilizada comunicación entre los varios bandos en pugna. La Sociedad de Amigos de la República parecía ser el vehículo indicado en ese momento para llevar a cabo la delicada, significativa y difícil misión de mediar, con algunas posibilidades de éxito, entre un gobierno *de facto,* imbuido de su autoridad, y una oposición —tanto de los partidos políticos, muy divididos entre sí, como popular— que no se encontraba dispuesta a aceptarlo, ni preparada para transigir con la realidad de la situación creada.

La Sociedad de Amigos de la República (SAR) era totalmente imparcial en la cuestión; no obedecía a lineamientos políticos; de hecho había nacido en 1948 en las postrimerías del gobierno de Grau San Martín. La idea de constituirla había surgido en torno a la proposición, expuesta por Jorge Mañach en una de sus "Glosas" del *Diario de la Marina*[13],

---

[12] Hugh Thomas, *Cuba, The Pursuit of Freedom,* London, Harper and Row, 1971.

[13] Jorge Mañach, "Glosas", *Diario de la Marina,* La Habana, enero 7, 1948.

de crear un organismo que fuera para la República lo que la Sociedad Económica de Amigos del País había sido para la Cuba colonial, o sea, un núcleo de opinión pública alerta y dispuesto a enfocar con objetividad los problemas nacionales, asumiendo sólo una función cívica orientadora.

De inmediato, don Cosme de la Torriente y Félix Lizaso brindaron su apoyo al propósito. Días después Mañach comentaba: "Con adhesiones como éstas, todo puede intentarse. Fallará o no. Pero intentémoslo siquiera"[14].

Aunque en la relación de nombres de las primeras personas que apoyaron la iniciativa no aparece el de Elena, en algún momento se vinculó a la Sociedad y más tarde fue miembro de la Directiva[15], para posteriormente ocupar el cargo de vicepresidenta, desde el que laboró activamente para lograr el encauzamiento democrático de la nación[16].

He aquí las palabras de Mañach al cumplirse el primer año del golpe de Batista y con relación al *Manifiesto* de la Sociedad de Amigos de la República:

> El manifiesto de la SAR se caracteriza justamente por la ausencia de espíritu parcial. Esa Sociedad no tiene intereses ni cálculos sectarios de ningún género[17].

En los críticos momentos en que se publicaba el *Manifiesto*, don Cosme de la Torriente presidía la Sociedad de

---

[14] Jorge Mañach, "Glosas", *Diario de la Marina,* La Habana, septiembre 17, 1948.

[15] "No hay solución sin un acuerdo entre Gobierno y Oposición", *Diario de la Marina,* La Habana, marzo 8, 1953.

[16] Posiblemente de 1953 a 1954, dato que aparece en un *Curriculum Vitae* preparado por la propia Elena. No ha podido ser comprobado. No obstante, el hecho de aparecer su caricatura en *Bohemia* al lado de la de don Cosme de la Torriente, con proporciones semejantes, mientras las de los demás participantes en el diálogo cívico tienen tamaño más pequeño, así parece indicarlo.

[17] Jorge Mañach, "Glosas", *Diario de la Marina,* La Habana, marzo 11, 1953.

Amigos de la República. El primer paso hacia un posible diálogo lo había dado el *Manifiesto*. Al analizarlo, Mañach lo resumía así:

> Según el pensamiento de la Sociedad lo que las oposiciones concederían inicialmente serían dos cosas: la renuncia a la violencia y el reconocimiento implícito por el hecho de la declaración misma, de la autoridad que el gobierno de hecho tiene. Lo que éste a su vez concedería serían las dos demandas fundamentales que las oposiciones han presentado: el restablecimiento de la Constitución de 1940 y la celebración de elecciones generales. He ahí, pues, un equilibrio de concesiones recíprocas. Lo demás —las formas y momentos de las concesiones que el gobierno hace— sería materia de la deliberación propiamente dicha... ¿Habrá todavía sensatez, de lado y lado, para escuchar tan levantada exhortación?[18].

Aunque la pregunta con que termina el análisis suena algo escéptica, sí hubo sensatez suficiente para que los varios bandos en discordia asistieran a las conversaciones sugeridas y patrocinadas por la SAR, gracias a la labor sin descanso de don Cosme, Miró, Maceo, Pina y Elena, entre otros que ensayaron todas las formas de persuasión posibles y todos los razonamientos, haciendo una desesperada llamada para que no se cerraran las puertas a un civilizado entendimiento que permitiera, para usar las palabras del propio *Manifiesto*, "resolver nuestros más graves problemas sin apelar a las imposiciones del despotismo ni a los estragos de la violencia"[19].

Otras instituciones además de la SAR —el Bloque de Prensa, por ejemplo— habían intentado lograr un acuerdo que resolviera el conflicto nacional, pero los resultados

---

[18] Jorge Mañach, "Glosas", *Diario de la Marina,* La Habana, marzo 11, 1953.
[19] *Ibid.*

siempre habían sido negativos. Poco a poco se iba viendo que Batista, dueño del poder, no estaba en disposición de transigir. Sin embargo, de día en día la situación se hacía más grave, más tensa, más dramática. El Partido Revolucionario Cubano (PRC), el Partido del Pueblo Cubano, la Triple A, la Federación Estudiantil Universitaria, la Juventud Católica, el Conjunto de Instituciones Cívicas, los Colegios Profesionales, en fin, los núcleos más representativos de los distintos sectores ciudadanos, iban robusteciendo la franca oposición al gobierno.

En 1953 ocurrió el asalto al Cuartel Moncada, en Santiago de Cuba, el cual resultó sintomático de la tónica cada vez más violenta que iba adquiriendo la situación. Aparecieron tres nuevos grupos revolucionarios: el Movimiento 26 de Julio, integrado en gran medida por "ortodoxos"[20] y "barcenistas"[21]; el Directorio Revolucionario, constituido por estudiantes, y el Movimiento de Resistencia Cívica, que agrupaba a grandes núcleos de civiles sin determinada militancia política, pertenecientes, en su gran mayoría, a la clase media, profesionales y comerciantes.

Con el propósito de legalizar su Presidencia, Batista convocó elecciones en 1953, pero se fueron posponiendo hasta 1954. Grau San Martín proponía ir a los comicios como medio para salir del "barranco" y postulaba la disyuntiva "votos contra balas", especificando que, "en lo personal yo lucharé con los votos puesto que carezco de las balas"[22]. Así comenzó la lucha intensa por retornar al sufragio que, con las garantías establecidas en la Constitución del 40, permitiera la libre concurrencia del pueblo a las urnas y la presencia pública en el escrutinio de los votos.

---

[20] Miembros del Partido del Pueblo Cubano (fundado por Eduardo Chibás).

[21] Partidarios del Movimiento Nacionalista que tenía como líder al profesor Rafael García Bárcenas.

[22] Antonio Lancís, *Grau: estadista y político,* Miami, Ediciones Universal, 1958.

Pero a medida que se iba aproximando la fecha de las elecciones y se sucedían las batallas legales, el Tribunal Superior Electoral, manipulado por Batista, se negó a dar las garantías más elementales para el ejercicio del sufragio, lo que provocó el retraimiento del Partido Revolucionario Cubano y sus candidatos Ramón Grau San Martín y Antonio Lancís.

Las ficticias elecciones que implicaban la permanencia de Batista en el poder por lo menos hasta 1958, acabaron por exacerbar aún más los ánimos e intensificar la rebeldía que iba generalizándose. Pareció, sin embargo, que en 1955 se producía un compás de espera durante el cual el gobierno promulgó una amplia amnistía en la que quedaron comprendidos los asaltantes del Cuartel Moncada, entre ellos su jefe, Fidel Castro.

En realidad la tregua sólo era aparente. La tensión entre el gobierno y la oposición seguía intensificándose. En octubre de 1955, don Cosme de la Torriente intentó hablar directamente con Batista pero no lo logró. Mas el viejo veterano era tenaz y, a pesar de que el cuadro de la dramática realidad cubana ofrecía pocas esperanzas, seguía tratando, por una parte, de entrevistarse con Batista y, por la otra, de unir a los opositores de éste que tenían entre sí antagonismos y discrepancias. Esto último lo logró en parte cuando, con el fin de demostrar el respaldo con que contaba la Sociedad de Amigos de la República en sus gestiones, se celebró un mitin en los muelles de La Habana en el que se reunieron en la tribuna presidencial los diferentes líderes oposicionistas: los expresidentes de la República Ramón Grau San Martín y Carlos Prío Socarrás; José Antonio Echeverría, presidente de la Federación Estudiantil Universitaria; Raúl Chibás, presidente del Partido del Pueblo Cubano; José Miró Cardona, presidente del Colegio Nacional de Abogados; José Ramón Andreu, del Partido Demócrata; Amalio Fiallo, del Partido Radical, y José Pardo Llada, ortodoxo y comentarista de la radio. Estaban ausentes los comunistas, con los que no se había contado, y los Movimientos 26 de Julio y Resistencia Cívica, que no creían posible el entendimiento y, por lo tanto, no se adhirieron a la gestión. Por lo pronto la SAR podía sentirse satisfecha: el propósito del mitin, efectuado con la concurrencia de una enorme multitud que llenaba todo el espacio desde la Alameda de Paula hasta el edificio de la Aduana, quedó plenamente cumplido al demostrar tanto la posibilidad de unir a los sectores de opinión contrarios al régimen cuanto el hecho de que los esfuerzos de la Sociedad tenían el apoyo de la ciudadanía.

Mientras tanto, en las entrañas de la nación seguía creciendo la actuación insurreccional. El caos se vislumbraba ya a fines de 1955. Batista, al tiempo que confrontaba problemas de huelgas, debió ablandarse algo por la demostración popular que daba credenciales a la Sociedad de Amigos de la República para mediar en la controversia, pues decidió atender la solicitud de entrevista que le había presentado don Cosme. Ambos se reunieron en dos oportunidades, a fines de diciembre de 1955 y a principios de enero de 1956. En esta última acordaron que las negociaciones fueran llevadas a cabo por equipos que representaran a ambos bandos.

Las reuniones convocadas y patrocinadas por la SAR, conocidas con el nombre de "Diálogo Cívico", se llevaron a cabo en marzo de 1956 en la Casa Continental de la Cultura. Las conversaciones se desenvolvieron en un clima de incomprensión. La oposición, representada por Antonio Lancís, presentó una documentada ponencia[23] donde pedía esencialmente la celebración de elecciones en el más breve plazo posible y el respeto al Código Electoral. Los representantes de Batista demoraban el proceso con tácticas dilatorias y apuntaban la posibilidad de celebrar una Asam-

---

[23] Antonio Lancís, *El reordenamiento constitucional de las magistraturas del Estado,* La Habana, 1956.

blea Constituyente lo que, en realidad, era una forma de demorar a su conveniencia el proceso electoral.

Todavía estaban efectuándose las reuniones cuando el día 11 de marzo, en un discurso emitido por la radio, Batista ridiculizó las peticiones hechas calificándolas de absurdas. Al día siguiente, al terminarse la cuarta sesión, que se desarrolló entre discusiones, réplicas y acusaciones de una y otra parte, ante la insistencia de los delegados del gobierno en que las elecciones de 1954 le habían dado a Batista un mandato hasta 1958, el viejo patricio, a petición de los sectores representados en las reuniones, con excepción del Partido Revolucionario Cubano que ni siquiera fue consultado, sin esperanzas de llegar a un acuerdo decoroso, pacífico y patriótico, declaró cerrado el "Diálogo Cívico".

Batista alegó que no se había llegado a nada porque la oposición había exigido la inmediata dimisión del gobierno, lo cual era incierto, como puede apreciarse en el examen del texto del discurso de Antonio Lancís pronunciado, a nombre de la oposición, el 12 de marzo en la cuarta sesión del "Diálogo":

> Ese problema pendiente les preocupa a ustedes y nos preocupa a nosotros. La salida tiene que ser una salida de carácter nacional. Podrá haber otras salidas: pero esta salida propuesta [la convocatoria a elecciones] sería la solución en grande de este problema. No hemos pedido, repito, que nadie se retire ni que nadie se vaya sino que todos discutan de buena fe la cuestión para ver cómo se resuelve esta situación que preocupa a nuestro país[24].

Elena, en un escueto informe a algunas de sus amigas más allegadas que la esperaban ese día para conocer el resultado de la reunión, les dijo: "No existe posibilidad alguna de arreglo. Sólo intransigencia. No habrá más reu-

---

[24] *Ibid.*

Don Cosme de la Torriente, caricatura de David aparecida en la revista *Bohemia,* sobre los protagonistas del Diálogo Cívico, marzo de 1956.

Elena Mederos, caricatura de David aparecida en la revista *Bohemia,* sobre los protagonistas del Diálogo Cívico, marzo de 1956.

niones". Muchos años después Elena declararía a un periodista: "Esto no resultó porque Batista creyó que podía seguir funcionando"[25].

En 1956 el gobierno preparó una nueva farsa electoral. Grau y Márquez Sterling abogaban por una solución que contraponía de nuevo los votos a las balas. Una gran parte de la población se daba cuenta de que estas elecciones estaban ya decididas y no precisamente por la voluntad popular. Los votos no iban a ser los determinantes[26].

Lejos de darse garantías para el libre juego político y la movilización indispensable para ello, se impuso la draconiana Ley de Orden Público. Por otra parte, las manipulaciones del Tribunal Superior Electoral falsearon las disposiciones del Código Electoral, del que se suprimió el derecho de los votantes a presenciar el escrutinio[27]. Se dio la "brava" y el PRC pidió la nulidad de las elecciones con pruebas pertinentes de los diversos fraudes cometidos. Pero el Tribunal Superior Electoral no anuló unos comicios a todas luces fraudulentos.

Mientras tanto, Fidel Castro, después de naufragar el 3 de diciembre de 1956 con el barco "Granma" en Playa Colorada, cerca de Niquero, Oriente, se había internado en la Sierra Maestra con los supervivientes. Fidel Castro

---

[25] Robert R. Brauning, entrevista citada.

[26] Los que abogaban por la concurrencia a las elecciones que preparaba el gobierno aducían el triunfo arrollador de Grau en 1944 y la aceptación, por parte de Batista, del fallo popular. Pero esta conformidad no se produjo de forma espontánea y como muestra de respeto a la voluntad democrática libremente expresada. En realidad, sólo el factor sorpresa determinó el acatamiento a la voluntad mayoritaria del pueblo. La rápida publicación en los periódicos del decisivo triunfo de Grau y la subsiguiente llamada del presidente Roosevelt al vencedor para felicitarlo por su triunfo, no dieron a la dictadura tiempo para preparar lo que en el habla popular se denomina "el cambiazo" o "el pucherazo".

[27] Antonio Lancís, *Grau: estadista y político*, Op. cit.

no era un líder popular[28], sino una figura que había irrumpido en la historia de Cuba de forma inusitada el 26 de julio de 1953 cuando el sangriento ataque al Cuartel Moncada en Santiago de Cuba, acción considerada irresponsable aun por connotados revolucionarios. Su alegato ante el tribunal que lo juzgó, publicado más tarde con el título *La historia me absolverá,* le conquistó el reconocimiento popular de activo militante de la oposición. Beneficiado por la amnistía de 1955, no cumplió la condena que se le

---

[28] Fidel Castro, después de haber estado vinculado al MSR (Movimiento Social Revolucionario) de Manolo Castro y Rolando Masferrer, había dejado este grupo uniéndose a la UIR (Unión Insurreccional Revolucionaria), cuyos dirigentes eran Emilio Tro y Justo Fuentes. Cuando ocurrió el asesinato de Manolo Castro, Fidel estuvo acusado de complicidad y tuvo que comparecer ante la Corte. La evidencia, sin embargo, resultó inconclusa y ni siquiera fue encausado. Fuera cual fuera su participación en este asesinato, un mes después, en abril de 1948, estuvo implicado en los desórdenes conocidos como "el Bogotazo", que ocurrieron en la capital de Colombia durante la celebración de la Conferencia Panamericana. Estudiantes argentinos y cubanos subvencionados, según se afirmaba, por Perón, organizaron una protesta con el fin de causar trastornos a los Estados Unidos. De Cuba fueron Enrique Ovares, secretario de la FEU; el comunista Alfredo Guevara; Rafael del Pino y Fidel Castro, miembros de la UIR. El 3 de abril empezó la Conferencia y de inmediato se produjeron actos hostiles. El 9 hubo violentos choques y a la 1:20 p.m. de ese día, el popular líder anticomunista Jorge Eliécer Gaitán, que había sido la esperanza de Colombia para lograr una reforma social, fue asesinado por un lunático. Arreciaron los motines y por la noche Bogotá estaba fuera de control. Por varios días continuó la violencia y los muertos fueron unos 3.000. No puede precisarse cuál fue exactamente la participación de Fidel Castro en este evento, pero el jefe de Policía de Bogotá afirmó que Castro y Pino eran agentes comunistas que habían llegado con la misión de organizar motines.

Lo cierto es que de todas estas actividades, posiblemente delictivas, no había pruebas concretas bien formuladas y aunque en su día fueron mencionadas en la prensa, como nadie sospechaba las futuras implicaciones que el personaje iba a tener en la vida nacional de Cuba, no tuvieron una amplia divulgación.

había impuesto y marchó a México, donde organizó la citada expedición del "Granma".

Las grandes mayorías nacionales, cansadas de los desafueros y represiones del gobierno, se manifestaban, en una u otra forma, contra la dictadura y buscaban ansiosamente un líder en quien confiar. "Cuba se encontraba ante un *impasse* y por eso apoyó a un hombre que se decidió a la lucha armada internándose en la Sierra Maestra"[29]. Una de las condiciones que lo hacían aceptable era que precisamente en aquel entonces parecía no tener el apoyo comunista. La vieja guardia del partido de la hoz y el martillo, por el contrario, había colaborado abiertamente con el gobierno de Batista, manteniéndose alejada de las actividades oposicionistas hasta fines de 1958, cuando ya la caída del régimen era inminente. Sólo entonces el Partido Socialista Popular juzgó necesaria la presencia de algunos de los suyos, entre ellos Carlos Rafael Rodríguez, junto al cabecilla que parecía contar con el fervor de casi toda la ciudadanía.

Fracasadas, pues, en 1956, las esperanzas de conciliación abiertas por la fe y la tenacidad de don Cosme, Elena abandonó su posición de forzada neutralidad como mediadora y quedó a la expectativa. Sabía que ante los hechos que estaban ocurriendo en la nación, la indiferencia resultaba un crimen. Pero no veía a ningún líder nacional capaz de llevar a cabo la nueva "guerra justa y necesaria" como la convocada en el *Manifiesto de Montecristi* por Martí y Gómez. Entre todos los grupos que trataban de derrocar a Batista, el que más despertaba su simpatía y confianza era el Movimiento de Resistencia Cívica, dirigido en esos momentos por Manuel Ray Rivero, persona de la que tenía muy buena opinión y al que juzgaba capacitado, inteligente, honesto y de democráticos principios. Así, llevada por una

---

[29] José R. Álvarez Díaz, *La trayectoria de Castro: encumbramiento y derrumbe,* Miami, Editorial AIP, 1964.

amiga que pertenecía a la Dirección Nacional e invitada por Ray a unírsele, se vinculó a la dirigencia del MCR[30].

Desde el principio existieron relaciones estrechas entre el Movimiento de Resistencia Cívica y el Movimiento 26 de Julio. Mejor podría decirse que el MRC era la rama civil del 26 de Julio. Resistencia había sido fundada en Santiago de Cuba por Frank País, extendiéndose posteriormente a todas las provincias. Cuando País fue asesinado en Santiago el 30 de junio de 1957, el Movimiento quedó muy quebrantado. Sus principales colaboradores tuvieron que esconderse; unos se refugiaron en la Sierra, otros se sumergieron en el clandestinaje y algunos se trasladaron a La Habana, donde se inició la reconstrucción del Movimiento. Con el propósito de hacerse cargo de esa tarea, Faustino Pérez fue enviado a la capital como coordinador del 26 de Julio. Fracasada la huelga general del 9 de abril de 1958, Faustino se vio de nuevo llamado a la Sierra,

---

[30] Antes de incorporarse a las actividades del Movimiento de Resistencia Cívica, Elena había indagado, a través de sus numerosas amistades, si existía información sobre las ideas políticas de Fidel Castro y, en especial, alguna conexión entre el Movimiento 26 de Julio y el Partido Comunista. Aunque parezca increíble, a pesar de que hechos posteriores arrojaron luz sobre "el Bogotazo" y las filiaciones de Raúl Castro y Che Guevara, tanto los informes procedentes de canales diplomáticos como los provenientes de fuentes de inteligencia coincidieron en que no había pruebas en relación con el particular. Resulta sorprendente la ingenuidad de las autoridades competentes de países extranjeros ante el poder de simulación de Castro y su habilidad para ocultar sus verdaderos fines. Esta actitud crédula que había informado indirectamente a Elena en el año 1957, fue la misma sustentada con posterioridad una y otra vez con evidente falta de conocimiento y visión. Philip Bonsal, nombrado embajador de los Estados Unidos en Cuba, escribió más tarde en su libro *Castro and the United States in Foreign Affairs*, January, 1962 (citado por H. Thomas en la p. 1.200 del libro anteriormente citado), que sobre la base de los abundantes aunque contradictorios datos que existían en Washington, él había llegado a la conclusión, antes de asumir su cargo en Cuba, de que Castro "no era un comunista".

sustituyéndolo, primero, el comandante Delio Gómez Ochoa, y después Marcelo Fernández. Para poder llevar a cabo la labor de organizar la Resistencia se necesitaba a alguien que tuviera la capacidad necesaria y no fuera conocido como opositor al régimen. Manuel Ray fue la persona seleccionada como coordinador general del Movimiento de Resistencia Cívica afiliado al 26 de Julio. Desde que Ray asumió la dirección de Resistencia, La Habana fue el principal centro de operaciones.

En la Dirección del MRC cada miembro tenía a su cargo una responsabilidad determinada. A través de ellos llegaban a la Sierra medicinas, alimentos, ropas, armas y hombres. Otra de sus actividades era la de procurar refugios para los miembros del clandestinaje, así como transportar a los que iban a incorporarse a las guerrillas y a alguno que otro periodista que se dirigió a la Sierra en busca de información.

Cuando Elena se incorporó al MRC no lo hizo con su habitual dinamismo y dedicación integral sino en forma algo limitada. Concurría fielmente a las reuniones semanales de la Dirección Nacional, que se efectuaban de forma clandestina en una pequeña escuela radicada en la calle Zapata y cedida al efecto por su propietaria, que pertenecía a una de las células de Resistencia. Elena no tenía una función específica, era más bien una especie de consejera, algo así como lo que en un gabinete de gobierno suele llamarse "ministro sin cartera". Contribuía con sus consejos y opiniones, pero la integración no fue nunca total, porque sentía una natural desconfianza hacia Fidel Castro, la que manifestaba en ocasiones a las personas de su intimidad. A veces, al regresar de alguna de las reuniones semanales, comentaba con la amiga que, como miembro también de la Dirección Nacional, asistía con ella a las mismas: "No sé si hacemos bien en dar ayuda a la Sierra. Pero, ¿qué otra posibilidad hay? ¿Cuál es la alternativa?"

El desplome del régimen de Batista no se hizo esperar y el 1 de enero de 1959 la sorprendió fuera de Cuba, pues se había ausentado por unos días con su hija María

Elena. Así, pues, volvió inmediatamente a la Isla a bordo del "Florida".

Cuando el barco pasó frente al Morro y al contemplar la bandera de la República que ondeaba solitaria, ¿no sentiría Elena las mismas emociones que sus padres experimentaron cuando en 1898 surcaron las aguas de la bahía al retornar a la patria liberada del yugo español? Era como si la historia se repitiera y un mundo de nuevas esperanzas se abriera para los cubanos que aspiraban a vivir en libertad.

VIII. La gran ilusión

Elena encontró La Habana en plena efervescencia. Se vivían instantes de indescriptible emoción. Había motivos de sobra: no sólo la nación acababa de sacudirse una dictadura que durante años la había ensombrecido, sino que se creía que era también el inicio de una etapa que el pueblo cubano creyó de rectificaciones, de justa proyección social y de progreso democrático. Parecía como si la noche se hubiera quedado atrás:

> Era obvio que la revolución gozaba de completo apoyo del pueblo cubano. Todas las clases sociales respaldaban a Castro: los campesinos, los agricultores, los dueños, los comerciantes y los tenderos, los estudiantes y los maestros, los profesionales y muchos cubanos ricos cansados del régimen de Batista[1].

En el nuevo amanecer de la República se perfilaban sustanciales reformas, una de las cuales tocaba a Elena muy de cerca. Se oían rumores sobre la creación de un Ministerio de Bienestar Social en el que serían agrupadas todas las funciones de ayuda a la comunidad, dispersas,

---

[1] Paul Kidd (redactor del *The Hamilton Spectator*). *Un pueblo traicionado*. Miami, marzo, 1963.

por el momento, en distintos ministerios. El nuevo gobierno se hacía eco así de una necesidad hondamente sentida: como en la vida hay un tiempo para todo, el tiempo de la asistencia social profesional parecía haber llegado.

A los pocos días de su retorno a La Habana, Elena recibió en su casa la llamada de su antiguo amigo, el primer ministro José Miró Cardona, quien le comunicó que iba a crearse el Ministerio de Bienestar Social, así como que se había propuesto la designación de ella para dirigirlo. Elena aceptó por dos razones principales: pensaba que a través del Ministerio podría llevar a cabo una labor de asistencia tecnificada para beneficio de la comunidad, y, por otra parte, creía que su esfuerzo, unido al de otras figuras destacadas, sensatas y honestas que constituían el Gabinete, habría de contribuir a la tarea de buscar un deseado equilibrio para el gobierno de la nación. Surgido éste después de un largo proceso revolucionario y con el apoyo de los jóvenes que integraban el Ejército Rebelde, tenía que reafirmar el principio de la autoridad civil y liberarse, en cierta forma, de las presiones que, sin duda, se ejercerían sobre él. Tarea difícil si se consideran dos premisas: primera, el poder provenía del Ejército que había designado presidente al Dr. Urrutia y, segunda, los rebeldes habían bajado de las lomas con una mística que les conquistó no sólo la simpatía y la aquiescencia, sino también la admiración sin límites de casi toda la ciudadanía. Los barbudos con sus rosarios y su leyenda eran, para la imaginación popular, los salvadores que ejercían sobre ella —en especial sus líderes Fidel Castro, Camilo Cienfuegos y Che Guevara— una extraña e indescriptible fascinación. El pueblo, cansado de la caótica situación que había imperado hasta esos momentos, deseoso de respirar y de vivir, se entregaba por entero, en forma desorbitada e incontenible, a aquellos a los que veía como a nuevos libertadores.

Elena creía sinceramente que su aporte podría ser positivo y esperaba que el poder civil acabaría por someter a aquellas huestes revolucionarias y guerrilleras que, aunque habían cometido excesos de extrema represión a raíz de la toma del poder —actos improcedentes, crueles y censurables— parecían estar en actitud de acatar las disposiciones de ese gobierno civil instaurado por ellos mismos. Resultaban promisorias las palabras de Fidel Castro al bajar de la Sierra y entrar en Santiago cuando alguien solicitó de él que terminara la huelga de los periódicos por ser la información del pueblo un servicio público:

> Recuérdate que yo no puedo hacer decretos, eso corresponde al presidente Manuel Urrutia; lo más que puedo hacer es pedirles a los periodistas y a los obreros que vuelvan al trabajo, pero no mandarlo[2].

También el 21 de enero, frente al Palacio, Castro afirmó:

> ... ni me inmiscuyo, ni me inmiscuiré en los problemas de la Presidencia de la República... Si el presidente me prohíbe hacer una declaración más, mientras yo sea comandante en jefe de todas las fuerzas de la República, yo acataré incondicionalmente esa orden[3].

Desde el mismo instante de la llamada de Miró, Elena empezó a proyectar el futuro Ministerio y a soñar con la transformación que podrían experimentar las clases más necesitadas del país. Pero ocurrió una cosa curiosa: en la *Gaceta* extraordinaria núm. 9 del 24 de enero de 1959, apareció el Decreto núm. 186 por el que se nombraba a Elena Mederos Cabañas como ministra de Bienestar Social. ¡Y el Ministerio no había sido creado todavía! Era, pues, el caso de una ministra designada para un cargo que no

---

[2] Carlos M. Castañeda, "Jamás en mi vida toleraré conscientemente una inmoralidad", *Bohemia* (primera entrevista hecha a Fidel Castro, reproducida en *Recuento de la gran mentira comunista*, Hialeah, Fla., Empresa Recuentos, Primera edición, vol. I, núm. 1, 1975).

[3] Rubén Darío Roldán, *¿Es un hombre honrado?*, Caracas, 1961.

existía. Por eso, sin duda, en una entrevista que apareció en el *Diario de la Marina* el viernes 6 de febrero, Elena advirtió al reportero: "este Ministerio no pasa todavía de ser un proyecto bien intencionado pues carece de local, de presupuesto y de personal en tanto se hagan las oportunas segregaciones en los distintos ministerios"[4].

El Ministerio estaba en el aire, lo que no fue obstáculo para que Elena, aun sin tomar posesión, hiciera un recorrido por las zonas afectadas por la lucha en las provincias orientales para ver, por sí misma, las necesidades confrontadas. Santiago de Cuba, Holguín, Manzanillo, Baracoa, Sagua de Tánamo y Camagüey fueron, entre otras, las ciudades visitadas y Elena, en la ya citada entrevista, manifestó: "Es muy importante mantener contacto directo con las comunidades para conocer cabalmente sus necesidades. Por ello consideramos fundamental la descentralización de las labores de bienestar social"[5].

Dinámica como siempre, antes de regresar a La Habana había dejado un grupo de trabajadoras sociales que estarían en contacto directo con ella, en Santiago, Holguín, Manzanillo y Sagua de Tánamo.

La obra que murió al nacer

El Ministerio se hizo realidad, al fin, por la Ley núm. 49, precisamente el día 6 de febrero, fecha en la que apareció publicada la mencionada entrevista. Estaba firmada por Manuel Urrutia y refrendada por José Miró Cardona, primer ministro, y Roberto Agramonte Pichardo, ministro de Estado. Por ella se encomendaba al ministro Encargado de la Ponencia y Estudio de las Leyes Revolu-

---

[4] Enrique Grau Esteban, "Ayudar a las víctimas de la guerra constituye un deber ciudadano" (entrevista a Elena Mederos), *Diario de la Marina*, La Habana, febrero 6, 1959.
[5] *Ibid.*

cionarias la formalización de la Ley Orgánica del Ministerio. Ese ministro era Osvaldo Dorticós Torrado, el que, desconocedor de cuanto se refería a la asistencia social, dio carta blanca a Elena para llevar a cabo la planificación del Ministerio, reservándose para sí acomodar el proyecto a su formato legal.

Así fue como Elena acometió la tarea con su acostumbrado entusiasmo y dedicación. Se le daba la oportunidad de hacer el Ministerio a su manera, con la orientación filosófica por la que había luchado desde hacía más de 20 años. Durante muchos días estuvo asesorándose, cambiando impresiones con cuantas personas podían tener ideas de valor en este campo, haciendo esquemas y planes, trabajando sin descanso hasta elaborar una estructura con base científica que respondiera a las necesidades sociales del país. Con gran sentido funcional, conocimiento técnico del campo social y visión de conjunto, procedió a preparar la integración de las dependencias que, provenientes de varios sectores del servicio público, iban a constituir el núcleo del nuevo Ministerio. El presupuesto con el que podía contar no iba a permitir extravagancias ni grandes dispendios, pero a ella no le importaba eso. "El Ministerio de Bienestar Social no será un ministerio de amplia empleomanía. Tecnificaremos el Ministerio y sacrificaremos el aspecto burocrático para ampliar el aspecto servicio"[6].

Reafirmó el concepto en otra entrevista que, para la *Revista de Servicio Social* de Puerto Rico, le hizo su gran amiga María Pintado de Rahn:

> Plenamente conscientes de la responsabilidad que se nos ha encomendado [dice, incluyendo a Elena Moure de Casado, viceministra], hemos establecido las orientaciones generales de la labor que nos proponemos llevar a cabo respondiendo a las necesidades más urgentes sentidas en el momento y a los posibles campos de desarrollo de

---

[6] *Ibid.*

acuerdo con las posibilidades ambientales. Estimamos que un ministerio nuevo no debe ser un ministerio gigante sino que debe comenzar con aquello que se sabe puede llevarse a cabo a plenitud, estableciendo normas que permitan ir desarrollando nuevos y más vastos programas[7].

Un cuadro gráfico al que Elena denominaba "el Organograma" ofrecía en forma panorámica el esquema estructural del Ministerio. En él se destacaban las oficinas de la ministra y de la viceministra, enlazadas por la Jefatura de Despacho y extendidas sobre un amplio ramal de seis direcciones: Prevención y Rehabilitación Social, Mejoramiento Campesino, Asistencia Pública, Nutrición, Educación-Investigación-Relaciones Públicas, y Administración.

La labor de la *Dirección de Prevención y Rehabilitación Social* comprendía las funciones que estaban anteriormente asignadas al Centro de Orientación Infantil, más otros servicios específicos, tales como las clínicas de conducta y los clubes recreativos, así como la rehabilitación social de impedidos físicos y mentales.

La *Dirección de Mejoramiento Campesino* enfocaba los problemas de este sector, canalizando la honda preocupación del gobierno por la superación y el bienestar de las poblaciones rurales.

La *Dirección de Asistencia Pública* tenía a su cargo la labor asistencial con grupos o individuos en condiciones de inferioridad económica o social. Comprendía también la atención de las necesarias instituciones públicas y de las instituciones subvencionadas. Pero como la idea que iba a predominar en esta Dirección era que el medio institucional no resulta el más conveniente para lograr el desarrollo emocional del niño, se pensó dar énfasis a la ubicación de niños en hogares sustitutos que le proporcionaran un am-

---

[7] María Pintado de Rahn, "Elena Mederos: ministra de Bienestar Social de Cuba" (entrevista), *Revista de Servicio Social*, San Juan, Puerto Rico, julio, 1959.

biente familiar normal más favorable, para su formación integral, así como prestar también especial atención a los hogares incompletos en los que la falta de uno de los padres dificulta su mejor desarrollo y su ajuste en la sociedad.

La *Dirección de Nutrición* comprendía las funciones que habían estado confiadas a la Organización Nacional de Comedores Escolares y Populares (ONCEP).

La *Dirección de Educación, Investigación y Relaciones Públicas* tenía como funciones las de brindar su orientación y estímulo a las escuelas de servicio social, así como organizar cursillos de preparación para el personal, llevar a cabo estudios de investigación social y estadística destinados a orientar las labores del Ministerio, de acuerdo con las necesidades nacionales específicas, y establecer relaciones con organismos nacionales e internacionales que realizaran obras de asistencia social.

Como su mismo nombre indica, a la *Dirección de Administración* correspondían las funciones administrativas.

Al fin, el 27 de febrero de 1959, a propuesta del Ministro Encargado de la Ponencia y Estudio de las Leyes Revolucionarias, se promulgó la Ley núm. 111 conocida como Ley Orgánica del Ministerio de Bienestar Social, que fue firmada por el presidente Urrutia, Fidel Castro Ruz como primer ministro y Elena Mederos Cabañas, ministra de Bienestar Social. La ley no apareció en la *Gaceta Oficial* hasta el 4 de marzo, fecha en la que, oficialmente, comenzó a funcionar el Ministerio.

No era un buen augurio el que Miró Cardona, amigo de muchos años y figura prestigiosa del gobierno, hubiera renunciado días antes debido a las interferencias de Fidel Castro, quien entonces, el 16 de febrero, se nombró a sí mismo Primer Ministro. Este hecho, naturalmente, preocupó a Elena, pues ya el guerrillero de la Sierra iba olvidando su aparente humildad y poniendo al descubierto su afán de poder.

No obstante, la obra que ella pensaba que podía llevar a cabo desde el Ministerio era de importancia para la nación y, dejando a un lado sus escrúpulos, se entregó por entero al trabajo. No es fácil crear y dirigir un ministerio, especialmente en las circunstancias por las que atravesaba el país en esos momentos. Uno de los problemas principales surgió a la hora de designar el personal. Como el Ministerio estaba constituido por segregaciones de otros ministerios, las distintas partes que lo integraban traían su propio personal. No era Elena persona dispuesta a dictar cesantías por razón de filiación política de los empleados. Pensaba ella que los cargos técnicos debían ser desempeñados por personal capacitado, pero por lo demás, en un orden general, aquellas personas que no fueran culpables de delitos y realizaran su trabajo en forma eficiente, debían ser respetadas. Los revolucionarios pensaban otra cosa: había que depurar y dejar cesantes a los empleados designados por el Gobierno anterior para que ocuparan sus puestos personas adictas a la Revolución. Elena resistió presiones y, hasta donde pudo, mantuvo casi intacto el personal que venía prestando servicios. En cuanto a los cargos de carácter técnico, se mostró intransigente. Todos fueron ocupados por trabajadores sociales graduados. Por lo demás, ella no tenía interés alguno en los nombramientos salvo, como es natural, el personal de confianza en la Jefatura de Despacho. Nada de política ni de prebendas en este Ministerio que sentía como suyo. Ella daba el ejemplo: llegaba la primera y marcaba su tarjeta de entrada y salida como cualquier empleado.

En la Dirección de Administración, desempeñada por un antiguo miembro del Movimiento de Resistencia Cívica, dejó a cargo de éste el nombramiento de personas provenientes de la cantera revolucionaria, reservándose, no obstante, la designación de los que iban a ocupar algunos cargos importantes, como los jefes de los Negociados de Pagaduría, Contabilidad y Auditoría, con el fin de asegurarse de la buena marcha de las cuestiones de tipo financiero.

Durante algún tiempo esto pareció suficiente. Pero pronto los núcleos revolucionarios empezaron a protestar porque querían más posiciones. Elena procuraba ser justa, pero para los militantes resultaba débil y no suficientemente revolucionaria. Ella tenía conocimiento de estas protestas y comentarios, pero proseguía su labor sin prestar mucha atención al ambiente que se le iba creando. Lo importante era la obra y mientras pudiera llevarla a cabo, las críticas la tenían sin cuidado.

Al preguntarle María Pintado —en la ya citada entrevista, que podría ser calificada como conversación entre amigas— cuál sería la filosofía que presidiría el Ministerio, recordó algunos puntos que había expuesto en el Tercer Congreso Panamericano de Servicio Social, celebrado en Puerto Rico en 1957, cuando disertó sobre "El trabajo social y los valores espirituales":

> El énfasis en toda la labor será en el esfuerzo preventivo y en el estímulo al robustecimiento del núcleo de la familia como eje de los valores espirituales en la vida de todos y a su importancia en el campo existencial... A medida que se desarrollen los demás planes del Gobierno espero también que se sienten bases democráticas permanentes, ya que esto es indispensable para cualquier programa de bienestar social... La única base sólida en que puede asentarse una comunidad democrática es una sensibilidad despierta a los valores humanos... Se hace necesario ahondar en la filosofía democrática con el fin de que con pleno conocimiento de sus valores esenciales como vía de superación de los pueblos y convencidos de lo contraproducente que resultan los esfuerzos de dignificación colectiva cuando éstos se llevan a cabo bajo la égida de una dictadura, contribuyan a que sean una realidad en nuestros países los dos postulados fundamentales de la Carta del Atlántico, los que preconizan el destierro de la miseria material y moral —libertad para vivir sin privaciones y libertad para vivir sin temor—, premisas básicas para que el individuo pueda desarrollar aquellos valores espirituales positivos que son la esencia misma del trabajo social[8].

---

[8] *Ibid.*

Parece como si esta conversación con la amiga se hubiera propuesto destacar la importancia que tenía para ella el concepto de democracia. Sin duda ya sentía una honda preocupación por los extraños rumbos que iba advirtiendo en el Gobierno del que formaba parte. Ella vivía en su Ministerio y acudía a Palacio sólo cuando la citaban para los Consejos de ministros, que cada vez iban siendo más espaciados.

Comienza la pesadilla

Las reuniones del Consejo se efectuaban de modo poco convencional, con desorden cada vez mayor en su desenvolvimiento. En ellos participaban no sólo los ministros, sino funcionarios de varios rangos, guerrilleros, Celia Sánchez (que casi siempre acompañaba a Fidel), secretarios y ayudantes de unos y de otros. Otra característica de estos Consejos era la falta de horario fijo. El Primer Ministro jamás era puntual. Las reuniones señaladas para una hora, generalmente las 3 de la tarde, demoraban largo tiempo en comenzar y cuando al fin Castro aparecía, hacía apartes con unos y con otros. A veces decía que no había dormido y posponía la reunión a capricho con el objeto de acostarse por algunas horas. Así, en ocasiones, todo se prolongaba hasta la madrugada y, en resumen, los ministros se retiraban sin haber podido plantear sus problemas u ofrecer sus informes.

Elena no se sentía cómoda a pesar de que —contaba ella— todos, inclusive Fidel Castro, le mostraban deferencia y cortesía. Camilo Cienfuegos, por ejemplo, que asistía siempre al Consejo aunque oficialmente no perteneciera a él, solía soltar palabrotas brutales, pero cuando se daba cuenta de que Elena estaba presente, se llevaba las manos a la boca para tapársela, y la miraba con picardía reflejada en sus negros y vivos ojos, excusándose con un gesto.

Pero, a pesar de la cordialidad con que era acogida, ella se sentía como ajena a aquel grupo, como si no perteneciera a él. En realidad no pertenecía. Algún ministro amigo, con el que comentó en cierta ocasión esta sensación de extrañamiento y sus dudas sobre si debía permanecer en el Consejo, le dijo que había que hacer un esfuerzo para ayudar y orientar a "estos muchachos" y la urgió a quedarse, ya que —según él— aquello tenía que ser transitorio y al fin acabarían predominando la sensatez, la moderación y el orden. Lo aconsejable era lo que él se aplicaba a sí mismo: mientras ella fuera la que determinara la política de su departamento sin interferencias, era preferible no abandonar posiciones. Había que combatir desde dentro.

Después de oír este criterio, Elena decidió seguir al frente del Ministerio, aunque la política general del Gobierno, en la cual no tenía intervención alguna, siguiera un rumbo cada vez más enigmático e inquietante. A más de las actividades de represión, que ya no se podían seguir atribuyendo a excesos de una reacción pendular consecuencia de la caída de una dictadura, la Constitución de 1940 había sido sustituida por una llamada Ley Fundamental. El 3 de marzo, precisamente el día anterior al comienzo oficial del Ministerio de Bienestar Social, Fidel Castro no sólo anuló el fallo de un tribunal revolucionario que, debido a la falta de pruebas, había absuelto a un grupo de aviadores del anterior régimen, sino que designó un nuevo tribunal con órdenes de condenarlos a prisión. Esta actitud dictatorial, personalista, que indicaba un absoluto desconocimiento de la justicia y un peligroso paso hacia la implantación de un sistema autocrático de gobierno, conmovió profundamente a Elena, ahondando sus dudas sobre la conveniencia de asumir las responsabilidades que le habían encomendado. El hecho hubiera determinado su inmediata renuncia, pero ¿cómo iba a abandonar la obra? ¿Cómo irse sin destruir el sueño? ¿Cómo abandonar la que podría ser su contribución más significativa a la causa del bienestar social de su patria sin haber hecho más que iniciarla, sin darle el impulso vital definitivo?

Pero los acontecimientos negativos seguían sucediéndose y Elena se sentía preocupada e incómoda. Cada vez que asistía a una reunión del Consejo de Ministros salía con una gran pesadumbre en el corazón. "Todo va mal —solía comentar con su Jefa de Despacho—, tenemos que salir de esto, pero ¿cómo?".

En un momento oportuno habló del particular con el presidente Urrutia, pero éste se encontraba ya privado, en gran medida, de su autoridad ejecutiva y le dio largas al asunto pidiéndole que esperase un poco. Era lo que él mismo hacía con la esperanza de que hubiera rectificaciones.

Un día, a comienzos de abril, le planteó su renuncia a Fidel, quien ya se había quitado algo el disfraz de demócrata y era, en efecto, el verdadero Presidente, Primer Ministro, Jefe del Ejército y, en resumen, jefe supremo y autoritario de la nación. He aquí los pormenores de la conversación:

>A mí me parece que ustedes son un equipo de jóvenes y yo no encajo bien en el grupo. Tenemos diferentes puntos de vista. Sería mejor que yo dejara el Ministerio...
>
>Mira —le contestó Fidel Castro—, la Revolución es un tren que sabe a dónde se dirige y no va a desviar su camino de ningún modo. Nadie puede apearse de un tren en marcha hasta que no llegue a una estación. Por ahora necesitamos que te quedes un poco más. Ya vendrá el momento en que podrás hacerlo.
>
>Está bien —le dijo Elena—, pero la renuncia queda sobre la mesa.

Los ministros más moderados manifestaban en privado su inquietud por los acontecimientos que venían sucediéndose. A Elena tampoco le gustaba nada de cuanto veía y oía a su alrededor, ni las indecisiones y los zigzagueos, ni el prestar su nombre y su prestigio a cuestiones con las que no podía estar de acuerdo. En fin, se sentía utilizada —cosa que en más de una ocasión manifestó a personas de su intimidad— y la asustaban las infiltraciones comunistas que, a pesar de los desmentidos oficiales, iba advirtiendo aquí y allá.

La Reforma Agraria

Por esta época ya se venía hablando de la Reforma Agraria, que la Revolución consideraba como una de sus más fundamentales medidas transformadoras. La ley había tenido sus antecedentes en el folleto *La historia me absolverá*, hilvanado en la prisión de Isla de Pinos sobre el discurso que Fidel Castro pronunció en su defensa durante el juicio por el asalto al Cuartel Moncada. De cinco leyes revolucionarias que se mencionaban en el folleto, dos se referían al problema agrario, aunque de forma moderada, respetando el derecho a la propiedad y estableciendo la debida indemnización a los propietarios en caso de que la tierra no perteneciera al Estado. Luego, el 12 de julio de 1957, en el *Manifiesto Político Social* emitido desde la Sierra, los planteamientos fueron aún más moderados y, todavía en la Sierra, la Ley núm. 3 del 10 de octubre de 1958 concedía a los colonos, arrendatarios, aparceros o precaristas, la propiedad de las tierras cultivadas que no excedieran de dos caballerías, previa indemnización por el Estado a la parte afectada.

Humberto Sorí Marín, auditor en la Sierra, autor de la referida Ley 3 y ministro de Agricultura en el Gabinete, había manifestado a un periodista:

> De lo que sí puede estar seguro el pueblo de Cuba es de que la Ley va de todas maneras, siempre dentro de los cánones precisos de la Constitución de 1940. No habrá una sola confiscación por virtud de esta Ley[9]...

---

[9] José Luis Masó, "Se acabaron las maniobras y especulaciones de las grandes firmas azucareras", *Bohemia*, entrevista a Sorí Marín reproducida en *Recuento de la gran mentira comunista,* Hialeah, Fla., Empresa Recuentos, 1ª. ed., vol. I, núm. 1, 1975.

Seguramente Sorí era sincero al exponer los lineamientos de su reforma ajustada a una Constitución que, por desgracia, muy pronto iba a dejar de existir para ser sustituida por la llamada Ley Fundamental. Es un hecho conocido que se puso a trabajar en el proyecto con empeño y dedicación. Lo que ignoraba Sorí era que Fidel tenía otros planes.

Pero tal misterio en torno al problema del cual tanto se hablaba y nada se sabía no era, por cierto, tranquilizador, y existía un temor indefinido entre algunos miembros del Gabinete. Se palpaba que algo sumamente explosivo y peligroso se estaba fraguando a espaldas de todos, algo que podía provocar grandes cambios en la estructura económica del país.

Si, como algunos sospechaban, la Ley de Reforma Agraria podía ser una disposición draconiana, muchos saldrían perjudicados, incluida Elena, que poseía varias fincas. Pero no era su propio interés lo que la preocupaba. No: las fuerzas democráticas del continente presionaban dondequiera por la promulgación de legislaciones que crearan las bases necesarias para aumentar la productividad de la tierra y mejorar las condiciones del campesinado. En toda la América al sur del Río Grande se necesitaba una reforma agraria. Aunque el problema de Cuba en este orden jamás alcanzó las pavorosas proporciones confrontadas en otros países hermanos, existía una verdad indubitable: el campesino cubano no era dueño de tierra alguna. Hasta el propio Gobierno norteamericano habría de afirmar que la reforma del agro era un paso de progreso. Así lo entendía ella y recordaba cómo su esposo Hilario González Arrieta llevó a cabo en una de sus fincas en San Cristóbal, Pinar del Río, un proyecto que podría ser considerado como un ensayo de reforma agraria a escala menor, al facilitar a sus arrendatarios la adquisición de las parcelas mediante el pago de pequeñas cuotas, con lo que numerosos campesinos se convirtieron en propietarios.

Elena se dolía de las miserias que había visto siempre en las zonas campesinas, en especial después de su recorrido por las provincias orientales se sentía profundamente impresionada por las enormes necesidades que había podido constatar. Mucho había que hacer para proporcionar al campesinado viviendas adecuadas, atender el aspecto sanitario y reducir el elevado índice de analfabetismo que padecía. Para lograrlo, ella estaba dispuesta a realizar cuanto sacrificio personal fuera necesario. Su sensatez, sin embargo, le advertía que si la Ley no era concebida con espíritu democrático y justo, así como orientada por personas conocedoras de la materia, podría acarrear grandes desastres al país y vulnerar el derecho de propiedad, sentando un peligroso precedente que lesionaría irremediablemente las premisas democráticas de la República. Sorí no aclaraba nada al respecto. En cuanto a Fidel, no parecía tener una política determinada.

El 6 de febrero, en un discurso ante los obreros de la Refinería Shell, Fidel Castro expresó que se habían iniciado ya los estudios para la confección de la Ley. Según se supo más tarde, se había procedido con desconocimiento de Sorí Marín, a quien correspondía hacerlos en su carácter de ministro de Agricultura y como autor de la Ley núm. 3 de la Sierra. Tales estudios habían sido encomendados, sin que de ellos tuviera noticias el Consejo, a un ayudante de Guevara, el economista y geógrafo Antonio Núñez Jiménez, quien contó con la colaboración de Oscar Pino Santos, de antecedentes comunistas bien conocidos, entonces director económico del periódico *Revolución*.

Unos días después del retorno de sus viajes por Estados Unidos, Canadá y América del Sur, Fidel Castro apareció ante el Gabinete, reunido no en Palacio, sino en su casa de Cojímar, con un Proyecto de Ley de Reforma Agraria. Los ministros, naturalmente, deseaban leerlo y discutirlo, pero Castro sólo ofreció algunos avances de su contenido e insistió en que había que aprobar la Ley tal como estaba porque de haber discusión, los detalles se filtrarían y podría surgir un movimiento de oposición. Al fin aceptó que fuera examinado por una comisión presidida por Sorí Marín y en la que figuraban los economistas Felipe Pazos y José

Antonio Guerra. La Comisión sugirió algunas enmiendas que no fueron tomadas en cuenta por Castro.

Con prisa inusitada se convocó al Gabinete para una reunión especial en la Sierra Maestra, y el 17 de mayo la Ley fue firmada en lo alto del Pico Turquino, como símbolo de los ideales revolucionarios. Todo fue tan precipitado que la idea de las cooperativas, según explicó el propio Fidel Castro posteriormente, se decidió en el último minuto, mientras iba en avión adonde sería promulgada la Ley. De sus palabras puede colegirse que ninguno de los ministros que habían de firmarla estaba enterado de su completo contenido. Todo se había hecho en secreto y con prisa. La sorpresa era necesaria para lograr la total aquiescencia.

Elena, como los demás miembros del Gabinete, se vio envuelta en aquella encerrona. Durante el breve tiempo transcurrido desde el día en que Fidel Castro apareció en Cojímar con la Ley ya preparada hasta el momento de la firma en la Sierra, Elena pasó momentos difíciles agobiada por sus dudas interiores. Cuando se le ofreció el cargo, no pensó que el proceso iba a devorarla, pues de lo contrario no habría aceptado. Ahora, en estos momentos de incertidumbre, se preguntaba si sería una especie de egoísmo no confesado el que la hacía ver con gran aprensión aquella Ley que algunos a su alrededor contemplaban como un mal menor y otros como un bien para los campesinos. Así, debatiéndose entre su deseo de mejorar las condiciones de vida de la población rural y lo que su razón le indicaba como un peligro de grandes proporciones, llegó a Las Mercedes*. Le había dicho antes de partir, a una persona cercana a ella:

> Como tú sabes, de los que han de firmar, la más "siquitrillada"[10] seré yo. No voy, sin embargo, a anteponer mis

---

[10] "Siquitrillado" y "Le rompieron la siquitrilla" son expresiones que fueron creadas por Humberto Medrano para referirse a los perjudicados por las radicales medidas tomadas por el Gobierno.

* *Las Mercedes:* pueblo en las estribaciones de la Sierra Maestra.

intereses particulares a los intereses de la nación. Bien, si es para el mejoramiento general. Pero tengo mis reservas. Veremos cómo se encamina todo. Yo hubiera preferido irme antes. Tú sabes que no me ha sido posible salir de esto.

Emilia Arrazcaeta, una trabajadora social de Oriente que asistió al acto, la sorprendió en Las Mercedes mirando pensativamente unas yagrumas. Hasta en esos momentos de gran preocupación se sentía atraída por la vegetación exuberante que la rodeaba y lo majestuoso del río, entonces crecido. Una idea fija, sin duda, la agobiaba. Se la oyó decir: "No sé qué extensión va a tener la Ley ni en qué forma van a llevarla a cabo estos muchachos"[11].

Luego, a la hora de firmar, con gran dominio de sí misma, se volvió a Fidel Castro y le dijo: "Quiero que sepas que lo que acabo de firmar me afecta personalmente, pero si es en beneficio de todos, doy por bien empleado cualquier sacrificio".

Era una Reforma Agraria bien radical aunque, según la opinión de algunos conocedores, no totalmente incompatible con el desarrollo de la nación. Lo más grave, sin duda, fue la creación del Instituto Nacional de Reforma Agraria (INRA), con facultades tan amplias que, de hecho, venía a ser un Estado dentro de otro Estado. En la práctica, las tierras iban a ser confiscadas. Con todo, la Ley podía no haber sido un golpe definitivo y fatal para la economía; lo peor fue, sin embargo, que no se aplicó nunca. El INRA era el vehículo para intervenir, sin proceso de expropiación, sin pagar indemnizaciones y sin repartir la tierra, medidas éstas conducentes al amplio y galopante proceso de colectivización que iba a tener lugar en Cuba.

Después de lograr de los ministros moderados lo que de ellos se pretendía, ya no hacían falta y constituían más bien un obstáculo para la total radicalización del régimen. Elena supo que ya llegaba la hora de "apearse del tren".

---

[11] Emilia Arrazcaeta, testimonio personal.

Pronto empezaron a circular rumores de que iba a producirse una remoción del Gabinete. Ella los oía y sabía que sería de las primeras personas en caer. Era lo que deseaba y había venido esperando desde los mismos inicios, casi al entrar en funciones. Sin embargo, le dolía como si fuera una mutilación porque la obra no estaba consolidada y tenía grandes temores de que se viniera abajo. Por lo pronto, y mientras llegara el momento, había que trabajar de prisa, sin descanso, para tratar de aprovechar hasta el máximo la oportunidad de reafirmar y adelantar lo hecho.

El día 11 de junio, vísperas del Consejo, ya en la calle el rumor se daba como realidad y hasta se mencionaban los nombres de los ministros que, en horas, dejarían de serlo. Por supuesto, eran algunos de los más moderados y los que, según se sabía, habían manifestado en los corrillos de Palacio sus objeciones a la Ley de Reforma Agraria. El día 12, como de costumbre, el Consejo se inició tarde, y cuando Fidel tomó la palabra empezó a darle vueltas y más vueltas al asunto, aunque sin decidirse a plantear directamente la situación: aludió a ministros que no eran suficientemente efectivos, a otros que no estaban compenetrados con los ideales de la Revolución, algunos que no daban oportunidades a los compañeros revolucionarios, o los que recelaron de la Ley de Reforma Agraria, etc. Al fin alguien[12] lo precisó a que concretara su pensamiento y dijera qué quería. Entonces el Primer Ministro planteó la dimisión de 6 miembros del Gabinete: Elena, de Bienestar Social; Luis Orlando Rodríguez, del Interior; Julio Martínez Páez, de Salubridad; Ángel Fernández, de Justicia; Humberto Sorí Marín, de Agricultura; y Roberto Agramonte, de Estado. Al día siguiente la noticia ya estaba en los periódicos y causó gran malestar en el Ministerio, sobre todo entre el personal técnico, cuyos miembros querían renunciar. Elena los instó a desistir. Convocó una reunión

---

[12] Hugh Thomas apunta que fue la misma Elena.

del personal y pidió a todos que se quedaran y que brindaran su mayor colaboración a la nueva ministra, Raquel Pérez, que no tenía relación ni experiencia alguna con el servicio social, pero que estaba emparentada con Pedro Miret[13], compañero de Fidel Castro en el Moncada y en la Sierra, el que, a su vez, reemplazaba a Sorí Marín en el Ministerio de Agricultura. Quedaba la subsecretaria o viceministra, Elena Moure, trabajadora social que sería difícil de sustituir porque la Ley Orgánica del Ministerio estipulaba que la persona que ocupara ese cargo debería ser trabajadora social si la que desempeñaba el de ministro no tuviera tal título. Elena esperaba que las personas en puestos de carácter técnico no fueran sustituidas, lo que permitiría que el Ministerio pudiera continuar su andadura profesional. Así, de acuerdo con sus deseos, todo el personal quedó en funciones y en disposición de seguir trabajando a tenor de las instrucciones y orientaciones recibidas.

El día 15 de junio de 1959, Elena, con la gentileza y la elegancia que fueron características de toda su vida, recibió a su sustituta, que llegó como a las 10 de la mañana acompañada por un grupo de revolucionarias y por Esperanza Llaguno, esposa del presidente Urrutia. La ministra saliente dijo unas breves y acogedoras palabras de bienvenida, en las que manifestó a Raquel Pérez que tendría la eficaz colaboración de un cuerpo técnico bien preparado, así como que siempre que la necesitara podía contar con su experiencia y deseos de ayudar. La ministra entrante agradeció el ofrecimiento de Elena, quien pasó de inmediato a darle posesión.

Después, con esa pícara sonrisa que conservó siempre hasta el fin de sus días, se despidió de Elena Moure y de

---

[13] En el Ministerio se la consideraba la esposa de Pedro Miret como se había mencionado en la prensa, pero una persona entrevistada, que asegura conocer a la familia por haber sido su chofer, mantiene que era cuñada de Pedro y esposa de Luis Miret, hermano de éste.

los directores y jefes de secciones que se encontraban presentes y, acompañada de la Jefa de Despacho, que acababa de presentar su renuncia a la nueva ministra, abandonó aquel Ministerio en el cual había puesto tantas ilusiones. Lo hizo con alivio y con dolor. Alivio, porque se libraba de seguir corresponsabilizándose con la línea de conducta seguida por el Gobierno que, todavía guardando las apariencias, iba tendiendo más hacia un sistema autocrático y totalitario; dolor, porque dejaba inconclusa la obra que consideraba la más importante de su vida. Ya le resultaba bien claro el camino que llevaba "el tren" y cuál era su destino. En realidad, haber podido "apearse" a tiempo era un sentimiento reconfortante.

El cargo de ministra había sido el medio para poner en práctica un sueño acariciado durante años. No la había movido a aceptarlo el deseo de destacarse en la vida pública porque ya era de sobra conocida, admirada y respetada en los círculos donde se desenvolvía y había representado a Cuba, con decoro y con honor, en conferencias internacionales. No la había motivado la ambición de poder; no quería el poder por el poder mismo, sino que aprovechaba la circunstancia que ponía ese poder en sus manos para llevar mejor a cabo su misión de ayudar a la superación de la comunidad desvalida. Tampoco había tenido como incentivo la posibilidad de aumentar su peculio personal con más bienes materiales. No los necesitaba. Era un momento en el que había que dar y ella daba su trabajo sin querer percibir remuneración alguna, y como la ley no le permitía desempeñar el cargo de forma gratuita, aceptaba el sueldo y de inmediato lo donaba para obras de servicio social. "Para no sentirme funcionaria — explicó a un periodista que la entrevistó años después— y porque en ese momento todo parecía poco para dar"[14].

---

[14] Robert R. Brauning, entrevista citada.

Quería que este desinterés suyo fuera compartido por todo el personal. Deseaba imponer moderación económica y prudencia en el presupuesto del Ministerio. Trató, por ejemplo, de suprimir la partida que se denominaba como "gastos de compensación", la que comprendía gratificaciones concedidas por horas extraordinarias de trabajo. En todos los ministerios de todos los tiempos, estas partidas habían venido a constituir una costumbre y como un doble sueldo. No pudo suprimirlas totalmente, ya que la convencieron de que los empleados del Estado percibían menor remuneración que los privados y, además, por razones de trabajo, algún personal tenía que quedarse más de las 8 horas reglamentarias. Accedió, pues, reduciendo al mínimo las compensaciones y sometiéndolas a supervisión. Era más estricta con el empleo del dinero público que con el suyo propio y cuidaba más los gastos que se hacían en el Ministerio que los de su propio hogar. Esto disgustaba a muchos jefes de departamento que se quejaban, por lo bajo, de que ellos necesitaban más compensaciones. Algunos se acercaron a la Jefa de Despacho para que hablara con ella y le pidiera que "entrara en razones". Estas cuestiones burocráticas la mortificaban, pero al fin cedía cuando pensaba que el planteamiento era justo y los emolumentos no resultaban exagerados.

Dos años se quedó en el país después de su salida del Ministerio. En 1977 declaró a un periodista que la entrevistaba:

> Quería seguir viviendo en Cuba para ver si podía hacer algo útil. Fueron dos años difíciles porque durante ese período se estableció el régimen comunista, con sus limitaciones a la libertad, las denuncias y todo lo demás[15].

Durante este período de crisis Elena no permaneció inactiva contemplando la confusa transformación por la que

---

[15] *Ibid.*

iba atravesando el país. Se quedó "para ser útil". Pero, ¿cómo serlo? Muchos querían ser útiles; el terror imperante, sin embargo, lo hacía difícil. Pero lo hizo hasta donde le fue posible. Lo que ella no contó al periodista en relación con los dos años en los que se quedó "para ser útil" fue que durante ese tiempo ayudó, en una u otra forma, a los movimientos clandestinos que iban surgiendo para combatir al régimen.

Comienza de nuevo la lucha

Cuando Manolo Ray renunció a su cargo de ministro de Obras Públicas en octubre de 1959, después de enrostrar a Fidel Castro muchas verdades que nadie antes se había atrevido a decirle personalmente, pudo, para sorpresa de todos, salir de Palacio sin que lo detuvieran. Pero muy pronto entendió que el estupor producido por su denuncia de la influencia comunista en el Gobierno no iba a durar mucho. Aunque por el momento no lo habían molestado, temía una reacción como la del caso de Huber Matos. Era difícil que Castro olvidara. Por otra parte, de día en día iban surgiendo circunstancias cada vez más alarmantes y los amantes de la libertad y la democracia que habían luchado contra la dictadura de Batista sentían el deber de restaurar los principios fundamentales por los que tantas veces antes arriesgaran la vida.

Así, pues, Manolo Ray decidió sumergirse de nuevo en el clandestinaje con el propósito de organizar un movimiento celular del tipo de Resistencia Cívica, que tan eficaz había sido en el pasado. Poco a poco hizo contacto con algunas personas cuyas ideas conocía, Elena entre ellas. Hubo un cambio de impresiones sobre la oportunidad y posibilidades del propósito y Elena fue una de las personas con las que contó para fundar el Movimiento Revolucionario del Pueblo (MRP). Ella dio su apoyo a la nueva organización, aunque guardando la natural cautela debido a que su situación como exministra, su conocida postura anticomunista y su amistad con Ray la hacían blanco de sospechas. A pesar de los peligros que corría, no se limitó a colaborar con el MRP, sino también con oposicionistas de muchas militancias, entre ellos los del MRR.

La hora de partir

Puede afirmarse que desde su renuncia en junio de 1959 hasta su salida de Cuba el 18 de septiembre de 1961, Elena estuvo envuelta, en forma callada pero efectiva, con numerosos conspiradores. Tenía, además, más libertad de acción, pues desde septiembre de 1960 su hija María Elena se encontraba especializándose en la Escuela de Economía de Londres.

Elena, en junio de 1961, fue a ver a su hija María Elena a Londres, para regresar ambas al mes siguiente. Al fin, un suceso que había de repercutir dolorosamente en su vida la hizo considerar la conveniencia de dejar el país. José Leopoldo Pujals Mederos, un querido sobrino, hijo de su hermana Romelia, fue detenido el 8 de agosto de 1961 y, poco después, el G-2[16] detuvo también a su esposa Gloria. Los tres pequeños hijos de ambos se encontraban ya en la Florida al cuidado de sus tíos y abuela. Quedaban pocos familiares en Cuba, pero éstos y las amigas más allegadas a Elena que sabían el peligro en que se encontraba desde la detención de José, la instaron a dejar el país. Su actuación, pues, quedaba invalidada y por ésta y otras consideraciones de tipo familiar, se dispuso a intentar el viaje.

En aquellos momentos no había tantos vuelos como anteriormente y los pasajes para el extranjero escaseaban, ya que eran muchas las personas que querían abandonar la Isla. Obtener un asiento en uno de los pocos aviones que hacían el vuelo de La Habana a Miami era sumamente

---

[16] La policía política.

difícil. Al fin se consiguió pasaje para el 18 de septiembre y el gobierno dispuso, en la forma sorpresiva y arbitraria que ya era una de sus características, la suspensión de los permisos de salida de Cuba hasta nuevo aviso. Se pensó que Elena había quedado atrapada. Pero dio la casualidad de que un día, al pasar Haifa Chediak por la calle de Empedrado, en el lugar donde se autorizaban las salidas, vio una larga cola de espera y se detuvo a indagar qué sucedía. Su asombro fue grande cuando se enteró de que estaban habilitando salidas hasta el día 20 (y Elena tenía pasaje para el 18). Con la rapidez que el momento requería, Haifa tomó un lugar en el final de la cola y ofreció 5 pesos a un muchachito que pasaba por la calle, para que llamara por teléfono a Elena a fin de que fuera al sitio donde ella se encontraba, con los pasaportes. Elena y María Elena llegaron a tiempo con los papeles pertinentes, logrando que les pusieran el cuño que autorizaba la salida. Es posible que los empleados a cargo de la función no supieran de quién se trataba; después de todo ya hacía más de dos años que había dejado de ser ministra y probablemente se habían olvidado de ella.

   El día 18 Elena y María Elena salieron para el aeropuerto, acompañadas por dos de sus amigas[17]. Después de cumplidos los primeros trámites, tuvieron que separarse, y Elena y María Elena entraron en el recinto acristalado (conocido popularmente como "la pecera") donde los viajeros pasaban el último sobresalto: ahí los funcionarios decidían si viajarían o no. Para suerte de ellas, allí se encontraban también el embajador de Gran Bretaña y su esposa, que salían en el mismo vuelo con destino a Miami, en tránsito hacia su país. Como ya se conocían, estuvieron conversando durante la larga espera. Afuera, las dos amigas aguardaban ansiosas detrás de los cristales, y en una oportunidad en que Elena se acercó al cristal para tratar de

---

[17] Haifa Chediak y María Luisa Guerrero.

decirles algo, ellas le rogaron que no se separara del embajador y su esposa, a lo que ella contestó que ya lo tenía pensado. En efecto, a la hora de pasar el momento decisivo, el embajador extendió los pasaportes al funcionario, y Elena, que iba detrás de ellos, puso los suyos junto a los otros dos, y el empleado, de modo automático, estampó en los cuatro pasaportes la autorización de salida. Así fue como pudo dejar a tiempo el país: se alejaba de la patria y sería ya para siempre.

Tuvo un último dolor antes de salir: el Ministerio, creado con tanto amor y dedicación, había sido disuelto hacía poco más de un mes, pasándose su patrimonio y funciones a los Ministerios de Trabajo, Salud Pública y otros.

Muchos años después, al referirse a su estancia en Bienestar Social, recordaría con una sonrisa (que el periodista que la entrevistaba interpretó como amarga, pero que más bien debió haber sido triste): "Los primeros momentos fueron muy interesantes... era una fantástica ilusión y las puertas estaban abiertas hacia el futuro"[18].

Dejar el país era un penoso desgarramiento y a éste se agregaba la incertidumbre de su próxima ubicación y destino. Sin embargo, donde quiera que fuera a plantar su tienda, Elena seguiría siendo Elena, cubana hasta la médula, luchadora hasta el desvelo, demócrata por convicción, con la esperanza puesta en un futuro, lejano o no, en el que vislumbraba el universal respeto a los derechos y a las libertades del ser humano. Porque nada, ni tan siquiera la dolorosa y traumática prueba del destierro, podría romper —para usar palabras de Unamuno en *Del sentimiento trágico de la vida*— la unidad y continuidad de su persona.

---

[18] Robert R. Brauning, entrevista citada.

IX. Comienza el exilio.
Su trabajo en el UNICEF

Al abandonar la patria el 18 de septiembre de 1961, Elena sintió no sólo un desgarramiento interior, sino una profunda tristeza por lo que dejaba atrás: la destrucción del patrimonio nacional, de la que había sido testigo, y, sobre todo, el dolor por aquellos prisioneros que quedaban en las cárceles y campos de concentración del régimen, y también por los que, en aparente libertad, quedaban en el "presidio rodeado de agua" —expresión martiana— en que se había convertido de nuevo la tierra de Cuba. Y muy en lo hondo, la pena por la detención de aquel sobrino querido por cuya vida temía y al que quizá no volviera a ver jamás.

Casi todos los que, por una u otra causa, tenían que tomar el camino del destierro, creían firmemente que los días de Castro estaban contados. Elena no. Pero sí la asaltaba la duda de si habría o no regreso para ella. Sabía que sería tarea dura y difícil erradicar un régimen totalitario impuesto por el engaño y mantenido por el terror. Elena no era pesimista, pero sí objetiva: se daba cuenta de lo irreversible del daño causado al país en todos los aspectos, la destrucción de la agricultura y la ganadería, el descalabro económico general y la simiente comunista plantada, muy especialmente, en las generaciones jóvenes.

Del mal, sin embargo, habría que derivar algún bien. Estaba convencida de que de este cataclismo podría surgir una nueva Cuba más purificada, más madura, más consciente de su vocación de libertad. Habría regreso algún día, pero no precisamente una vuelta total al pasado, porque el pasado, tal cual era, ley invariable de la historia, no resucitaría jamás. Elena, con visión positiva, imaginaba un resurgimiento en el que Cuba evolucionara, superando el pasado ya caduco y el terrible y desolador presente, hacia una nueva estructura de más amplio desarrollo social.

En el momento del despegue experimentaba una gran pesadumbre interior. Enrique Federico Amiel anotó en su *Diario íntimo* que cada día dejamos una parte de nosotros en el camino. Es algo de uno mismo que se va para siempre, algo que inexorablemente no puede recuperarse, mientras otro algo, también inexorable, habrá de comenzar. Pero hay días en la existencia de todo ser humano en que la parte que se pierde es más fundamental que la diaria pérdida natural. Para Elena, ese 18 de septiembre de 1961 tenía una honda repercusión interior: acababa de perder la patria y con la patria, lo que había de más significativo en su vida, todas aquellas obras creadas por ella y sustentadas por su amor y su dedicación sin límites, que eran consustanciales con su propio ser.

El viaje hacia el destierro era una traumática experiencia, pero no para dejarla totalmente abatida. La parte más positiva de Elena se impuso: los 61 años que quedaban atrás constituían una etapa hermosa, constructiva, de realizaciones. Era, sin embargo, una etapa pasada y ahora había que mirar hacia adelante.

Después de todo no se trataba de la única persona en enfrentar el reto del destierro. Otras antes, en diversos momentos históricos, lo habían hecho —sus padres, por ejemplo—, y muchas más lo harían posteriormente. Elena, mujer de carácter y acción, no iba a abandonarse a la pena del extrañamiento ni encontraría consuelo en la queja o el lamento estéril. Las sombras del presente desarraigo, del dolor por la patria oprimida, de la pena de pensar que no iba a sentir bajo sus pies el suelo que le era propio, tenía que guardarlas para sí. Todo eso que Martí resumió en una frase de suprema nostalgia: "manera de morirse es ésta de vivir alejado de la patria" lo llevaba en el pensamiento mientras el avión la arrancaba de Cuba. Mas el "morir" tendría que convertirse en un "vivir" que condujera, quizás no para ella pero sí para otros en el destierro o sus descendientes y, sobre todo, para los que habían quedado atrapados por el sistema, a la reconquista de la patria y a sentirse parte de su renacimiento material y moral. Había que confiar en el futuro y trabajar para abrirle vías a la reconstrucción, porque para ella la vida era como la llanura descrita por Rómulo Gallegos: "toda horizontes como la esperanza; toda caminos como la voluntad"[1].

Al llegar al exilio, la mujer que bajó del avión no mostraba huellas de los tempestuosos días que acababa de afrontar, ni de las horas de angustia en el aeropuerto, o de la dolorosa meditación con la que, durante el viaje, había cerrado el ciclo de su vida anterior para disponerse a abrir otro. La edad no había alterado ostensiblemente una belleza que radicaba más que en lo físico, en la nobleza de su espíritu. Eran momentos difíciles, pero en los que debía mantenerse ecuánime por su hija, por sus familiares y amistades y, sobre todo, por la propia dignidad.

Elena, que desde 1928 había trabajado intensamente, con aplicación y constancia, en múltiples menesteres, y no por necesidad ni por lucro, sino de forma totalmente voluntaria, por sentirlo como un deber para con la sociedad, ahora se encontraba en la necesidad de trabajar para vivir, porque también de pan se vive. No sentía lástima de sí misma por el cambio de fortuna ni estaba dispuesta a la pasividad. No iba, pues, a dejar que la garra de la inercia o de la pena la paralizaran. Al contrario, la actividad la

---

[1] Rómulo Gallegos, *Doña Bárbara,* Madrid, Espasa-Calpe, S.A., 1982.

haría más fuerte; fuerte sí, pero no dura. Elena, a pesar de las circunstancias, seguiría siendo, sobre todo, humana.

Naturalmente, sus deseos la llevaban hacia lo que más le interesaba, el servicio social, campo en el que contaba con buenas relaciones y en el que le habían hecho ya un ofrecimiento para cuando decidiera dejar Cuba. Quien tanta ayuda había dado se encontraba ahora en la posición de recibirla. Era una situación extraña y nueva, pero no se sentía disminuida ni incómoda.

Elena y el UNICEF

Pronto encontró una mano amiga, la de Maurice Pate, director ejecutivo del UNICEF. Había conocido a Pate en Cuba y, a través de él y de Alice Shaffer, se sentía familiarizada con esa rama de las Naciones Unidas dedicada a trabajar por el bienestar de los niños del mundo. Alice Shaffer era la trabajadora social que el Buró del Niño de Washington, D.C., había enviado a Cuba en 1944, para ayudar en la orientación técnica de la Sección de Prácticas de la recién fundada Escuela de Servicio Social. La comunidad de intereses hizo surgir entre ella y Elena una firme y duradera amistad. Alice se incorporó más tarde al UNICEF.

El primer contacto de Elena con el UNICEF se había producido en 1948, en Cuba, cuando el organismo solicitó la cooperación de todas las personas de buena voluntad. Se trataba de un conmovedor "Llamamiento de las Naciones Unidas" para ayudar a la niñez desvalida, con el lema de "Pocos de nosotros podemos dar millones, pero somos millones los que podemos dar un poco". Elena, como siempre, se dispuso a dar su cooperación y en su carácter de vicepresidenta de la Asociación Cubana de las Naciones Unidas, fue una de las mejores promotoras de este empeño destinado a dar a conocer y tratar de remediar la penosa situación de los millones de niños que habían sobrevivido en los países devastados por la guerra.

El UNICEF: *misión en Bogotá*

En New York Elena hizo las gestiones pertinentes y se entrevistó con Pate. De la entrevista salió con un nombramiento y un destino, algo alejado quizás, en la ciudad de Bogotá, Colombia, y con carácter temporal, pero que venía a constituir la esperanza de un camino que le abriría su voluntad de sobreponerse a todas las dificultades. Si había que empezar por abajo, por abajo empezaba. Su contrato no era como miembro del personal regular del UNICEF sino como consejera de Servicio Social por el corto período de tres meses y con un sueldo no muy generoso.

Llegó a Bogotá el 8 de octubre de 1961 y se alojó provisionalmente en el Hotel Continental, situado en el centro de la ciudad y muy cerca de la oficina del UNICEF, por lo que podía ir a su trabajo a pie. Se encontró en una ciudad situada a 2.600 metros sobre el nivel del mar, brumosa y con frío permanente, aunque con temperaturas no extremadamente bajas. Le contó por carta a una amiga que René Cruz, el director del Área ante el que se presentó a su llegada, le aconsejó que se tomara unos días para adaptarse a la altura y al clima. Pero ella, aunque nacida y criada en un país tropical, apenas demoró unas horas en "quitarse el polvo del camino". Al día siguiente estaba en la oficina para hacerse cargo de su trabajo. No es que se hubiera adaptado instantáneamente, sino que su voluntad era más poderosa que las circunstancias ambientales en las que iba a desenvolverse. Otra vez pactaba con la realidad que le tocaba vivir.

En enero de 1962, el UNICEF extendería su designación por dos meses más, y el 3 de marzo, por otro mes. Llevaba trabajando ya seis meses cuando, el 22 de mayo, la incluyeron en la plantilla con el cargo de oficial de Programas del Área Norte de la América del Sur, con sede en la capital colombiana.

Al poco tiempo de haber llegado a Bogotá conoció a Isabel Ospina de Mallarino, perteneciente a una de las principales familias de Colombia. Isabel estaba muy al tanto de los problemas de su patria y se interesaba, especialmente, por los de carácter social. Trabajaba, por esa época, en el recién establecido Departamento de Protección de Menores del Distrito Especial de Bogotá. Una amiga común, Julia Henderson, jefa de la Oficina de Asuntos Sociales de las Naciones Unidas, le escribió para que se pusiera en contacto con Elena. Isabel buscó a la recién llegada y la invitó a almorzar en su apartamento en el centro de la ciudad.

Isabel apunta sobre este primer encuentro:

> Creo que ni ella ni yo pensamos que sería el comienzo de una estrecha y bellísima amistad, nunca ensombrecida, que influyó definitivamente en mi vida. El privilegio de gozar de la riqueza intelectual, espiritual y humana de Elena era algo que marcaba. Yo quisiera describirla como la vi ese primer día en que almorzamos juntas, pero las palabras no corresponden a la memoria. Quienes conocieron y trataron a Elena sabrán entender cuán difícil sería aprisionar su impacto suave y firme. Fueron unas horas fugaces en las que hablamos de todo: del UNICEF, del Distrito, de su trabajo, del mío... Sin embargo, ni una palabra de ella misma, de su vida, de su pasado, de Cuba, esa patria tan apasionadamente amada que ella no volvería a ver más y que estoy segura tuvo presente hasta exhalar el último suspiro[2].

En esa conversación, Elena mencionó la necesidad de encontrar un lugar donde alojarse; la comida del hotel le tenía arruinado el estómago y, además, quería instalarse en un ambiente familiar pero con posibilidades de disfrutar de privacidad e independencia. Isabel, como tenía muchas relaciones, se dispuso a ayudarla a buscar alojamiento, pero lo que Elena deseaba no era fácil de encontrar y así

---

[2] Isabel Ospina de Mallarino, testimonio personal.

pasaba el tiempo sin que se resolviera la cuestión. Un día, por sugerencia de un yerno de Isabel, la solución estuvo en que Elena se mudara con ella. He aquí el acuerdo a que ambas llegaron:

> A los pocos días compartíamos el departamento en el cuarto piso de un edificio situado en la Carrera 9a. núm. 18-50, aceptando yo la condición impuesta por mi huésped. De inicio, con gran suavidad, me dijo: "Cuba es un tema que no deseo tratar; te pido que no lo menciones". Prometí hacerlo, y la promesa se cumplió fielmente[3].

Sólo con el andar de los años, establecida una firme amistad con Isabel, hablaría con ella del dolor por la patria lejana y le contaría de la prisión y condena del sobrino.

Isabel cuenta acerca del trabajo de Elena:

> La vida de Elena en Colombia estuvo consagrada a su trabajo. Con sencillez y dedicación, sin dejar notar jamás cansancio ni desánimo. Ninguna tarea era despreciable para ella cuando de servir se trataba. En este país su influencia fue profunda en el campo social... Su actividad se extendía mucho más allá de sus funciones de oficial de Programas y esto, sin causar resentimientos ni pasar por encima de sus superiores. Sabía llegar a todas partes. Dictaba conferencias, daba charlas, se movía en todas direcciones y se relacionaba con todos los grupos. En donde veía que podía aportar algo o plantar una semilla, allí estaba Elena. Su asesoría era suave pero definitiva en las escuelas de trabajo social, con los grupos voluntarios, en los programas de bienestar, con los políticos, con los diplomáticos. Su acción era discreta y callada. Nunca hizo ostentación de conocimientos, mucho menos de poder, ¡pero cómo movía los más increíbles resortes sin que se notara que lo hacía![4]

---

[3] *Ibid.*
[4] *Ibid.*

Este testimonio de Isabel, esta verídica descripción de las actividades de su amiga cubana durante su estadía en Colombia, recuerda a la Elena de siempre, capaz, dinámica, flexible, diplomática, deseosa de ser útil, dedicada a una gran variedad de quehaceres. Por ejemplo, el domingo 23 de junio a las 4 de la tarde, contaba:

> Sus amigos de aquí [se refería a amigos de José] me llamaron hace unos días para que fuera a almorzar con ellos pero dado mi ritmo de trabajo, aun en los finales de semana, no me resulta nada viable liberarme por varias horas de la oficina. Además, como les he dicho, tengo la obsesión de terminar los trabajos pendientes, vivir al día, y esto aún no lo he logrado, en parte porque, con mis hábitos de siempre, me hago cargo de tareas que no son específicamente mías pero en las que me parece puedo ser útil[5].

De vez en cuando había compensaciones:

> En estos días ha estado de visita aquí, uno de nuestros jefes en el UNICEF... Me sirvió de satisfacción que me informara que estaba muy complicado con mi trabajo y que a nivel alto se me estimaba mucho[6].

---

[5] Elena Mederos, carta dirigida a "Queridos todos", junio 23, 1963. Carta de una serie que encabezaba con el saludo "Queridos todos". Por falta material de tiempo no podía escribir por separado a los miembros de su familia y a las amistades íntimas. Escribía, pues, una carta, y enviaba copias a los distintos destinatarios. Solía agregar al final una notica manuscrita a cada uno. Estas cartas iban generalmente dirigidas a la familia en Fort Lauderdale, Fl.; los Lomnitz en Morristown, N.J.; los Rahn en N.Y.; María L. Guerrero en Opa Locka, Fl., y Emelina Díaz y Haifa Chediak en La Habana, Cuba. Las dos últimas personas no recibían estas cartas con frecuencia ya que, debido a las condiciones existentes en Cuba, Elena solía sustituirlas y hacerles cartas sin referencia a hechos o personas cuya mención pudiera perjudicarlas.

[6] Elena Mederos, carta a "Queridos todos", julio 7, 1963.

Y más adelante, en la misma carta en la que parece no experimentar tantas tensiones, expresaba el placer que sentía cuando una obra, bien concebida y llevada a cabo con amor, daba el fruto apetecido.

Incluyo en la carta para Cuba un retrato que me sacaron en el almuerzo en que hablé y al que también estaban invitados el alcalde y el padre Camilo[7]. [...] Con motivo de mi intervención en ese almuerzo, me ha venido otra invitación de la Sociedad de Economistas para que les hable del tema que yo escoja. Claro que será sobre el UNICEF. Tengo dos libros que me ofrecen el material que puedo necesitar. Lo único que pasa es que éste, como cualquier otro tema que uno va a tratar delante de personas especializadas, requiere preparación y la preparación resulta difícil cuando no se tiene tiempo suficiente ni tranquilidad espiritual...

Sin embargo, no debo quejarme porque estoy pudiendo alcanzar las metas que en el trabajo me propongo a plazos determinados. En realidad, estoy satisfecha de cómo están saliendo los cursos. Creo que se ha infiltrado a los que los han tomado, una mística que puede contribuir a que realicen su trabajo en forma más eficaz y menos burocrática[8]...

Las responsabilidades de Elena en el cargo de oficial de Programas eran muchas y muy variadas. Tenía que preparar y poner en práctica programas tanto de servicio social como educacionales. Su trabajo incluía dos campos en los que había condiciones lamentables y difíciles: la atención y cuidado de los niños vagabundos del área, el que compren-

---

[7] El padre Camilo Torres era, según Elena, un sacerdote muy inteligente, inspirado por altos ideales que se proponían el mejoramiento de su pueblo. Años después, estando Elena en New York, supo por la prensa que el padre Camilo se había unido a los guerrilleros que luchaban contra el gobierno y había muerto en un encuentro contra el Ejército.

[8] Elena Mederos, carta a "Queridos todos", julio 7, 1963.

día una política preventiva al respecto, y los problemas ocasionados por la violencia desatada por la guerrilla.

Con la colaboración del destacado médico-psiquiatra Franco Ferracuti y de los demás expertos con quienes consultó, preparó un programa especial para niños que habían sufrido experiencias dramáticas por el impacto de la violencia. Este programa se llevó a cabo con éxito.

En el campo educacional logró que se adoptara en Colombia un programa de entrenamiento y capacitación de maestros, el que contó con la aprobación de la UNESCO[9]. Empezando en dos provincias, fue desarrollándose gradualmente en todo el país. En Ecuador fue expandido un programa de entrenamiento de maestros que había comenzado previamente. Durante los dos años y medio que permaneció en Bogotá, viajó constantemente por los países comprendidos en la zona que le correspondía, con el fin de estudiar y examinar las solicitudes de ayuda recibida e implantar los programas que fuesen aprobados por la Oficina del Área. En una ocasión, estas actividades la llevaron a Venezuela, para considerar la posibilidad de que el UNICEF colaborase en programas de desarrollo de la comunidad en las provincias al sur del lago Maracaibo, donde ya venía realizándose en colaboración con la Organización Mundial de la Salud un amplio plan de saneamiento en poblados pequeños de menos de 500 habitantes.

Otra de sus actividades en Bogotá fue la coordinación de los varios organismos locales no gubernamentales que tenían relaciones con el UNICEF. Estaba muy lejos de pensar que actividades similares a éstas, pero en mayor escala, vendrían a ser, en definitiva, su futura gran responsabilidad profesional.

Su capacidad de trabajo y el volcarse a los problemas de los demás no dejaba vislumbrar los suyos. Pero Elena,

---

[9] Organización de las Naciones Unidas para la Educación, la Ciencia y la Cultura.

claro, era un ser humano. En un mal momento, en el que se le acumularon quizás los malestares por la ciática que padecía, la pérdida de la patria y la prisión del sobrino cuya vida pendía de un hilo, tuvo un desahogo emocional en carta a Haifa Chediak, posiblemente en noviembre o diciembre, ya que ésta le contestó el 6 de enero de 1964:

> Sé, como me dices, que la vida se hace difícil y dura frente a la realidad y te comprendo profundamente pues a veces repito yo también seguido ¡ya no puedo más!, hasta que vuelvo a coger fuerzas para continuar. Tú me enseñaste esto; lo recuerdo cuando me desespero y no te puede fallar a ti esa enseñanza[10].

Llega el día en que Elena tiene que dejar Bogotá. Su destino es ahora la Oficina Central del UNICEF, ubicada en el edificio del Secretariado de las Naciones Unidas, en New York, ciudad en la que vivía María Elena desde 1963. El traslado significaba un reconocimiento a su labor y un magnífico ascenso. Iba a hacerse cargo de la Oficina de Enlace del UNICEF con las organizaciones no Gubernamentales de todo el mundo. En Bogotá dejaba otro pedazo de su vida. Había encontrado buena acogida y estrechado relaciones con muchas personas, especialmente las que se desenvolvían en el campo del trabajo social. Sus compañeros de la Oficina del Area, entre los que dejaba tan buenos recuerdos, le ofrecieron un almuerzo de despedida y le obsequiaron una hermosa bandeja de plata que llevaba las firmas de todos los que allí la querían y apreciaban. Sobre su posible partida había escrito con anterioridad:

> No quiero tampoco negarles que para mí dejar Colombia representará un trauma porque ya tengo relaciones, afectos y vivo en un "hogar sustituto" en el que reconozco que he sido acogida con todas las consideraciones[11].

---

[10] Haifa Chediak, carta a Elena Mederos, enero 6, 1964.
[11] Elena Mederos, carta a "Queridos todos", agosto 3, 1963.

Isabel Ospina fue, sin duda, la más significativa de las amistades que hizo en Bogotá. Así comentó la partida de Elena:

> La ida de Elena de Colombia fue tan discreta como su llegada. Con muy poco tiempo de antelación me comunicó su traslado. Ella sabía la pena tan grande que causaba su partida. El ritmo que imprimió a todas sus actividades en favor de los niños, de la mujer, de los necesitados, dejó una huella profunda en el país y cambió muchas actitudes. Como todo ser sobresaliente y a pesar de su gran tacto, despertó envidias y fue acusada de comunista por los pocos meses que había estado en el gobierno revolucionario. Esto la puso en contacto con las autoridades eclesiásticas, que aquí como en toda Latinoamérica, tienen mucha influencia política, y este hecho, que hubiera podido ser negativo, resultó de gran provecho para su trabajo pues desde entonces contó también con el respaldo de la curia. El vacío que dejó al partir fue enorme[12].

Traslado a los Estados Unidos

El traslado a New York se efectuó a mediados de abril de 1964. Era ésta una ciudad que conocía bien por haberla visitado mucho, aunque no había residido en ella. Desde un amplio ventanal del piso 18 del edificio del Secretariado de las Naciones Unidas, donde se encontraba instalado el UNICEF, podía contemplarse un maravilloso horizonte de construcciones superpuestas, de agujas esbeltas y fulgurantes que rivalizaban entre sí por alcanzar el cielo. Elena, con su sensibilidad artística, solía abandonar a ratos su oficina, situada en el lado este del edificio, y cruzando un pasillo se dirigía al ventanal para asomarse a contemplar, a distintas horas, la extraña belleza de un espectáculo que resultaba impresionante y único.

---

[12] Isabel Ospina de Mallarino, testimonio personal.

En un principio se instaló en Allerton House, un hotel para mujeres, situado en la calle 57 y la avenida Lexington. Pero ésta era solo una solución temporal. Tenía que buscar alojamiento definitivo para ella y su hija que, terminados sus estudios en la Escuela de Economía de Londres, había llegado a New York en 1963. Consiguieron un cómodo apartamento en uno de los edificios de Peter Cooper Village, donde residían muchos de los miembros del personal que trabajaba en las Naciones Unidas. En uno de los edificios de esta villa, en el 511 E. 20th St., tercer piso, apartamento 3E, residió Elena todo el tiempo que vivió en New York, en compañía de su hija, rodeadas de alfombras ecuatorianas y pinturas cubanas.

Elena contaba de nuevo con un trabajo que la entusiasmaba y la hacía sentirse útil. Ahora, además, había logrado una mayor estabilidad. El nuevo cargo de Oficial de Enlace del UNICEF con las Organizaciones no Gubernamentales, al tiempo que implicaba nuevas y mayores responsabilidades también ofrecía más amplias perspectivas y vías positivas para la acción en favor de la infancia.

Cuando el UNICEF terminó su misión en la Alemania de la posguerra, enfocó su atención hacia las apremiantes necesidades de los niños de otros países, niños que vivían en situación de emergencia permanente. Pero la organización no tenía suficientes recursos, así que tuvo que pensar en otras vías de solución: la contribución específica y firme de los gobiernos y la cooperación privada, constituida por individuos y grupos. Por sugerencias del creador de la proposición que dio vida al UNICEF, se estableció que para la ejecución del proyecto, los gobiernos de los países auxiliados por el UNICEF deberían aportar una cantidad de dinero similar a la que recibían de la Institución, con lo que se duplicaría la asistencia prestada.

Pero como todavía esta aportación no era suficiente, hubo que pensar en la iniciativa privada, la colaboración de los miles y miles de ciudadanos de cada comunidad que, alentados y estimulados por la doble intervención del

UNICEF y del gobierno de su país, hicieran su contribución con el objetivo de dar el mayor alcance posible a la obra.

La participación de los individuos y grupos en las distintas comunidades habría de canalizarse a través de agrupaciones conocidas con el nombre de Organizaciones no Gubernamentales (ONG). En la época en la que Elena asumió el cargo de Oficial de Enlace, el número de las organizaciones de este tipo —que oficialmente tenían una posición de carácter consultivo con el UNICEF— era de unas 77, las cuales, a su vez, representaban a más de unas 4.000 organizaciones afiliadas privadas y no lucrativas existentes en más de cien países y cuyos miembros, en total, sumaban millones de individuos. Las piezas de este enorme conjunto de organizaciones tenían muy diversos intereses: unas trabajaban en los campos de la salud, la nutrición y los servicios sociales (incluyéndose en este último grupo las actividades recreativas y de juego); otras se proponían fines relacionados con la enseñanza, y eran de tipo sindical o profesional, o se interesaban por el progreso de la mujer. Pero todas compartían con el UNICEF un interés común: el deseo de ayudar a la infancia desvalida. Además, había cientos de organizaciones privadas independientes, sin ninguna vinculación al UNICEF pero cuyos fines se relacionaban con los de esta organización y en muchos casos le prestaban su cooperación.

La coordinación de tantos y tan aparentemente disímiles intereses, teniendo por base ese superior común propósito de trabajar por el bienestar del niño, fue la magna tarea para la que escogieron a Elena.

Desde que supo que iba a ser designada para tan importante menester, se dio a meditar en el papel que correspondía a las organizaciones en relación con el UNICEF, tanto en los países desarrollados como en los que estaban en proceso de desarrollo y, sobre todo, en cuál iba a ser la parte que a ella le tocaría como Oficial de Enlace o intermediaria entre los diferentes grupos y la Institución.

He aquí, con sus propias palabras, cómo concebía Elena

las responsabilidades que correspondían a las ONG y las que le tocaban a ella:

> Siento que en los países desarrollados, la función de las ONG tiene que estar relacionada con los medios de comunicación —la prensa, la televisión y la radio— para interpretar al público y a sus propios gobiernos el papel y objetivos del UNICEF con el fin de obtener el apoyo que éste requiere tanto en el orden moral cuanto en el material. Cabe también a estas organizaciones entre otros muchos posibles menesteres, dar estímulo a las campañas destinadas a recaudar fondos, tales como la venta de tarjetas de felicitación y calendarios anuales, organizar festividades con la colaboración de artistas destacados, gestionar la donación de colectas infantiles en el día de "Halloween", y demás actividades destinadas a lograr la ayuda económica indispensable para la obra, cada vez más ambiciosa e importante que se propone el UNICEF en beneficio de todos los niños del mundo.
>
> . . . .
>
> En el caso de las Organizaciones no Gubernamentales que colaboran con el UNICEF, esto es especialmente cierto ya que ellas tienen que realizar en el campo de la práctica, con el público en general y con los gobiernos, una labor de interpretación sobre el papel del UNICEF, sus necesidades y sus programas. En cuanto a mí, como Oficial de Enlace, me corresponde la tarea de llevar los puntos de vista de las organizaciones al personal del UNICEF, tanto en la Oficina Central cuanto en el terreno de la práctica, de modo que se desarrolle un buen entendimiento y una estrecha relación con el fin de que conjuntamente podamos laborar por un mayor bienestar para todos los niños del mundo[13].

Su presencia se hizo sentir enseguida. Era funcionaria que no dejaba la oficina hasta bien entrada la noche, cuando

---

[13] Elena Mederos, notas para el discurso de toma de posesión del cargo de Oficial de Enlace.

ya el personal de limpieza empezaba sus tareas. A veces trabajaba hasta sábados y domingos: siempre podía encontrársela allí, en aquella pequeña oficina del piso 18 del edificio del Secretariado.

Allí, rodeada de plantas y piezas de cerámica traídas como recuerdo de esa querida Colombia que había sido su primer refugio al salir de Cuba, y carteles o pancartas que mostraban rostros infantiles, continuaba dándose Elena a los demás. La emocionaban hondamente dos poemas de Gabriela Mistral, a la que conocía personalmente: "Piececitos" y "Manitas"[14]:

> Piececitos de niños
> azulosos de frío
> ¡cómo os ven y no os cubren
> Dios mío!
> ...
> Manitas de los niños
> manitas pedigüeñas
> de los valles del mundo
> sois dueñas.

Al leerlos comentó que le parecía como si Gabriela hubiera escrito aquellos versos pensando precisamente en los niños carentes de todo, los que ella tanto había visto en sus múltiples recorridos por América Latina y posteriormente por África, y de los que el UNICEF había hecho su preocupación fundamental.

Aquel don de gentes que poseía y aquel extraordinario tacto que le permitía ser agradable con las muy diferentes personas con las que trataba, aquellos valores que de su interior parecían fluir hacia los que la rodeaban y hasta aquéllos con los que tenía sólo un trato circunstancial o una simple relación de trabajo, le conquistaron enseguida la amistad, la consideración y el respeto de todos en el UNICEF. Maurice Pate, director ejecutivo del UNICEF, la distin-

---

[14] Gabriela Mistral, "Piececitos" y "Manitas", *Desolación*, Madrid, Espasa-Calpe, S.A., 1967.

guía ostensiblemente. La muerte de Pate, meses después de que ella comenzara a trabajar en la sede, constituyó un duro golpe para ella, ya que no sólo se trataba de su jefe, sino de un amigo que en un momento crucial la había ayudado y con el que tenía afinidad de intereses sociales y puntos de vista filosóficos. He aquí cómo Elena se refiere al hecho:

> Estoy bajo la impresión de que mi jefe, es decir, el jefe del UNICEF, Mr. Pate, murió ayer, relativamente de repente. Había estado en la oficina el día anterior y tuvo un ataque al corazón como a las 7 p.m. Hace un par de meses había tenido otro menor del que se había repuesto, al parecer. En él pierdo un excelente amigo que me abrió esta posibilidad de trabajo, al propio tiempo que siempre estaba dispuesto a darme un consejo o a ofrecerme una facilidad. Además, la muerte siempre impresiona y muy especialmente cuando es inesperada[15].

En su carta de pésame a Mrs. Pate le escribió: "Mi mente lo extrañará tanto como mi corazón"[16].

Con el pasar del tiempo, y al surgir nuevas vías para canalizar un común interés por el bienestar infantil, los lazos entre las ONG y el UNICEF habían arraigado firmemente. Elena se dedicó a estrechar aún más los vínculos existentes. Tenía experiencia con el trato al personal voluntario. El Lyceum había sido un microcosmos en el que se había entrenado para la labor de aunar esfuerzos individuales voluntarios en beneficio de la colectividad. También en Colombia había tenido la oportunidad de poner en práctica sus dotes para lograr que los grupos entendieran la importancia de unir sus fuerzas y coordinar los empeños. En su nuevo cargo se encontraba no ya ante un microcosmos sino

---

[15] Elena Mederos, carta a M.L.G., enero 20, 1965.
[16] Elena Mederos, carta de pésame a Mrs. Pate (en inglés en el original: I shall miss him in my mind and in my heart.), testimonio de Gertrude Lomnitz.

ante un macrocosmos y había que estimular, dar calor, encauzar y dirigir al enorme número de personas voluntarias que lo constituían.

Su labor no sólo era la de estimular el interés de todas y cada una de las organizaciones para que promovieran al máximo, no sólo la cooperación entre unas y otras como cada cual la de sus propios miembros, sino también mantener relaciones con organismos afines, así como establecer contactos con directores y consultores de asuntos sociales en las distintas dependencias, tanto de la ONU como de los países integrantes de la misma, especialistas en Pediatría, Medicina Preventiva y Social, Demografía, Planificación, Desarrollo Económico, etc.

Sus actividades no se limitaban, sin embargo, a las específicas del cargo sino que, como de costumbre, estaba dondequiera que podía ser útil. Así, estimulaba a las ONG para que, en colaboración con los Comités Nacionales Pro UNICEF en los respectivos países, se ocuparan de la distribución y venta de las conocidas tarjetas y calendarios. También participaba en la organización de las celebraciones del "Día universal del niño".

Por entonces, en el UNICEF se ponderaban las conclusiones de la Conferencia de Mesa Redonda celebrada en abril de 1964 en Bellagio, Italia, y la Organización se adhería firmemente a la política de que el desarrollo socioeconómico de un país y el desarrollo de su infancia deberían ser empeños paralelos. Esto interesó vivamente a la nueva Oficial de Enlace, quien comprendía el papel vital que las organizaciones voluntarias podían desempeñar en un proceso integral de desarrollo. Estudió, pues, con verdadero afán los distintos trabajos presentados en Bellagio, el "Resumen" del relator de la Conferencia, Dr. Herman D. Stein, profesor de la Escuela de Servicio Social de la Universidad de Columbia y consultor del UNICEF, así como el texto de las "Conclusiones" aprobadas oficialmente. Pronto se encontró en condiciones de tratar, con conocimiento de causa, el tema de la inclusión de la infancia y la juventud en los planes integrales de los países en proceso de desarrollo y la función importante que, en su opinión, correspondía a las organizaciones voluntarias.

Elena acumulaba una enorme experiencia acerca de los problemas de la infancia y la juventud gracias a su trabajo en Cuba y en países de la América del Sur, pero nada sabía con respecto a África y el Lejano Oriente: se imponía, pues, un largo viaje.

Por esta época, un grupo de lyceístas en Miami estaba preparando un almuerzo para conmemorar el 22 de febrero, aniversario de la fundación del Lyceum. Para todas, la presencia de Elena era de suma importancia. Ella vacilaba en asistir, ya que sentía el temor de que esta reunión pudiera repercutir en represalias para el Lyceum de La Habana que, por no se sabe qué gracia especial de la Providencia, seguía activo como la única institución privada de cultura de la que no se había incautado el gobierno comunista.

Por una u otra causa el Lyceum había subsistido y Emelina, que estaba aún en Cuba, fue consultada sobre la conveniencia de una llamada telefónica de las reunidas para la conmemoración en Miami a las reunidas con el mismo propósito en la casa de Calzada y 8.

He aquí el párrafo de una carta de ésta a Elena en la que le aconsejaba:

> Creo que te llegaría recado para María Luisa de posponer para otra ocasión la llamada por el aniversario. Nos pareció prudente y conveniente porque a veces los enfermos se agravan con emociones de este tipo. Hasta ahora no se sabe cómo se sostiene con vida y a cada rato nos echamos a temblar cuando vemos asomarse una complicación. También en mi ausencia tuvo una recaída que pareció de gravedad inusitada y que puede repetirle[17].

---

[17] Emelina Díaz de Parajón, carta a Elena Mederos, febrero 18, 1965.

Al fin Elena concurrió al almuerzo acompañada de su hija María Elena. Sus palabras fueron breves pero brotadas de lo profundo y pusieron énfasis en el carácter de confraternidad del acto dentro de la pauta que se había trazado de mantenerlo al margen de todo cuanto pudiera afectar o poner en peligro la existencia del Lyceum.

El almuerzo se desenvolvió dentro del mejor espíritu de intercambio amistoso y de cordial hermandad, aunque por lo bajo no dejó de haber algunos comentarios negativos sobre la supervivencia de la Asociación en Cuba. Esta fue la opinión de Elena, positiva como de costumbre:

> [...] esa actitud negativa no fue la de la mayoría y a los efectos de que nuestra reunión pudiera tener alguna repercusión en Cuba, es mejor que los comentarios sean de "convivencia" que de "oposición organizada". Personalmente para mí, como para otras muchas, estoy segura, la oportunidad de vernos, de escuchar nuestras voces, de estrecharnos, fue una experiencia inolvidable. Claro que en el grupo hay quienes no pueden comprender la supervivencia del Lyceum, quienes la interpretan como colaboración con el Gobierno, etc.... Por lo demás, todas lamentábamos no estar en condiciones de hacer de nuestra reunión una arenga a una acción liberadora o algo que se le pareciese. Era una reunión de confraternidad de antiguas amigas que habíamos estrechado nuestros lazos alrededor de la obra del Lyceum y que ahora confrontábamos circunstancias bien distintas. No creo que en la mayoría dejara un sabor amargo la reunión y eso es lo que hay que tener en cuenta... Yo, como tú sabes, tenía mis grandes temores de que el almuerzo resultase negativo para la supervivencia del Lyceum, pero si esto no resulta, creo que el balance es positivo y que tu esfuerzo tuvo, para la mayoría, un fruto de orden emocional que es incalculable. En cuanto a que x número de las asistentes hayan salido haciendo comentarios sobre mí, eso no me preocupa en lo más mínimo[18].

---

[18] Elena Mederos, carta a M.L.G., febrero 26, 1965.

Elena sabía sobrevolar las mezquindades y las críticas gratuitas, y esta actitud, claro, es perfectamente coherente con la amplia perspectiva que tenía su visión de los acontecimientos.

Viaje a África

A su regreso a New York, en el UNICEF se dispuso definitivamente su viaje a la parte occidental del África, con el fin de que fuera familiarizándose con las condiciones de vida de los muchos millones de niños que en esas regiones del mundo viven en situaciones absolutamente críticas y de que hiciera contacto con las Organizaciones no Gubernamentales existentes para determinar con ellas el papel que podía corresponderles en los planes del UNICEF, así como la posibilidad de estimular e impulsar la creación de nuevas filiales que, en cada país, ayudaran con su aporte a la obra integral del desarrollo.

El viaje se realizó del 11 de abril al 18 de mayo de 1965 y durante él recorrió Senegal, Guinea, Mali, Costa de Marfil, Ghana y Nigeria. Su primera parada fue en Dakar, Senegal, adonde llegó a las 9 de la noche del 11 de abril. La ciudad la impresionó favorablemente por su limpieza[19]. Al día siguiente, desde temprano en la mañana, estaba en acción. Los 6 días que pasó en esta ciudad fueron una vertiginosa sucesión de visitas a organismos que tuvieran alguna relación con el bienestar infantil y entrevistas con personas dedicadas a tales actividades.

Del Senegal pasó sucesivamente a Conakry, en Guinea; Bamako en Mali; Abidján, en la Costa de Marfil; Accra, en Ghana; por último Lagos, Ibadán y Kaduna en Nigeria[20]. En todos estos lugares su visita tuvo similares característi-

---

[19] Elena Mederos, carta a M.L.G., abril 12, 1965.
[20] Elena Mederos, "Schedule of Activities of Fieldtrip to West Africa", UNICEF, June, 1965.

cas de diligencia, efectividad, aprovechamiento y el despliegue de una dinámica e infatigable actividad para llevar a cabo su misión de conocer el trabajo de las Organizaciones no Gubernamentales en el continente africano y de tratar de robustecerlo e intensificarlo.

En el informe que sobre su viaje presentó a la Junta Ejecutiva y a la Dirección General[21] se puede advertir el empeño puesto en la realización de la misión que le había sido encomendada. Su claro enfoque y comprensión de los problemas encontrados y la consideración de las causas de los mismos muestran el firme propósito de hallar formas y medios para interesar a las organizaciones, ayudarlas a superar sus problemas y mejorar sus métodos de trabajo, así como hacerles comprender la conveniencia de practicar la cooperación con otros organismos con el objeto de que su labor pudiera ser más efectiva.

Al propio tiempo, como continuación de la Conferencia de Bellagio, UNICEF propuso la celebración de una Conferencia similar en América Latina, con el fin de discutir la integración de la infancia y la juventud en los planes de desarrollo nacional de los países del área. La iniciativa del UNICEF la patrocinaron conjuntamente la CEPAL y el ILPES[22], y se contó con la colaboración de distintos organismos de las Naciones Unidas y de otros interamericanos.

La Conferencia comenzó el 29 de noviembre de 1965 y Elena fue designada para integrar el grupo y actuó en la Secretaría de la Conferencia que correspondió al UNICEF, la CEPAL y el ILPES, por ser las organizaciones patrocinadoras del evento. Según opinión de la propia Elena, la Conferencia fue un éxito porque logró establecer entre los

---

[21] Elena Mederos, "General Impresions of Voluntary Effort as they relate to Child Welfare in Countries Visited", informe presentado a la Junta Ejecutiva y al Director General del UNICEF. UNICEF, June, 1965.

[22] CEPAL: Comisión Económica para la América Latina; ILPES: Instituto Latinoamericano de Planificación Económica y Social.

participantes un espíritu de compenetración y el deseo colectivo de encontrar vías idóneas para lograr el progreso de todos los países y realizar a cabalidad el destino americano.

La labor de Elena, como miembro de la Secretaría de la Conferencia, fue muy activa, ya que como era bilingüe y poseía un conocimiento directo de la realidad latinoamericana en lo relativo a la infancia y la juventud, su colaboración resultaba de gran utilidad para lograr las más positivas reacciones entre unos y otros participantes. Una vez terminada la Conferencia, de vuelta a New York y a las Naciones Unidas, tuvo a su cargo la supervisión de la publicación en español del libro *La infancia y la juventud en el desarrollo nacional de Latinoamérica*[23], en el que se recogió el informe del relator de la misma. Posteriormente el UNICEF, con el propósito de contribuir a la más amplia divulgación de los fines y las proyecciones que tuvo la Conferencia, consideró de utilidad la publicación de una selección de los trabajos presentados por los participantes, así como los debates que sobre ellos se suscitaron. Elena estuvo también encargada de la supervisión de la edición en español de este nuevo libro que constó de más de 500 páginas[24].

Junta del UNICEF en Etiopía

En mayo de 1966 se llevaría a cabo en Addis Abeba, Etiopía, la reunión anual de la Junta Ejecutiva del UNICEF, por lo que, desde el año anterior, el Comité de Organiza-

---

[23] Fondo de las Naciones Unidas para la Infancia, *La infancia y la juventud en el desarrollo nacional de Latinoamérica,* México, Gráfica Panamericana, mayo 31, 1966.

[24] Fondo de las Naciones Unidas para la Infancia, *Selección de documentos presentados a la Conferencia Latinoamericana sobre la infancia y la juventud en el desarrollo nacional,* México, Edimex, septiembre 14, 1966.

ciones no Gubernamentales y la Oficina de Enlace de éstas con el UNICEF se encontraban preparando una de sus más ambiciosas actividades: la celebración de un seminario sobre "Cómo actuar en beneficio del niño africano durante las etapas de su desarrollo".

A la preparación de este seminario se dio Elena enteramente. Para ella no existía un horario de trabajo, ni sábados, domingos o días festivos. Su atención se diversificaba de acuerdo con las circunstancias, incluido el cuidado de todos los pormenores de la organización.

El seminario de Addis Abeba se llevó a cabo, de acuerdo con lo planificado, al mismo tiempo que la reunión de la Junta Ejecutiva. En él participaron 56 representantes de 34 ONG procedentes de 22 naciones africanas y de otros 6 países. Comenzó el 15 de mayo de 1966 con una sesión de información sobre el trabajo del UNICEF en África. Entre los diversos temas tratados se analizó la importancia de la colaboración entre los gobiernos, el UNICEF y las organizaciones no gubernamentales.

Desde Etiopía, Elena enviaba sus impresiones:

> La parte mía de la reunión, es decir, de las ONG, va saliendo bien sin que, como en toda empresa humana, hayan dejado de surgir sus dificultades. Alba Zizzamia y Kitty Strong han tenido a su cargo la mayor parte del trabajo y yo he estado de Ministro de Relaciones Exteriores... Creo que la semana que viene se podrá comenzar a hacer algo más que asistir a sesiones... He estado muy interesada en los temas que, hasta cierto punto, repiten los de Santiago...[25]

Terminados el seminario y la reunión de la Junta Ejecutiva, ya de vuelta Elena a la sede del UNICEF, su actividad siguió desplegándose de acuerdo con las directivas planteadas, procurando mantener los contactos hechos en Addis Abeba

---

[25] Elena Mederos, carta a M.L.G., mayo, 1966.

con el fin de intensificar la labor de las ONG en el continente africano y cooperar a que ésta fuera ampliándose. Al mismo tiempo se ocupaba de otros muchos menesteres del UNICEF. Representaba al Organismo ante la Asamblea de la Comisión Interamericana de Mujeres y comparecía ante el Comité de Prevención, Discriminación y Protección de Menores de la Comisión de Derechos Humanos de la ONU. En ocasión de considerarse la cuestión de la discriminación contra las personas nacidas fuera del matrimonio, disertó, el 19 de enero de 1967, sobre el tema "Niños nacidos fuera del matrimonio: el interés del UNICEF"[26], para exponer la política que al respecto mantenía el Organismo que representaba. El 26 de julio de 1967 habló sobre los programas y metas del UNICEF[27] ante la Convención de la Soroptimistic International Association, celebrada en Toronto, Canadá, y en 1968 presentó a la Comisión de las Naciones Unidas sobre la Condición de la Mujer, un trabajo en relación con el desarrollo y utilización de los recursos humanos[28].

Cuba, siempre Cuba

Al margen de todas estas actividades seguía participando en otras muchas de carácter cultural, social o patriótico. Daba sin reservas su calor y estímulo a cuantos empeños tuvieran un propósito positivo. Como muestra de esto puede

---

[26] Elena Mederos, "Children Born Out of Wedlock: The Interest of UNICEF", Statement to the Sub-Commission on the Prevention of Discrimination and Protection of Minorities, Commission of the Human Rights, United Nations, January 19, 1967.

[27] Elena Mederos, "UNICEF: Its Programmes and Aims", Statement to the Convention of the Soroptimist International Association, Toronto, July 26, 1967.

[28] Elena Mederos, "Development and Utilization of Human Resources", Statement to the Commission on the Status of Women, Economic and Social Council, United Nations, 1968.

citarse que en 1965 disertó en la Unión de Cubanos en el Exilio, de New York, sobre el "Encuentro de la cultura cubana con la americana"[29]. De mucha más importancia en este orden de actividades fue su participación en el Forum Cubano de Estudios Sociales, ciclo de conferencias organizado por la UCE de New York, con el fin de estudiar con profundidad y documentación la cultura cubana, el proceso sociopolítico de su desarrollo, la causa de los problemas patrios y el planteamiento de sus posibles soluciones en un diálogo sereno y al margen de partidarismos políticos. Algunos de los conferenciantes fueron José Ignacio Rasco, Luis Aguilar León, Andrés Valdespino y Lourdes Casal. El 5 de noviembre de 1967, Elena compartió con María Pintado de Rahn el tema "El servicio social en Cuba, 1902-1959"[30].

En medio del vertiginoso hacer y actuar que caracterizó esta década de su vida, su angustia y su preocupación por Cuba seguían consumiéndola. Se mantenía constantemente informada, tanto a través de sus amistades y relaciones en los círculos oficiales de Norteamérica, como por las cartas que recibía de la Isla y que, dirigidas a su secretaria Patricia, venían firmadas por María Pepa, que era Emelina. Entre las dos amigas habían preparado una especie de rudimentario código que las ayudaba a referirse a acontecimientos y personas sin tener que mencionarlas; así, por ejemplo, la "peluquería" era el Lyceum.

Su correspondencia personal demuestra que siempre mantenía vivo el lacerante problema cubano, como se constata en esta carta del 27 de junio:

---

[29] Elena Mederos y María Luisa Guerrero, "Encuentro de la cultura cubana con la americana", conferencia, Unión de Cubanos en el Exilio, New York, diciembre, 1965.

[30] Elena Mederos y María Pintado de Rahn, "El servicio social en Cuba, 1902-59", conferencia, Forum Cubano de Estudios Sociales, Unión de Cubanos en el Exilio, New York, 1967.

No me había hecho ilusiones sobre las posibilidades de éxito de Manolo en este esfuerzo ahora frustrado y casi, casi que fue para mí un alivio saber que había escapado con vida. Que esta vía pueda conducir al éxito a la larga es posible y creo que si se diera ese tipo de solución, USA se sentiría feliz de que los hubiesen liberado de los molestos y peligrosos vecinos y, por tanto, tener una salida sin comprometerse por facilitar este tipo de solución. Pero, si se tiene en cuenta la clase de organismo represivo que hay en Cuba, se comprende lo difícil que es penetrar y sobrevivir[31].

Pronto se refiere de nuevo al tema de los presos y le dolía no haberles escrito por no saber que podía hacerlo. De ahora en adelante procurará hacerlo a menudo, aunque cada vez que lo haga sienta una extraña opresión ante el dilema de decirles lo que pueda interesarles y que deje pasar la censura, sin caer en ridículas frivolidades tan ajenas a ellos y a ella:

[...] A mí no se me había ocurrido que podía hacerlo ni que para los presos tuviese significación recibir cartas de gente que está alejada del ámbito nacional, pero procuraré escribir regularmente y que Gloria y Haifa decidan cuándo las pueden pasar...[32]

... si cabría mover alguna fuerza internacional para nuestros presos. Te ofrecí y espero poderte enviar el artículo de Amnesty International que salió en el número de enero 16. Antonio de la Carrera trató de movilizar este organismo a favor de Antonio Valdés Rodríguez pero no tuvo éxito. Frente al panorama general del mundo de hoy y, por supuesto, yo estoy impresionada con el que voy a encon-

---

[31] Elena Mederos, carta a M.L.G., junio 27, 1964.
[32] Elena Mederos, carta a M.L.G., diciembre 5, 1964.
(En esta carta Elena menciona a Gloria, que es Gloria Lizama de Pujals, esposa de su sobrino preso José Pujals Mederos, y a Haifa Chediak).

trarme en África, no es fácil crear impacto en relación con nuestros presos, abandonados ya por tantos.

Un mes después, apenada por la noticia propagada por la radio de Miami, del fusilamiento de Carlos Guerrero Costales (la que en ese momento resultó una falsa alarma, aunque al poco tiempo el preso moría de forma bastante sospechosa en La Cabaña), escribía lo siguiente:

> Comprenderás lo que me ha dolido ser yo la que te daba la triste noticia sobre tu primo Carlos, pero al mismo tiempo no me parecía que debía ocultártela ni en ese momento, por el teléfono, podía expresarte lo que sentía y pensaba. No caben palabras de consuelo. Sólo el saber que los que permanecen presos viven día a día una experiencia que es peor que la muerte. Por otra parte, uno que cae resta ánimo a los que están en el país para continuar y mantener la lucha. Es difícil, aun para nosotros, comprender toda la dimensión del drama cubano. Hay que levantar el espíritu y mantenerse con la esperanza de que será posible rescatar nuestra tierra para la vida democrática, pero cuándo y cómo... y a costa de cuántas vidas y cuánto sufrimiento... Cuando podamos y tengamos serenidad, comentaremos algunos aspectos relacionados con el exilio que quisiera discutiéramos[33].

Pero Elena no sólo era corazón, era también un cerebro lúcido, gracias a esa capacidad de llevar los sentimientos al terreno de la realidad objetiva. Así, investigaba, reunía datos, todo lo que pudiera echar luz sobre el problema cubano.

> No se te olvide enviarme la referencia sobre el economista checo que enjuició la situación de Cuba. Algunos de los artículos que han salido aquí, con motivo de los 6 años de Fidel en el poder, son para dejarlo a uno muy enfermo...

---

[33] Elena Mederos, carta a M.L.G., julio 15, 1965.

En su discurso, el Presidente anoche no mencionó a Cuba. Quizá sea mejor así, pero se siente uno mal de aparecer tan olvidado en tanto que Vietnam, tan fuera de órbita, es elaborado. El discurso me pareció demasiado suficiente y egocéntrico, pero supongo era un discurso más político que realista, no creo que haya que darle demasiada importancia sino tratar de obtener información confidencial sobre lo que realmente está pensando el gobierno. Este gesto de acercamiento a los gobernantes rusos en este momento en que están expuestos a una confrontación en las Naciones Unidas y en que tienen tantas otras situaciones conflictivas, inclusive las de África, ¿a qué viene? ¿O es que tienen pensado llegar a un acuerdo, por ejemplo, en cuanto a Cuba?

Mariada me contó que cree te desanimó al decirte que no pensaba que en América Latina la figura de Fidel había caído en el desprestigio. A mí me es difícil generalizar. Creo que la lucha está planteada y que sólo el tiempo dirá. Actualmente en Colombia la violencia se recrudece en las ciudades. ¿Es por consigna de los comunistas y por el apoyo de Fidel o hay otra causa concomitante?[34]

¿Crees que de los planteamientos de Vietnam puedan, en un momento dado, derivarse soluciones para Cuba? Hay veces que a mí me parece que esto está en la mente del Presidente y otros, en que sólo me parece que mi gran deseo es el que me hace hacerme ilusiones[35].

Me imagino cuánto habrás cavilado en torno a la situación de la República Dominicana y si, a la larga, la solución de este problema nos favorecerá o nos perjudicará. Por lo pronto, ha puesto en evidencia el muy relativo apoyo con que contamos entre los países hermanos. Menos mal que Brasil respondió[36].

---

[34] Elena Mederos, carta a M.L.G., febrero 5, 1965.
[35] Elena Mederos, carta a M.L.G., abril 12, 1965.
[36] Elena Mederos, carta a M.L.G., junio 8, 1965.

Se puede apreciar en estos trozos de cartas, la conjunción de los sentimientos y la inteligencia de Elena a propósito del problema de Cuba. Pero quizás el siguiente fragmento nos dé una visión más profunda de su nobleza y de sus principios ante el tema:

> Sé que he hecho más de lo que era sensato hacer para evitar que Cuba se perdiera y que estoy, en todo momento, dispuesta a hacer cualquier cosa que tenga un sentido práctico, pero no a acumular odios ni a juzgar a los que se han quedado en Cuba[37].

Del sentimiento a la acción

Louise Smith (con quien ya había colaborado Elena en Cuba en varias organizaciones, especialmente en la Fundación de Investigaciones Médicas) y su esposo, Gilbert Smith, habían vivido en la Isla durante 50 años y se sentían tan cubanos como americanos, al extremo de que cuando Gilbert murió, varios años después de haber salido de Cuba, pidió que sus cenizas fueran arrojadas en un punto medio entre La Habana y Cayo Hueso. En New Orleans donde vivía, Louise había promovido una campaña para que se declarara un día de oración por aquéllos que se encontraban en las prisiones de la Cuba cautiva del comunismo. Dotada de un gran sentido de organización y respaldada por el Consejo de Mujeres de Distintas Creencias del New Orleans Metropolitano[38], logró interesar en este empeño a la Federación de Iglesias del New Orleans Metropolitano[39], que agrupaba a miembros no sólo de las iglesias protestantes de las distintas denominaciones, sino también de las católicas y de las hebreas. Todas respondieron con un ejemplar sentido ecuménico, hasta lograr que la Archidiócesis de

---

[37] Elena Mederos, carta a M.L.G., febrero 26, 1965.
[38] Women's Interfaith Council of Greater New Orleans.
[39] Federation of Churches of Greater New Orleans.

New Orleans, presidida por el obispo Francis M. Hannan, y el alcalde de la propia ciudad aprobaran la "Semana de oración por los presos políticos de Cuba". También manifestaron su adhesión el Consejo Rabínico y la Iglesia Ortodoxa Griega. Más tarde se vincularon al empeño las diócesis católicas de New York, Newark y Miami.

Elena se vinculó a esta actividad en 1966. Louise solicitó de ella la preparación de una oración que pudiera ser rezada en todas las iglesias de New Orleans durante la semana de los presos políticos. Elena buscó la colaboración de una amiga lyceísta y así se preparó la "Oración por los presos políticos de Cuba"[40]. Las gestiones de otra lyceísta, Elodia Sorzano de Villalón, y de la rama local de la Unión de Cubanos en el Exilio, dirigida en New York por Serafín e Hilda Vilariño, obtuvieron la aprobación eclesiástica del obispo cubano en el exilio, monseñor Eduardo Boza Masvidal.

Poco después, Elena se vinculó al grupo "Cuba Católica", que trabajaba a favor de los presos políticos. Posteriormente, la liberación de algunos prisioneros hizo que el movimiento decayera ostensiblemente hasta que la inactividad determinó su desaparición. El fracaso de este empeño tuvo profunda repercusión en el ánimo de Elena.

Más tarde, el problema surgido con los presos denominados "plantados" aumentó su gran preocupación. De esta época, octubre de 1967, es una carta enviada a su gran amiga chilena Amanda Labarca, en la que expresa su inquietud y pena por la situación que atravesaban en aquellos momentos los "plantados". Son tres páginas amargas, an-

---

[40] La oración se escribió originalmente en español y en las parroquias de los barrios con grandes poblaciones hispanas se rezó en la forma en que había sido escrita. Pero con el fin de hacerla objeto de prédica común en las distintas congregaciones religiosas de todas las profesiones de fe, la traducción al inglés fue ligeramente alterada con lo que tuvo una proyección ecuménica.

gustiosas, que exponen con toda crudeza, aunque sin exageraciones, el inhumano rigor con que éstos eran tratados por el solo delito de negarse a vestir el uniforme de los presos comunes. He aquí una muestra:

> Mi querida Amanda:
> Tu afectuosa carta de septiembre 12 no pudo llegar más oportunamente. Tenía el propósito de escribirte por eso de que cuando uno se enfrenta a situaciones desesperadas, recurre a las personas a quienes admira con la esperanza de que ellas puedan sugerir soluciones que a uno no se le han ocurrido. Además, en esta ocasión, sé que compartes mi preocupación por los presos políticos cubanos y que tus contactos con el mundo intelectual pudieran ayudar a viabilizar alguna gestión.
> ....
> Además del problema humano que esta situación envuelve, me siento especialmente afectada porque mi sobrino, José Pujals, se encuentra entre los presos sometidos a estos atropellos. Su esposa está en Cuba y ha podido comprobar que lo tienen en el sótano de la prisión de Pinar del Río en las condiciones descritas[41].

Pero, a pesar del desgarramiento interior, Elena siguió desplegando su energía y su deseo de ser útil en numerosos empeños. Sus trabajos oficiales con el UNICEF, a los que daba su entusiasmo y una dedicación sin límites, sus viajes a países de África, Chile, Brasil, Venezuela, Colombia y demás, no obstaculizaban que se envolviera en tareas de otro tipo. Cultivaba el trato con cubanos que radicaban en New York y sus alrededores, los que la mantenían al tanto de los problemas de Cuba.

La llegada a New York de Nenita Roca, quien había estado presa largo tiempo, motivó un encuentro pleno de emociones y recuerdos. Puede decirse que aquel pequeño apartamento de Peter Cooper Village era como una especie

---

[41] Elena Mederos, carta a Amanda Labarca, octubre 1967.

de consulado cubano de los refugiados. Allí iban, en busca de amigable plática o de consejo y orientación, todos los que, de una u otra forma, necesitaban de la calidad humana, la acogida afectuosa o el consejo oportuno de aquella valiosa mujer.

En medio de este vertiginoso trajín y del cúmulo de actividades que tanta energía y tanto tiempo le consumían, sabía desplegar todas sus facultades para recibir a todos con la elegancia que en ella parecía ser una condición ingénita. Tenía siempre una actitud sensible, acogedora y serena. Jamás se la notaba cansada; se diría que tenía el don de la hospitalidad: su casa se encontraba abierta para todo aquél que acudiera a ella.

Un agradable detalle

A todas estas cualidades se unía otra más ligera y refrescante: Elena sabía cocinar muy bien. Desde jovencita había tenido un excelente maestro: Anacleto, el cocinero de la familia, con quien conversaba largamente y le ayudaba a preparar algunos platos. La relación de la joven Elena con Anacleto fue muy singular, y esto puede ejemplificarlo la siguiente anécdota: un día, cuando se iba a fijar la fecha del casamiento de Elena, ésta entró en la cocina a charlar con Anacleto, el cual, con toda seriedad le expuso su aprobación al enlace porque le confesó que varias noches atrás, al retirarse Hilario una vez cumplida su visita a la novia, él lo había seguido para observar su comportamiento y ver si se dirigía a su casa o tenía algún entretenimiento; por eso Anacleto podía garantizar la honorable conducta de Hilario y dar su aprobación al matrimonio.

Con tal maestro, la muchacha resultó una experta cocinera que años después, en el exilio, lo mismo confeccionaba la sencilla comida diaria que un banquete. Cocinar era para ella como una diversión, una distracción de su intenso trabajo intelectual. A la hora de hacerlo tenía una gracia singular para preparar cualquier tipo de comida, y no se regía por recetas ni por cantidades. A veces se ponía a confeccionar un plato, abría el refrigerador, veía algo que le daba una idea o le había quedado del día anterior y se lo agregaba a lo que estaba preparando. Sabía hacer un exquisito *soufflé* de berenjena al que, por cierto, era muy aficionada. En una ocasión, ante la pregunta de "Pero, ¿eso lleva lo que le estás echando?", Elena respondió: "No, pero no importa; verás lo bien que le viene". Efectivamente, el plato le quedó delicioso. Pero, en realidad, su especialidad era el "pescado verde de Anacleto", un sabroso pargo en salsa verde, inolvidable para cuantos lo probaron en alguna ocasión.

Elena tenía, en cambio, menos disposición para otros menesteres domésticos. La costura no le gustaba aunque, de vez en cuando, repasaba la ropa, o si se precisaba zurcir, hacer un dobladillo o pegar un botón, no dejaba de hacerlo.

Así era Elena: lo mismo se volcaba en los trascendentales problemas sociales que emprendía a través del UNICEF, que ponía todo su entusiasmo en complacer el paladar de los amigos, o hacerle un vestido a su hija. Incluso, aunque para la limpieza de la casa contrató a una joven llamada Edna, no se acostaba sin recoger todo lo que estaba fuera de lugar, mientras comentaba con un especial y chistoso sentido del humor: "Más vale dejarlo todo en orden para que Edna no me regañe mañana".

Todavía sacaba tiempo para ir al teatro, leer algún libro que tratara asuntos de su preferencia o profesión, o bien visitar galerías de arte. Nada escapaba a su interés, ni en el campo artístico tenía una filiación cerrada dentro de una escuela o estilo determinado, aunque es posible que se sintiera inclinada hacia el arte contemporáneo. En una ocasión llevó a una amiga al Museo de Arte Moderno de New York para que comprendiera el *Guernica* de Picasso, del que le explicaba distintos detalles con el fin de hacérselo accesible, pues la otra lo contemplaba más bien en una actitud negativa o inflexible. En otra ocasión recomendaba a esa amiga que fuera al Museo de Arte Metropolitano y viera un cuadro que representaba a Juana de Arco, advirtiéndole que había que contemplarlo durante largo rato para lograr ver la visión de la Santa. El relato fue tan interesante, resultó tan vívida y tan genuina la descripción de su emoción y alegría al ver por fin a la buscada figura de la heroína francesa, que la amiga dejó todos sus quehaceres para ir al día siguiente en busca de aquella Juana de Arco que sólo se aparecía a los que tuvieran verdadero empeño en encontrarla.

También acudía a diversas funciones del Metropolitan Opera House y, en muchas oportunidades, para asistir a alguna presentación por la que sentía un especial interés, tenía que aguardar largas horas, a veces con frío intenso, en una larga cola de espera ante la taquilla de venta de localidades. En estos casos solía llevar un pequeño asiento plegable de lona para poder pasar horas sin cansarse demasiado y hasta aprovechaba el tiempo, sacaba los papeles de su cartapacio y los leía o hacía anotaciones para algún trabajo que tuviera entre manos.

Estaba, al fin, al tanto de todas las actividades culturales que tenían lugar en Manhattan, al tanto del acontecer nacional o internacional, así como de las publicaciones de más actualidad o de cuanto sucediera en su tierra natal. Podría afirmarse, sin temor a exageraciones, que nada de cuanto ocurría en el mundo le era ajeno.

El UNICEF, otra vez

Tales incesantes actividades no impedían, sin embargo, su entrega a las labores del UNICEF. El éxito obtenido en el Seminario de Addis Abeba determinó que el Comité de Organizaciones no Gubernamentales vinculado al UNICEF se propusiera organizar otro seminario similar en América Latina. La idea, a la que Elena dio calor y entusiasmo, fue madurando durante largo tiempo hasta que se presentó la ocasión propicia. La Junta Ejecutiva del UNICEF, al tiempo que señalaba la fecha y lugar para la celebración de su sesión anual de 1969, hubo de convocar una reunión especial sobre "La situación de la infancia y la juventud en Latinoamérica".

Esto constituyó un motivo más para estimular a Elena y a las ONG a continuar preparando su seminario, ya que se presentaba la magnífica oportunidad de que los expertos en la materia, especialmente invitados por el UNICEF, dieran su interpretación sobre el complejo problema familiar imperante en América Latina. El Comité y Elena, como Oficial de Enlace con el UNICEF, se propusieron lograr una extensa representación geográfica en el Seminario con el fin de recoger la infinita variedad de los grupos voluntarios que venían ocupándose de los problemas relacionados con la familia, la infancia y la juventud.

De entre los muchos temas sugeridos para ser desarrollados, se seleccionó el de "La familia en una sociedad en evolución".

El primer paso para la organización del Seminario fue el de interesar la conformidad y colaboración tanto de la Junta Ejecutiva del UNICEF como del propio director ejecutivo y del director regional para las Américas. A partir de ahí la labor fue titánica, desde cursar las invitaciones pertinentes a todos los organismos involucrados, hasta la creación de comités y subcomités encargados de la preparación de las diversas fases del evento. Estas palabras de Joan Bel Geddes son ilustrativas de lo que se quiere destacar:

> Elena Mederos de González, la perpetuamente ocupada funcionaria a cargo de la Oficina de Enlace del UNICEF, quien trabaja con 77 Organizaciones no Gubernamentales (las que representan 4.000 afiliadas nacionales en más de 100 países), está más ocupada que nunca durante estos días y noches. Una semana de trabajo completo, que nos cansa a la mayoría de nosotros, no es suficiente para todas las cosas que ella trata de hacer. Así, puede encontrársela

trabajando afanosamente tarde en la noche y durante los fines de semana[42].

Paréntesis: la toma del Lyceum

En medio del trajín de la organización del Seminario, ocurrió un hecho que había de tener dolorosa repercusión en Elena. El régimen comunista, decidido como estaba a programarlo todo y abarcarlo todo, no podía permitir por más tiempo la resistencia pasiva representada por la actitud independiente del Lyceum, si bien contenida dentro de los límites de la neutralidad y de la diplomática actuación de sus dirigentes, quienes se habían propuesto lograr la supervivencia de la Asociación como refugio de la cultura y del hacer útil. No obstante, su cierre estaba decretado desde hacía tiempo. Se dice que cuando Vicentina Antuña ocupaba la Dirección de Cultura había manifestado que mientras ella estuviera en el cargo no se tocaría al Lyceum. Así, habían sido clausuradas todas las demás instituciones independientes de cultura, inclusive Pro Arte Musical, mientras el Lyceum sobrevivía.

Ida ya la Dra. Antuña de la Dirección de Cultura, la Federación de Mujeres Cubanas, presidida por Vilma Espín, esposa de Raúl Castro, hacía tiempo que tenía sus miras puestas en ese último reducto de la cultura y la dignidad cubanas y así, un día doloroso, el 16 de marzo de 1968, sin un motivo que provocara la drástica medida, se decretó la intervención estatal del Lyceum. Años después, una de las fundadoras, Rebeca Gutiérrez, escribió a Emelina Díaz, quien ya se encontraba residiendo en Madrid, una carta que ésta, a su vez, remitió a Elena para que leyera el párrafo referente al Lyceum:

---

[42] Joan Bel Geddes, "UNICEF Volunteers", *UNICEF News,* Issue 59, United Nations, March-April, 1969.

Ayer pasamos la tarde Adelina (Bannatyne), Rosaura (Obana) y yo en casa de Nena Balbín. Manolo (Buznego), el esposo de Adelina, nos recogió y pasamos frente a Calzada y 8 para que ellos pudieran contemplar nuestro Lyceum, ahora "Casa de la Cultura" y admirar su fachada, pintada en colores vivos que alternan el verde, el amarillo, mandarina y hasta el rojo. Tuvimos un cariñoso recuerdo para Lillian Mederos quien hubiera, sin duda, protestado ante tamaño horror [43].

La noticia de la toma del Lyceum, llegada por cable, constituyó para Elena un duro golpe cuyo impacto pudieron apreciar las personas que conocían su íntima vinculación con la Asociación. Comunicó el hecho a varias amigas lyceístas y cambió impresiones con algunas de ellas para la publicación de una nota que pudiera denominarse "necrológica" en la *Revista Cubana* dirigida por Carlos Ripoll.

El UNICEF, de nuevo

Como estaba programado, el Seminario de las ONG se efectuó en Santiago de Chile, del 14 al 17 de mayo de 1969 y en él participaron 122 personas procedentes de 52 organizaciones internacionales, organismos interamericanos y organismos especializados de las Naciones Unidas, expertos que disertaron sobre temas de su especialidad y representantes de los Consejos Nacionales de Organizaciones Voluntarias. Concurrieron delegados de 13 países de América y 6 observadores de Europa, Asia y África.

La disertación final de la sesión de inauguración en la mañana del mismo día 14 estuvo a cargo de Elena, quien trató el tema de la evolución de los servicios voluntarios en América Latina, trabajo preparado a solicitud del Comité Preparatorio. Hizo una panorámica a fondo, desde la gé-

---

[43] Rebeca Gutiérrez, carta a Emelina Díaz de Parajón, junio 29, 1977.

nesis hasta sus características, así como las principales áreas de acción, efectividad, capacitación del personal, etc.

Veamos este fragmento ilustrativo:

> Los fundamentos esenciales que les son comunes pueden resumirse en los siguientes: tener fe en las posibilidades de superación del ser humano, respetar su dignidad intrínseca y aceptar que de la interrelación humana surge la dinámica que ha de determinar el progreso de la comunidad. De estos principios se derivan los conceptos básicos de que se ha de trabajar *con* las personas y no sólo *para* las personas y de que se ha de promover la participación de todos, no como actividad superpuesta *verticalmente* sino como cooperación integrada mediante una acción *horizontal*[44].

Elena apeló al entendimiento y al corazón de quienes la escuchaban. Ella estaba tan identificada con la filosofía social de ayuda al prójimo que no podía menos de infundir su calor humano y su fervor a un tema que por su aspecto técnico y científico parecía no tener posibilidades de despertar la emoción de los oyentes. Algunas delegadas, como la entrañable Isabel Ospina que representaba a ACOVOL[45] de Colombia, o a la destacada intelectual y gran amiga Amanda Labarca, delegada del Consejo de Organizaciones Femeninas de Chile, expresaron el estímulo que fueron las palabras de Elena para las personas presentes. El UNICEF necesitaba los recursos humanos de las organizaciones y éstas, a su vez, necesitaban el apoyo internacional, la orientación y la ayuda material del Fondo que las Naciones Unidas habían

---

[44] Elena Mederos, "La evolución del voluntariado en la América Latina", *La familia en una sociedad en evolución*, Naciones Unidas, UNICEF, 1969.
[45] ACOVOL: Asociación Colombiana de Organizaciones Voluntarias.

creado para darle protección a los niños sufrientes de todo el mundo.

Traslado a Washington

Su hija María Elena, graduada ya de la Escuela de Economía de Londres y con una maestría en Estadísticas de la Universidad de Columbia, New York, había sido nombrada para un cargo importante en una oficina del Gobierno Federal en Washington, D.C., y ella se marcharía con su hija. Fue entonces el momento de dejar New York. Elena se había retirado del UNICEF en 1969, pero continuaba trabajando con ellos en proyectos especiales.

Madre e hija partieron a Washington. Atrás quedaban New York con sus espectaculares construcciones, el imponente edificio de las Naciones Unidas y, cruzando el jardín de rosas, el enorme piso de la calle 46, donde por motivos de ampliación se había instalado recientemente el UNICEF y en el que dejaba la correspondiente cuota de sí misma. Delante, Washington, que constituía un interrogante. En el camino hacia su nuevo punto de destino se preguntaba cómo iba a encauzar su vida sin la actividad profesional del UNICEF, que había llegado a ser tan importante para ella. Pregunta absurda, porque quien tantas veces había hecho frente a los eventuales cambios del destino era muy capaz de recoger de nuevo los pedazos rotos de su propio ser y empujar su existencia hacia vías positivas en las que encontrara satisfacción el ansia de darse que seguía consumiéndola.

Cuando el 31 de julio de 1969 dejó oficialmente el cargo de Oficial de Enlace, el personal del UNICEF le ofreció un coctel de despedida. Quizás si uno de los más bellos retratos que se conservan de Elena sea el que fue tomado en un grupo en aquel acto y que, por haber quedado tan bien, fue separado y ampliado por el departamento fotográfico. En ese retrato se la ve sonriente, el pelo ya entrecano pero la fisonomía animada por una especie de luz interior que la hacía aparecer más joven que los 69 años que tenía. (Ver ilustración).

El traslado a Washington no iba a desligarla enteramente de todo aquello. Fue designada como consejera y en múltiples ocasiones siguió representando al UNICEF en conferencias internacionales. Con frecuencia viajaba a New York y en esos casos su punto de parada era siempre UNICEF, donde se establecía en cualquier oficina que encontrara desocupada para ponerse al tanto de las actividades, renovar su espíritu en los cambios de impresiones que celebraba, especialmente con los amigos Heyward y Charnow[46], y brindar su experiencia y orientaciones a cuanto nuevo proyecto se estuviera llevando a cabo.

---

[46] Edward Heyward, director adjunto del UNICEF, y Jack Charnow, secretario general de la Junta Ejecutiva del UNICEF.

Tarjeta de bautizo con la bandera. Dice: La niña Elena Inés nació el día 13 de Enero de 1900.
Fue bautizada el día   de Diciembre del mismo año.
Padres / Ynés Cabañas de Mederos / Leopoldo Mederos.
Padrinos / Manuel Antonio Cabañas / Mercedes Márquez

Lyceum Lawn Tennis Club. Calzada y 8, Vedado, La Habana

Biblioteca pública circulante del Lyceum Lawn Tennis Club (1947)

Elena Mederos (1957)

Hilario González Arrieta, Elena Mederos de González, y la hija de ambos, María Elena (1952)

Elena Mederos y Huber Matos, en Washington (1981?)

Elena Mederos en su época de trabajo en el UNICEF (1969)

Amigas del Lyceum reunidas en Nueva York (1972 ?): de izq. a der. María Luisa Guerrero, Celia Estrada, Rosario Rexach, Elena Mederos, Aida Betancourt y Elena Alvarez

Elena Mederos y Frank Calzón, en la fiesta de su 79 cumpleaños, en casa de Hortensia y Narciso Anillo

Elena Mederos en Bogotá, cuando trabajaba para el UNICEF (1963?)

Elena Mederos, Jeane Kirkpatrick y Roberto Valero

CAMBIO DE IMPRESIONES Y COCKTAIL OFRECIDO POR OF HUMAN RIGHTS
(Washington, 8 mayo 1981)

Elena Mederos, Gerardo Mora y James Theberge, embajador

Acto en memoria de Elena Mederos (Georgetown University, Washington, D.C., enero 1982): de izq. a der. Jeane Kirkpatrick, Carlos Ripoll, María Elena González y Lord Thomas of Swynnerton

X. Of Human Rights: la última batalla

Los primeros días en la capital de la nación norteamericana fueron desconcertantes para Elena, pues se sentía desvinculada de todas las actividades que habían llenado los últimos años de su vida. En medio de su desorientación pensó que, ahora, mientras aún le quedaba tiempo, debía investigar acerca de varias instituciones para jubilados y ancianos que existían en los alrededores de Washington. Por testimonio de sus amigos más allegados sabemos que le preocupaba mucho la vejez, pues la decadencia física tenía que afectar mucho a una mujer tan activa que temía ver disminuidas sus energías.

Continúa la acción

Por fortuna, no se desligó completamente del UNICEF, pues se mantuvo una colaboración durante cinco años más, de 1969 a 1975.

Así, en 1970, en vuelo de São Paulo a Caracas, comunicaba su estado de ánimo. Afortunadamente, el viaje, realizado por cuenta del UNICEF, fue una transfusión de vida:

> Te he recordado en muchas ocasiones, así como al grupo de amigas con quienes compartí tareas lyceístas en función de exposiciones ya que, como sabes, el viaje ha sido de recorrido de museos, galerías y "ateliers" de artistas. Tan

poco tiempo he tenido que ni siquiera he podido utilizar el dictáfono que Jack Charnow insistió en que trajera.

....

Hasta ahora, el viaje me ha resultado agradable y creo que me ha hecho bien porque, indudablemente, había pasado un período de tensiones entre el retiro, la mudada y la operación de Lillian[1].

He aquí señalados, en dos simples líneas, los tres motivos que, en gran medida, habían determinado su caída de ánimo.

Volvía a sentirse bien al no estar desligada completamente del UNICEF y al actuar en su representación con bastante frecuencia y participar en varios de sus programas y actividades.

En 1971 también se mantuvo muy relacionada con el UNICEF. A más de los habituales contactos, actuó como representante del organismo en eventos de importancia. A mediados de año participó en el XII Congreso Internacional de Mujeres Profesionales y de Negocios que se celebró en Edmonton, Canadá, del 5 al 10 de julio. Tomó parte también en el Seminario que se efectuó con anterioridad al Congreso y en él discurrió de forma improvisada sobre "The Role of UNICEF in the Second United Nations Decade of Development"[2]. Más tarde fue invitada a hablar en un programa de radio de la CBC. Fue una entrevista de unos diez minutos que se repitió a diferentes horas. En el Congreso participaron más de 130.000 miembros provenientes de 39 países. Elena fue designada para que actuara como consejera de la Sesión de Trabajo del Grupo E, integrado por personas de habla española. En el turno que se le había

---

[1] Elena Mederos, carta a M.L.G., junio 28, 1970.
[2] Elena Mederos, "The Role of UNICEF in the Second United Nations Decade of Development", lecture at the International Congress of the Federation of Professional and Business Women, Edmonton, July 4, 1971.

asignado en la Sesión Plenaria, leyó su trabajo sobre "Education and Training: Key to Development"[3], el que fue acogido con una ovación por las asambleístas puestas de pie. Le pidieron copias, pero como no había facilidades para la reproducción, hizo un sumario verbal que fue transcrito y apareció en *Widening Horizons,* la publicación oficial de la Federación Internacional de Clubes de Mujeres Profesionales y de Negocios.

También tuvo la oportunidad de hablar a un grupo de dirigentes de la Federación Internacional. Ante ellas hizo una exposición de los propósitos y trabajos del UNICEF. En la inspirada alocución "Faith in Action", manifestó la necesidad fundamental de mantener una fe básica en las posibilidades de la humanidad para vencer, por medio de un esfuerzo común y concertado, a los enemigos tradicionales que han acosado al mundo en todos los tiempos: el hambre, las enfermedades y la ignorancia[4].

A petición de las dirigentes de la Federación Nacional de los Estados Unidos, de Edmonton se trasladó a Ohio, para asistir a la Conferencia Nacional. Allí participó activamente y habló sobre la contribución urgente de la mujer frente a las presiones económicas y sociales que conformaban el mundo actual[5].

En los dos años siguientes continuó interviniendo en numerosos eventos. Asistió, en 1972, a la XVI Asamblea de la Comisión Interamericana de Mujeres y, a fines de

---

[3] Elena Mederos, "Education and Training: Key to Development", Report to the XII International Congress of the Federation of Professional and Business Women, Edmonton, July 10, 1971.

[4] "Faith in Action", Draft for a statement to some members of the International Federation of Professional and Business Women, Edmonton, 1971.

[5] Elena Mederos, "What do you regard as the most urgent contribution women can make in response to social and economic pressures?", contribution to discussion group, National Conference of Business and Professional Women, Cleveland, July 26, 1971.

año, participó en una reunión del Club de Mujeres Profesionales y de Negocios en la que disertó sobre el tema que ya había tratado en la Asamblea de la CIM, "La discriminación contra la mujer es incompatible con la dignidad del ser humano y con el bienestar de la familia y la sociedad"[6].

Al mismo tiempo seguía haciendo traducciones para el UNICEF, interviniendo en la selección de los diseños para los almanaques y las tarjetas de felicitación navideña, asi como en la preparación de las carpetas para la celebración del Día Internacional de la Infancia.

El 22 de enero de 1974 participó, como delegada del UNICEF, en la reunión de la Comisión de las Naciones Unidas sobre la condición jurídica y social de la mujer, en la que presentó una ponencia[7] a nombre del organismo que representaba. Como consejera del UNICEF tomó parte también, entre febrero y marzo del mismo año, en un Forum Internacional sobre el papel de la mujer en el desarrollo de los pueblos. Participaron en él 110 delegadas de todo el mundo. De esta reunión contó a Mirta Blanco, de *Vanidades*, en 1974:

> De todas las delegadas presentes, las que más me impresionaron fueron las de África. Ellas sí mostraron un conocimiento profundo y real de los problemas de sus pueblos y de las clases menos privilegiadas. Ellas lucharon por influir y cambiar un medio ambiente difícil y hostil...

Como observadora del UNICEF expuso, en la XVII Asamblea de la Comisión Interamericana de Mujeres, los propósitos de la celebración del Año Internacional de la Mujer

---

[6] Elena Mederos, "La discriminación de la mujer es incompatible con la dignidad de la familia y de la sociedad", Exposición ante la XVI Asamblea de la CIM, Washington, D.C., Organización de Estados Americanos, 1972.

[7] Elena Mederos, Statement on Behalf of UNICEF to the Commission on Status of Women, United Nations, January 22, 1974.

que había sido patrocinado por la ONU. En 1975 tuvo lugar, en Ciudad de México, la Conferencia Mundial, como culminación de este evento. Fueron tantas las personas dispuestas a asistir que para facilitar su participación se organizaron dos conferencias simultáneas: la oficial, que se efectuó en el Ministerio de Relaciones Exteriores de Tlatelolco, y otra, denominada "La Tribuna", que respondía a la iniciativa de las Organizaciones no Gubernamentales, y que se llevó a cabo en la Unidad de Congresos del Centro Médico de la ciudad.

He aquí cómo Elena, más en plan de observadora que de actora en esta ocasión, describió el evento:

> Tanto en la Conferencia como en la tribuna, el espectáculo era emocionante. Mujeres de todas partes del mundo, vistiendo sus trajes típicos, discutían con pasión por lograr el milagro de las reivindicaciones que se les debían por el sometimiento de siglos. Los contrastes de cultura y de niveles económico-sociales eran evidentes y a pesar de los planteamientos políticos... y del antagonismo entre los países del Tercer Mundo y los países desarrollados, prevalecieron la hermandad y la comprensión de mujer a mujer. Se logró que quedara aprobado un Plan de Acción[8].

Durante esta época, además de las actividades del UNICEF, Elena se iba involucrando en otros proyectos. Pertenecía a la Cooperación Latina, Área A, del Mental Health Center y asistía a The Police Community Relations Center, creado en Washington para establecer una relación más positiva y mantener un centro de intercambio entre los residentes, las autoridades del Departamento de Policía y las personas interesadas en los problemas de la comunidad.

Al mismo tiempo llevaba a cabo una activa labor en The Georgetown Children's House, fundada en 1939 y que se

---

[8] Elena Mederos, "Informe sobre la Conferencia del Año Internacional de la Mujer", México, 1975.

ocupaba de dar atención a niños cuyas madres trabajaban fuera del hogar. Elena fue llevada a la Junta Directiva de esta organización por Dorothea Sullivan, profesora de Trabajo Social de la Universidad Católica, con quien se había relacionado años atrás cuando ésta visitó Cuba. En medio de sus múltiples ocupaciones, Elena siempre hallaba tiempo para dedicar un día a la semana a cuidar y entretener a los niños con charlas amenas, con el fin de que sus madres pudieran trabajar para ganarse el sustento o asistir a una escuela, recibir instrucción y tratar de progresar. Había que ver el entusiasmo que daba a los pequeños y cuánto disfrutaba ella preparándoles fiestas, como la de los Reyes Magos, e incluso confeccionando ella misma las piñatas. Su actuación también intentaba involucrar a las familias, y como pertenecía al Comité Intercultural, coordinaba la visita de padres y niños a exhibiciones de artes típicas, visitas a museos y otros lugares de interés cultural.

El 1 de mayo de 1974, en el Manhattanville College, Purchase, New York, ofreció una conferencia en inglés de la cual desafortunadamente, sólo se conservan los temas sobre los que habló[9]. Invitada por la profesora Marta de la Portilla, compartió con las alumnas de los cursos de español sus recuerdos de Juan Ramón Jiménez y Zenobia Camprubí, que tienen el indudable valor de su intimidad. Con Zenobia tenía mucho en común; Elena la describía como una persona muy activa, dinámica y cordial, que con su capacidad para resolver los problemas materiales, su comprensión y su serenidad, facilitaba, en gran medida, el que Juan Ramón pudiera entregarse a sus labores intelectuales. Durante el tiempo en que el poeta y su esposa vivieron en Cuba, Zenobia iba semanalmente, con Elena y las socias del Lyceum, a visitar la cárcel de mujeres de Guanabacoa para hacer labor social con las presas.

---

[9] Elena Mederos, "Mis recuerdos de Juan Ramón Jiménez y Zenobia Camprubí", notas para una charla en inglés, New York, Manhattanville College, mayo 1, 1974.

En 1975, cuando regresó Elena de México, fue a Puerto Rico, donde habló sobre la significación de la Conferencia del Año Internacional de la Mujer a la que acababa de asistir. Poco después, invitada por Edenia Guillermo Marrero, profesora del Hood College en Frederick, Maryland, ofreció en esa institución educacional una charla con el título de "Visión panorámica de la mujer latinoamericana desde el Descubrimiento hasta 1975"[10].

Todo esto indica la enorme vitalidad de su talento y sus habilidades, así como un despliegue tal de energías y acción creadora que asombra en persona cuya apariencia física ya distaba mucho de ser imagen de fortaleza y robustez. Pese a todo desarrolló muchísimas actividades, y lo que se ha mencionado hasta ahora es sólo una muestra de todo ello.

La vida en Washington

En un principio Elena y María Elena se habían instalado temporalmente en una amplia casa alquilada en las afueras de la ciudad de Washington, pero aquella no podía ser la residencia permanente pues se encontraba algo alejada de los centros importantes de la ciudad. Así, pues, Elena y su hija se mudaron a un edificio situado en el 2500 NW de la calle Q, próximo al puente de los búfalos. El apartamento escogido era claro, bien ventilado, con amplios ventanales de cristal hacia uno de los jardines. Pero pronto de allí se trasladaron a otro más grande que estaba enfrente del que ocupaban.

Elena tenía amistades y hasta familiares en Washington. Allí vivían la prima Concha Fernández, viuda de Pla, y su hija Lydia, casada con Ramón Osuna. Muchas amigas y personas relacionadas con sus intereses sociales residían

---

[10] Elena Mederos, "Visión panorámica de la mujer latinoamericana desde el Descubrimiento hasta 1975", Conferencia, Frederick, Maryland, Hood College, 1975.

en la capital: Mariada Bourgin, que entonces trabajaba en el Departamento de Estado; las delegadas de los distintos países a la Comisión Interamericana de Mujeres; Elizabeth Enochs, directora del Buró del Niño; Sara Pazos, esposa de Felipe, el expresidente del Banco Nacional de Cuba; Ana María Cueto, que había sido alumna de la Escuela de Servicio Social y a la que le había bautizado un hijo, y otras muchas personas que, tan pronto supieron de su estancia en Washington, se pusieron en comunicación con ella.

Elena era una persona sumamente sociable que, a pesar de sus múltiples ocupaciones, siempre había dispuesto del tiempo necesario para compartir con sus amistades, no sólo interesándose por sus problemas, sino a veces simplemente por el placer de estar con ellas, por un ameno conversar con quienes le eran afines. En New York, cuando se encontraba sumergida en su labor con el UNICEF, solía utilizar la hora del almuerzo para invitar a tal o cual amiga y aprovechar la oportunidad de cambiar impresiones y platicar con ella, aunque Elena no era persona que hablara excesivamente. A veces, cuando tenía limitaciones de tiempo, podía parecer parca y hasta seca, pero cuando disponía de un rato, disfrutaba compartiendo con los demás. Y la palabra "compartir" tenía el cabal significado de la doble participación. Elena dominaba el arte de la conversación, esto es, hablar y escuchar. Así que no es de extrañar que contara con un amplio círculo de amistades, a pesar de sus múltiples actividades. Tenía una gran capacidad de relación y de comunicación.

Esta fue una época en la que Elena sufrió penas familiares. El 26 de agosto de 1971 murió su sobrina Elena Pujals. Además, y a pesar de la constante actividad que la mantenía ocupada, había en Elena, por entonces, una constante preocupación por su prima Lillian, que padecía una grave enfermedad, que se exacerbó después de una delicada operación quirúrgica.

El año 1973 tampoco se presentaba bien. El 3 de junio comentaba que la prima Concha estaba en el hospital con dos vértebras fracturadas y sufriendo dolores intensos.

Pero la preocupación por Lillian seguía siendo dominante en su pensamiento. Durante los 7 años que ésta iba a vivir después de la penosa operación, Elena fluctuaría entre la esperanza de optimistas remisiones de la enfermedad y los síntomas de retroceso que las seguían; la ambivalencia de querer estar junto a la prima querida y no poder hacerlo porque otros deberes la retenían lejos; la alegría de las reuniones cuando los males le permitían a Lillian viajar o cuando ella, sustrayéndose a sus quehaceres, disponía de algún tiempo para visitarla en Chicago. No quería, sin embargo, parecer afectada y, por lo tanto, proseguía en sus labores diarias sin que muchos se dieran cuenta de lo que llevaba por dentro. Pero de todo ello ha quedado testimonio en su correspondencia, en las palabras que escribió periódicamente a manera de desahogo emocional. A veces se trataba de frases intercaladas en cartas que se referían a diferentes asuntos; otras, la carta entera se iba en detalles sobre el estado de la enferma. Puede seguirse el hilo de su pensamiento durante todo ese período de altas y bajas, de esperanzas y crueles realidades, de esfuerzos por estar en una y otra parte a la vez, de angustiosa impotencia ante lo irremediable.

Entre más de una veintena de cartas en las que hace referencia a la enfermedad de Lillian, hay dos que resultan de sumo interés, ya que muestran cuán afectada se encontraba. Desde Chicago, a donde había viajado a pasar dos semanas con ella y de paso para facilitar el que la familia pudiera tomarse unas vacaciones, escribía:

> Te alegrarás de saber que he encontrado a Lillian mucho mejor de lo que anticipaba, con energía suficiente para andar, tener algunas actividades, comer bien y, además, no tener dolores. Creo que de no surgir un problema nuevo, podré pasar una temporada agradable, descansando, sin mayores tensiones y con la sensación de resultarle útil a la familia en general y a Lillian en particular. Siempre en estos últimos años, he tenido cierto complejo de culpa de

que les dediqué a mis padres menos tiempo para atenderlos en los últimos años de sus vidas de lo que debí haber hecho y ahora tengo alguna satisfacción en hacer por Lillian, lo que debí haber hecho por ellos[11].

Cuando el final de la enferma era inminente, Elena pudo llegar a tiempo para verla y hablar con ella. Esta última visita fue para Lillian un gran consuelo. Pocos días después del deceso, ya de vuelta en Washington, Elena dejaba escapar su dolor:

> He tratado de aturdirme para no dejarme deprimir por el cúmulo de recuerdos de toda una vida que en tantos aspectos he compartido con Lillian. Y, sin embargo, le hace a uno falta recordar. Me siento un tanto culpable de no haber compartido más con ella en estos últimos tiempos. En estas Navidades pensé ir a Chicago en lugar de ir a la Florida a estar con Romelia. En fin, en la vida no cabe la marcha atrás. Por lo menos me alegro de haber pasado unas últimas horas con ella... He recibido muchos mensajes y cartas de amigas lyceístas[12].

"Le hace falta a uno recordar", sobre todo si los recuerdos son felices como lo eran en el caso de Lillian y Elena, que desde niñas habían compartido emociones, alegrías e intereses, habían proyectado juntas muchas cosas, habían tenido las mismas amistades y relaciones sociales, se habían casado con hombres que, afortunadamente, pudieron congeniar y ser buenos amigos. Sí, Elena no podía dejar de recordar.

> ¿Recuerdas el pollo que hizo Lillian cuando ustedes dos me acompañaron a instalarme en aquella primera casa en que fui a vivir a Washington?...

Los tres motivos apuntados por ella anteriormente —el retiro, la mudada y la operación de Lillian—, en un prin-

---

[11] Elena Mederos, carta a M.L.G., marzo 27, 1975.
[12] Elena Mederos, carta a M.L.G., febrero 7, 1977.

cipio la hicieron sentir como si su mundo fuera derrumbándose de nuevo, pero afortunadamente, como en casi toda vida humana, hubo un acostumbrarse a vivir con su circunstancia, con la consiguiente serenidad y la recuperación del equilibrio emocional. Elena tenía, a su favor, una gran reserva espiritual.

A más del intenso ritmo de actividad que comprendía desde los viajes en representación del UNICEF, las traducciones y el volumen de una correspondencia tan abundante que la obligaba a tener la pluma en la mano incluso cuando iba en avión, en tren o estuviera en la sala de espera del médico; a más de un constante servir a unos y otros y ocuparse de su casa, Elena no dejaba de dedicar a María Elena los cuidados que toda madre tiene para con su hija. Puede afirmarse que en el orden de prioridades de esta mujer ocupada en tantos menesteres diferentes que le interesaban y a los que se daba con generosidad, María Elena ocupaba el lugar primero. A Elena se le iluminaban los ojos cuando María Elena llegaba a la casa y tenía para ella las más afectuosas y delicadas palabras, privilegio de la hija no compartido con nadie. Estas expresiones de afecto jamás alcanzarían los exagerados extremos que suelen ser características del temperamento latino, ya que ninguna de las dos era aficionada a las demostraciones externas: la expresión de este cariño se evidenciaba en actitudes de mutua comprensión, en intercambio de ideas, en un afectuoso interés por cuanto concernía a cada una de ellas. Por las noches, cuando descansaban, la hija de su trabajo y la madre de su intenso trajinar en diversas actividades, las dos conversaban y se contaban sus mutuas experiencias o problemas. María Elena, que en Cuba, a más de su carrera de Ciencias Físico-Matemáticas, había hecho estudios de Trabajo Social, quizás para así mejor comprender a su madre, se interesaba por todas las actividades de ésta. Como había hecho su marido Hilario en su oportunidad, las acogía con generosidad, sin exigir de Elena una total dedicación a ella; por el contrario, respetaba la vocación de servicio de su madre y le daba, en todo momento, su apoyo y estímulo. Elena, a su vez, aunque el campo de las estadísticas, especialidad de la hija, le resultaba muy abstruso y, en cierto modo, ajeno a sus propios intereses, procuraba entender y mantenerse al tanto de los progresos de Mari, como ella la llamaba, sintiendo gran complacencia en los éxitos que iba logrando en su profesión.

A pesar de los altibajos emocionales por tantos acontecimientos, Elena encontraba tiempo para mantenerse al tanto, por correo o por teléfono, de sus muchas amigas, especialmente las lyceístas esparcidas por distintas localidades. Siempre mantuvo estrechos vínculos con sus amistades de toda la vida, aunque vivieran separadas por la distancia; pero así también constataba la labor del tiempo y la enfermedad inexorable con todas aquellas amigas que formaban parte de su generación. En una carta comentaba la muerte de Camila Henríquez Ureña acaecida en la República Dominicana. Se preocupaba constantemente por la salud de Haifa, que aún se encontraba en Cuba. Pasaba a otras amigas una carta de Coca Lavedán recibida desde La Habana. La conmovía, muy especialmente, la enfermedad de Serafina Lastra, en Miami, tan sola y con un cáncer en la garganta y un avanzado enfisema que requería tener el oxígeno al lado y pasar largas temporadas en el hospital; cuando estaba en la Florida buscaba el modo de ir a visitarla. También en sus cartas se refiere a muchas otras colaboradoras del Lyceum: Nena Planas, tan responsable, en quien descansaba cuando se trataba de alguna misión lyceísta y en cuya casa paraba cuando iba a estar algunos días en Miami; Julieta Secades, de quien Hilda Perera escribió en una ocasión que parecía "como si un Greco redivivo hubiera añadido a sus ojos la luminosidad trasmutada en alegría inmarchitable"[13]; Ascensión Zapata,

---

[13] Hilda Perera, "Cincuentenario del Lyceum", *Diario Las Américas*, Miami, febrero, 1979.

hospitalizada y grave en Barcelona; Evangelina Hernández, con los pulmones maltrechos, siempre afectuosa con todos y resignada con la voluntad de Dios; Elia Rosa Fariñas, tan frágil que parecía un junco a punto de romperse y a la que escribía sobre cuadros de pintores cubanos; Martha de Castro, que le había pedido la colección de vistas fijas de las pinturas de Amelia Peláez; Ada López, en Málaga, con sus recuerdos de Windsor, su esposo, y de la inolvidable Nana, su madre; Teté Álvarez, compañera de la adolescencia, atormentada por los nervios, de la que en Cuba se había ocupado como si fuese una hermana; Cucu Pacetti, eficiente administradora del Lyceum hasta que lo tomó el régimen comunista; Nenita Roca y Otilia Ruz, quienes con tanto cariño la acogían en su apartamento cuando iba a New York; Rosario Rexach y Celia Estrada, en cuyas respectivas casas paró también algunas veces… y, sobre todo, Gertrude Lomnitz, María Pintado de Rahn y Emelina Díaz de Parajón: con Emelina sostuvo la más extensa e íntima correspondencia de toda su vida, cientos y cientos de cartas en las que se vertía emocionalmente[14].

La última batalla

Era en Washington donde iba a encontrar la vía para dar su última y definitiva batalla por su tierra sojuzgada, sus compatriotas sufrientes y, sobre todo, los presos políticos maltratados y humillados en las prisiones de Cuba. No iba a ser una vía fácil la que se abría ante ella, sino una vía de amargura infinita y de dolor constantemente renovado al adentrarse día a día en ese infierno dantesco que es el presidio político en Cuba.

---

[14] Desgraciadamente, nada queda de esta correspondencia que fue destruida por la propia Emelina.

Los retos, cualquier reto que se le presentara, habían sido siempre para ella un acicate. Pero uno que la enfrentaba a la espantosa realidad imperante en Cuba, la renovaba y le proporcionaba frescas percepciones para enfocar los hechos y actuar sobre ellos fue el reto de luchar por los presos políticos. Hasta este momento, sus luchas pasadas habían contado con la aprobación o la aquiescencia hasta de los más indiferentes: el trabajo por una infancia, en cualquier país del mundo, sana, feliz, sin miseria ni explotación; por el desarrollo integral de la mujer y la posibilidad del ejercicio de todas sus facultades, deberes y derechos; así como otros temas sociales que necesitaban, también, el esfuerzo común. Pero esta lucha era diferente: era una batalla desigual en la que pugnaban intereses internacionales, en un mundo en el que no todos concebían los derechos humanos de igual manera y no se entendía que la violación de uno de ellos es tan digna de repudio cuando se comete bajo una tiranía comunista o bajo un régimen dictatorial de derecha. Pero Elena tenía la decisión y las fuerzas necesarias para combatir esta flagrante contradicción que, por aquel entonces, imperaba en los altos círculos gubernamentales de los Estados Unidos. Liberada ya de los menesteres de la subsistencia y de los lazos que la ataban como obligación oficial a una actividad que había llenado su aspiración de servir a la niñez desvalida, dedicaría lo que le quedaba de vida a la defensa de aquellos que la opinión pública, la prensa y los organismos internacionales mantenían en el olvido: los habitantes del Gulag cubano. Ellos constituían el más demoledor testimonio de cómo un régimen totalitario, inhumano y cruel, con la cómplice pasividad de un mundo confundido e indiferente, violaba con impunidad las libertades fundamentales que son consustanciales de la esencia humana y con los principios morales y legales reconocidos como norma en la Declaración Universal de Derechos Humanos proclamada por las Naciones Unidas.

Desde su llegada a Washington, Elena había comenzado

a relacionarse más activamente con personas y grupos que, de una u otra forma, manifestaban su interés por la situación de Cuba y sus millares de presos políticos. Se encontraba unida por antigua amistad con Mariada Bourgin, que residía también en Washington desde su salida de Cuba, donde había vivido largo tiempo. Por años, Mariada había estado al frente del Cuban American Friendship Committee, que defendía la causa de Cuba en la Casa Blanca, en el Departamento de Estado, en el Pentágono y en donde quiera que fuese necesario. Durante la época en que Elena vivía en New York, se mantuvo en contacto con la amiga norteamericana. Cuando ocurrió su traslado a Washington, una de las primeras cosas que hizo fue ponerse en contacto con ella, quien por ese entonces trabajaba en el Departamento de Estado, con el fin de cambiar impresiones y ver en qué podía ser útil a la causa de Cuba. Durante toda la etapa de la vida de Elena en Washington, este contacto se mantuvo vigente.

Desde el principio también se relacionó con cuantas personas y grupos representaran posibilidades de acción o pudieran darle información valiosa sobre los presos. Procuraba asistir a los actos organizados por cubanos y acudía a ofrecer su colaboración dondequiera que la pensara provechosa o conveniente.

Pero ahora Elena se entregaba plenamente a ésta, su última batalla. Se abrazaba así, definitiva y desesperadamente, a una causa de la que jamás había estado alejada, pero a la que las circunstancias dominantes le habían impedido, hasta el momento, dedicarse en cuerpo y alma. Dejado atrás todo lastre que pudiera obstaculizar la total y absoluta vinculación, se abocaba a una empresa difícil y frustrante en la que iba a encontrar, en choque con la áspera realidad, escollos y alguna que otra incomprensión o decepción. Nada, sin embargo, podía desanimar a quien había pasado décadas superando dificultades en la lucha por lograr el respeto a la dignidad humana en todos los órdenes.

Algunos piensan que la única razón de que Elena se envolviera en esta causa había sido la situación de su sobrino José, que sufría una condena de 30 años impuesta por el régimen comunista. Creer esto sería desconocer la vida entera de una persona de generosidad extrema para la que "desfacer entuertos" fue, según acertada expresión de Uva Clavijo, "un programa de vida"[15]. Así, aunque el querido José no hubiera figurado entre las víctimas del sistema, Elena se habría involucrado y luchado con denuedo por la causa de los presos políticos. Siempre antes lo había hecho por las causas justas que herían especialmente su sensibilidad, entregándose, no una sino muchas veces, a la búsqueda de solución o alivio para los problemas de sus semejantes, sin que la motivara a ello algún interés egoísta. Desde luego que, en este caso, a más de su sentido de equidad y humanitarismo, la situación de José, parte de la tragedia del presidio político en Cuba, tenía que afectarla en lo más profundo: un ser de su propia sangre que se consumía en el inmundo cubículo de un "plantado" tenía que constituir una razón más para empujarla a la acción. Pero su lucha fue a favor de todos los presos políticos de Cuba.

Cuando muchos años después del inicio de esta batalla, asistió a la reunión de Amnesty International, hizo gestiones específicas en Londres, París y Madrid por tres presos: Eleno Oviedo, que había sido apresado en territorio británico; Armando Valladares, que se encontraba en su silla de ruedas y por el que logró que se interesaran el cineasta cubano residente en París, Eduardo Manet y el dramaturgo español, también en París, Fernando Arrabal; y Eloy Gutiérrez Menoyo, español por nacimiento. En cuanto a *Of Human Rights,* el caso más destacado en esta publicación iba a ser no el de José Pujals, sino el de Huber Matos.

---

[15] Uva Clavijo, "El legado de Elena Mederos", *Diario Las Américas,* Miami, enero 3, 1985.

Por otra parte, José no lo hubiera permitido, ya que siempre hizo saber a sus familiares su deseo de que no se realizara ninguna gestión individual por él, sino por todos los que se encontraban en su misma situación.

Era la misma postura que asumirían después 138 presos, entre los que se encontraba José, firmantes de una declaración conjunta cuando se trató del llamado "Diálogo" iniciado por Fidel Castro, con la aquiescencia de algunos en el exilio, para poner en libertad a determinados presos[16].

Aunque Elena ahora vivía en Washington, intensificó los contactos que en este terreno había comenzado en New York.

A María Luisa Matos, a quien conocía desde Cuba, la visitaba siempre que podía y juntas emprendieron muchas gestiones en favor de la causa común. Lo mismo hacía con Roberto Fernández, representante del International Rescue Committee, institución que tenía *status* consultivo con las Naciones Unidas; y con Hanna Grunwald, representante de Amnesty International en EE.UU. También estaba en contacto con Frances Grant, secretaria ejecutiva de la Inter-American Association for Democracy and Freedom. Ms. Grant había dedicado su vida a combatir las tiranías, tanto de derecha como de izquierda, y las relaciones de Elena con ella fueron bastante estrechas. Amiga de todos los demócratas de América, luchó contra Batista, a quien desafió en la propia Cuba donde organizó una Conferencia a nombre de la democracia y la libertad, y su oficina de New York fue, además, refugio para quienes lo combatían; luchó contra Pérez Jiménez en Venezuela y contra Trujillo en la República Dominicana: este dictador llegó a temer tanto a Frances Grant que ordenó su eliminación junto con la de Jesús Galíndez. La resonancia internacional del caso Galín-

---

[16] El texto de esta carta, traducido al inglés, fue dado a conocer por primera vez por Of Human Rights, que lo proporcionó a la prensa.

dez permitió a Frances Grant escapar al destino similar que el dictador dominicano le había deparado[17].

La correspondencia de Elena durante esta época ayuda a seguir el ritmo de sus actividades:

> Tenía muchas cosas que contarte, una última carta de Chacho [su sobrino José,] posibilidades o ilusiones sobre posibilidades que alimentan algunos por acá de canje de prisioneros entre Chile y Cuba...[18]
>
> No me resultó posible llamarte antes de partir [de New York]. Estuve pendiente hasta el último momento sobre si convenía que me quedara porque se fuese a tratar el caso de Cuba en la Comisión de Derechos Humanos. Al fin decidí no prolongar más el viaje porque tenía y tengo muchas cosas pendientes aquí[19]...
>
> Como es natural, estoy al tanto de lo que pueda producirse en cuanto a Cuba y los Estados Unidos que parece no va a demorar...[20]
>
> Anoche lo llamé [a Francis Pujals] por teléfono para saber si había una carta reciente de Chacho que pudiera enseñarle a la madre de uno de los auxiliares de Kissinger, quien me llamó para invitarme a almorzar el 4 de marzo y me pidió le tuviese la mayor cantidad de información sobre los presos políticos cubanos. Le pedí a María Luisa Matos copia de una carta que recibieron, ella cree, de la galera en que está Chacho... Todas estas gestiones probablemente son esfuerzos inútiles, pero uno se siente obligado a realizarlos[21].

---

[17] En los tres primeros números de *Of Human Rights*, el cuerpo editorial aparece constituido por F. Calzón, Elena Mederos González, Claudio Benedí, Gerardo Mora y Uva Clavijo. Pero en el vol. II, núm. 2, hay un cambio en el cuerpo editorial que aparece constituido por Elena Mederos como editora, asistida por los miembros de la Junta de Consejeros, entre los que se encuentra Frances Grant.
[18] Elena Mederos, carta a M.L.G., octubre 9, 1973.
[19] Elena Mederos, carta a M.L.G., mayo 8, 1974.
[20] Elena Mederos, carta a M.L.G., septiembre 11, 1974.
[21] Elena Mederos, carta a M.L.G., febrero 25, 1975.

Ayer hablé por teléfono con Hanna Grunwald, la representante de Amnesty International en los Estados Unidos, quien me había informado antes que Amnesty había designado a Huber Matos el preso del mes y quizás, posteriormente, lo señalaran el preso del año. Esto tiene la ventaja de que se da a conocer mundialmente la situación de los presos políticos cubanos. Con motivo de que uno de sus dirigentes ha obtenido el Premio Nobel de la Paz, Amnesty le da una comida importante en New York, el 13 de mayo. La organización ha invitado a María Luisa Matos y a su hijo, y Hanna me preguntó si yo asistiría si me invitaran. Yo le dije que sí[22].

También en la prensa hay alguna que otra mención a sus actividades. El *Diario Las Américas,* por ejemplo, publica que el miércoles 9 de julio de 1975 se efectuó en la Cámara de Representantes de los Estados Unidos, una Sesión Conjunta de las Subcomisiones de "Organizaciones Internacionales" y de "Comercio Internacional", con el fin de tratar de la situación de los derechos humanos en Cuba.

Según cuenta Humberto Medrano:

> Coordinador de estos esfuerzos lo fue otro cubano de excepción, Alfredo Cepero, periodista, escritor, poeta, brigadista y presidente de la Casa Cuba. Cepero coordinó esfuerzos con otros cubanos de Washington, entre ellos la docta y luchadora Elena Mederos...[23]

Of Human Rights

En algún momento durante este período, probablemente a principios de 1974, Elena conoció a un joven, Jorge Sosa, que era presidente de la Asociación de Estudiantes

---

[22] Elena Mederos, carta a M.L.G., abril 10, 1975.
[23] Humberto Medrano, "Un esfuerzo más", *Diario Las Américas,* Miami, julio, 1975.

Cubanos de la Universidad de Cornell, quien la invitó a dar en la universidad una charla sobre Cuba y los presos políticos[24]. Sosa, que era amigo de Frank Calzón, presidente de la Asociación de Estudiantes Cubanos de la Universidad de Georgetown, le sugirió que se pusiera en contacto con Elena. Éste la llamó varias veces y, al fin, fue a visitarla para invitarla a que asistiera a algunas de sus actividades. Así empezó la relación entre la vieja luchadora, llena de experiencia aunque con espíritu de joven, y el estudiante, lleno de ideales aunque quizás algo bisoño todavía en el arte de organizar y dirigir. Maestra y discípulo acababan de encontrarse. El resultado de este encuentro y de la combinación de sus esfuerzos iba a ser la creación de Of Human Rights, organización a la que Elena entregó cuanto le quedaba de vida.

Of Human Rights, destinada a exponer al mundo los horrores del presidio político en Cuba en su más cruda y desgarradora realidad, no nació de pronto, sino que fue el resultado de un proceso evolutivo. Después de la primera visita que Frank Calzón hiciera a Elena, ésta asistió a algunas de las actividades organizadas por los estudiantes cubanos de la Universidad de Georgetown. He aquí los hechos como los cuenta Calzón:

> Nos reunimos varias veces y ella invitó a algunos estudiantes a visitarla. Más adelante, en varias ocasiones, participó en paneles sobre Cuba. En una oportunidad, Elena habló específicamente sobre "La mujer en Cuba". En general, comenzó a participar en forma activa en nuestras tareas. Durante esta etapa, la Asociación de Estudiantes Cubanos se convirtió en una delegación de la Agrupación Estudiantil Abdala y Elena continuó participando en las actividades de la misma que incluían conferencias sobre Cuba, reuniones semanales del grupo de estudiantes, reuniones más amplias con cubanos del área, manifestaciones,

---

[24] No se conserva copia de esta charla.

piquetes frente al Departamento de Estado, la embajada soviética, etc.

Al separarse nuestra Asociación de Abdala, cuando ésta redefinió su estructura fuera del ámbito universitario, continuamos trabajando con cubanos del área. Poco a poco nos dimos cuenta de que el problema de los derechos humanos en Cuba no recibía atención por parte de las organizaciones de derechos humanos de los Estados Unidos, y de la necesidad de recopilar información sobre los derechos humanos en la Isla y específicamente sobre la situación de los presos políticos como un primer paso para dar a conocer la verdadera situación cubana.

Hubo varias reuniones sobre la situación de los presos políticos cubanos en las que participaron cubanos del área, entre ellos Alfredo Cepero, presidente de la Casa Cuba; Oilda del Castillo, por los demócratas cristianos; Ramón Mestre, entonces presidente de la Asociación de Estudiantes Cubanos de Georgetown University; Gerardo Mora; Claudio Benedí; Manolo Alonso y otros. De aquellas reuniones iniciales, incluyendo una citada especialmente por Alfredo Cepero en su casa de Virginia para tratar de coordinar las diversas gestiones en favor de los presos políticos, surgió la creación de un Comité Gestor y la preparación de una carpeta donde se recopilaron, en más de 300 páginas, los artículos que existían, los informes de grupos internacionales, etc.

En aquel Comité Gestor se incorporaron otras personas: Uva Clavijo, Violeta Mora y un grupo de voluntarios y voluntarias... Por aquel entonces los profesores cubanos de Georgetown no participaban activamente en las labores del grupo, aunque sí lo hacían algunos profesores norteamericanos que tomaron parte en una serie de conferencias, entre ellos Jeane J. Kirkpatrick, que enseñaba Ciencias Políticas, y James D. Theberge, del Centro de Estudios Estratégicos, más tarde embajador de los Estados Unidos en Chile y Nicaragua. Después, el profesor cubano Luis Aguilar León participó en algunos programas[25].

---

[25] Frank Calzón, testimonio personal.

En su relato sobre la fundación de Of Human Rights, Frank Calzón no cita fechas. Se sabe, por lo menos, que las reuniones preliminares debieron haberse efectuado entre 1974 y 1975. Ya en febrero de 1975 Elena se refería a ellas:

> Te estoy escribiendo en la Universidad de Georgetown mientras espero a que lleguen los invitados a una junta de "activistas" cubanos en función de los presos políticos. Son las ocho menos cinco y aún no ha llegado nadie a la junta citada para las 8 p.m....
> Termino la mañana siguiente. La junta se celebró y quedé encargada de traducir lo que Medrano lleva para presentar en Ginebra[26].

Todavía no hacía mención de Of Human Rights y ni tan siquiera nombraba al Comité Gestor, sino que se refería a un grupo de "activistas" cubanos, por lo que es de suponer que la creación del Comité fue posterior a la fecha de la carta.

Cuenta Calzón:

> Constituido el Comité, una de las primeras actividades fue la preparación de un prospecto donde se explicaban los fines de la Organización. Cada uno de los miembros del Comité invitó a alguna persona amiga para que se uniera al grupo... Algo más tarde fueron incorporándose Gerardo Canet, Filiberto Agusti, Armando Lago, así como cubanos de otros Estados: José Salazar en Boston; Humberto Medrano, Guillermo Martínez Márquez, Carlos Márquez Sterling, Tulio Díaz Rivera y otros en Miami; Eduardo Zayas Bazán en Tennessee; Carlos Alberto Montaner en España; Leví Marrero y Anita Arroyo en Puerto Rico[27]...

El Comité Gestor, ya en plena actividad, fue transformándose en Of Human Rights. Muchos años más tarde, casi al final de su vida, Elena contó a Gerardo Canet:

---

[26] Elena Mederos, carta a M.L.G., febrero 25, 1975.
[27] Frank Calzón, testimonio personal.

Queríamos dar una visión fiel de la realidad de Cuba, del desenvolvimiento del régimen, de la vida de la población, de sus dificultades, necesidades más sentidas, etc. Y, naturalmente, queríamos deshacer el mito de la benevolencia castrista, de la preocupación por el bienestar del pueblo y, sobre todo, de la situación de los presos políticos. Para cumplir este propósito nació Of Human Rights a principios de 1976 aunque la primera publicación no salió hasta enero de 1977[28].

Sobre el nombre de la organización surgieron algunas controversias. Hubo quien opinaba que era incorrecto gramaticalmente. Pero al fin prevaleció y pronto se vio que iba siendo aceptado de manera general, convirtiéndose en lema de los que luchan por los derechos humanos. La primera directiva de Of Human Rights estuvo integrada por Elena Mederos como presidenta, Gerardo Mora como tesorero, Frank Calzón como director ejecutivo y un grupo de vocales.

El relato de Frank Calzón continúa dando detalles de los progresos de la organización que nacía por la voluntad, el tesón y la donación de tiempo de quienes le dieron vida, pero que carecía de local y de dinero para realizar sus funciones. No obstante, el patriotismo, la calidad humana y el deseo de los que la integraban de hacer algo en favor de los oprimidos del castrocomunismo, suplían todas las carencias. Había que establecerse en algún lugar: pues ahí estaba la casa de Elena; había que conseguir dinero: pues Elena, que jamás había pedido donaciones de este tipo, las pediría ahora y no sólo a las personas amigas sino también a las que no conocía. Solicitaba la colaboración económica "con la seguridad de que le gustará apoyar este esfuerzo". Además de este llamado a la conciencia de cada cual, el toque personal era importante. Comenta Uva Clavijo:

---

[28] Gerardo Canet, "Con los comunistas no es posible el diálogo, dice Elena Mederos", entrevista, *¡Bravo!*, Miami, abril 23, 1981.

Por años y hasta pocas semanas antes de su muerte, la vi firmar personalmente cada carta que salía de Of Human Rights y añadir, de su puño y letra, alguna nota[29].

He aquí los recuerdos de Frank Calzón sobre esta primera etapa:

> ... los voluntarios y voluntarias escribían las cartas a máquina y venían a casa de Elena donde la mesa del comedor se convertía en mesa de trabajo. Las listas de direcciones que se comenzaron a organizar enseguida incluían periodistas, miembros del Poder Ejecutivo y del Congreso, gobernadores, obispos cubanos en otros estados y demás, ocupaban todas las superficies, incluso la cama de Elena, hasta tal punto que para no desorganizar el trabajo, Elena acabó durmiendo, en alguna ocasión, en el sofá de la sala.
>
> Por aquel entonces, la Asociación de Estudiantes Cubanos de Georgetown logró conseguir una pequeña oficina en el segundo piso del viejo edificio O'Gara en el recinto universitario. La oficina de los cubanos permanecía abierta todas las noches[30].

Llevados a cabo los trámites necesarios, tales como la redacción de los estatutos, la formación de una corporación y su constitución legal, los miembros de Of Human Rights convinieron en la necesidad de editar una publicación en inglés que informara a las autoridades y al pueblo norteamericano, en su propio idioma, los increíbles detalles de la situación cubana. Se hacía necesario contrarrestar la intensiva propaganda pro-castrista que, descubierta a veces y encubierta las más, contribuía a mantener la ignorancia sobre la verdadera realidad que se confronta en Cuba.

Uva Clavijo explica los detalles del empeño:

---

[29] Uva Clavijo, "El legado de Elena Mederos", trabajo citado.
[30] Frank Calzón, testimonio personal.

Consideraron estos exiliados en la capital norteamericana que uno de los mayores problemas que confrontaban era la credibilidad... La solución era, pues, lograr que fueran otras voces más autorizadas que las nuestras las que informaran sobre el caso nuestro.

Había también que pensar en el enfoque, la dirección que tendría este informe. Tras una larga sesión, se acordó que el folleto trataría exclusivamente el asunto de la violación de los derechos humanos, y el de los presos políticos, puesto que han sido éstos los más sufridos en el doloroso proceso de las últimas décadas. Además, el presidio político —consideraron los cubanos— sería el tendón de Aquiles de la tiranía de Castro.

Faltaba aún una importante consideración. Con los recursos tan escasos del grupo y el número tan inmenso de los habitantes de este país, ¿cómo llegar a causar un impacto? ¿Qué fuerza podría tener una tirada de 5.000 folletos en un país de 200 millones de habitantes? La respuesta era llegar a aquellos que forman la opinión pública y conducen la política: periodistas, miembros del Senado y la Cámara de Representantes, funcionarios gubernamentales, profesores universitarios, bibliotecas, grupos de presión, organismos internacionales.

Al mismo tiempo se hicieron contactos con la prensa y se logró que se publicaran, en importantes voceros, certeras informaciones sobre el presidio político cubano.

Los meses transcurrieron. Pasó casi un año. Fue fortuita la demora. El primer ejemplar de *Of Human Rights* apareció en enero de 1977 coincidiendo con el estreno de una nueva administración demócrata y el enarbolamiento, por parte del presidente Carter, de la política de derechos humanos. Por primera vez, en muchos años, se hablaba en la capital de los Estados Unidos sobre los derechos humanos en Cuba y gracias al esfuerzo de un grupo de exiliados, los periodistas y gobernantes tenían como referencia una publicación que trataba el asunto con seriedad y fundamento. De enero de 1977 a la fecha, la labor de *Of Human Rights* ha aumentado considerablemente. Se han publicado cuatro ediciones, cada uno superando al otro con respecto al número de ejemplares impresos y a la hondura de las informaciones y seriedad de las fuentes[31].

A medida que *Of Human Rights* fue creciendo y la tirada de 5.000 ejemplares se amplió a 10.000, resultaba imposible seguir funcionando en casa de Elena y en la Asociación de Estudiantes Cubanos de Georgetown. Se alquiló, pues, un pequeño local en la Avenida Vermont y la calle K, que servía como centro de operaciones. De aquí, la organización se trasladó a otro local situado en el número 1346 de la Avenida Connecticut. Como este local era muy pequeño, cuando llegaba el camión con las cajas de la publicación, había que guardarlas en las oficinas del Dr. Gerardo Mora, tesorero de Of Human Rights, que estaban en el mismo piso. Para organizar los envíos, los voluntarios venían después de las horas de oficina o durante los fines de semana cuando los pasillos estaban desiertos y podían utilizarse para trabajar en ellos; se colocaban sillas a modo de mesas y con el material sobre ellas, se pegaban las etiquetas en los sobres y se preparaban los sacos para el correo.

Como había resultado en la labor lyceísta, esta también fue una obra de conjunto, de grupo. Quizá si uno de los valores más significativos de Elena fuera su habilidad para entusiasmar, aglutinar y poner a trabajar a todo un equipo de personas en una causa común. Tenía un don especial para concertar voluntades y hacer que individualidades disímiles pudieran trabajar conjuntamente en un determinado proyecto. Pero si Of Human Rights, como en su oportunidad el Lyceum, fue el producto del trabajo y dedicación de muchas personas, hay que destacar que el alma de la empresa era Elena Mederos.

Ya la salud de Elena estaba algo quebrantada. La expresión de cansancio exterior, obvia para muchos, se compen-

---

[31] Uva Clavijo, "Of Human Rights y los cubanos de Washington", *Diario Las Américas,* Miami, 1979.

saba con una especie de dinamismo interior que era, en parte, producto de su férrea voluntad y, en parte, la íntima satisfacción de saber que, al fin, estaba cumpliendo su misión para con los presos políticos, de forma efectiva. Se concentró en esta labor de Of Human Rights y lo demás quedó subordinado a esto.

El ser humano, a medida que se acerca a la senectud, va renunciando. Ser joven es un continuo agregar de nuevas experiencias. Pero llega un momento en que hay que empezar a renunciar, poco a poco primero, más de prisa con el decursar de los años. Renunciar a sus actividades fue algo que Elena nunca pensó hacer. Desafió las leyes de la naturaleza y a puro impulso de su voluntad se mantuvo activa y absolutamente lúcida hasta los días finales. En esta época de mediados de los años setenta, Elena, embargado todo su ser en las tareas de Of Human Rights, no se disponía a ceder terreno, en ningún orden, a los imperativos de la realidad humana. De aquí, por ejemplo, que continuara manejando el pequeño automóvil VW mucho más allá de lo aconsejable.

Sobre sus experiencias manejando, contó Elena a unas amigas[32] estas deliciosas anécdotas:

Te voy a contar una cosa. Hace días puse algo a cocinar. En esto pensé en una diligencia urgente que tenía que hacer. Olvidé lo que dejaba en el fogón y salí a hacer mi diligencia. Al rato recordé lo que había dejado cocinándose y me apresuré a regresar. Como tenía temor a lo que pudiera suceder, venía a toda velocidad y no me di cuenta de que un policía me estaba siguiendo. Cuando llegué, en el momento en que me disponía a entrar al edificio, el policía atravesó su auto delante del mío, se bajó y me amonestó: "Señora, la vengo siguiendo desde hace rato, usted no se ha detenido ante las señales de parada y hasta ha cruzado una calle con la luz roja. ¿No se da cuenta del

---

[32] La autora de este trabajo y su sobrina Teresita Guerrero.

peligro que ha corrido? Podría haber provocado una catástrofe".

A esto yo contesté: "Mire, oficial, la catástrofe va a ocurrir si no permite el paso porque he dejado algo olvidado en la candela y he corrido tanto y hecho todas esas cosas que usted dice, para evitar que haya un fuego en el edificio".

El policía, muy apurado mientras se dirigía a quitar su auto, me dijo: "Oh, vaya, vaya enseguida y vea si puede impedir que suceda algo grave".

Afortunadamente llegué a tiempo y no me puso multa.

Pero esto no es todo. Otra vez iba a mayor velocidad que la permitida porque tenía que llegar a tiempo a una entrevista que era importante. Pues bien, un policía me interceptó y me pidió mi licencia. Yo procuré poner mi expresión más ingenua y le pregunté qué sucedía. ¿Qué sucede?, me dijo mirando la licencia. ¡Señora, si usted sigue conduciendo en esta forma no va a llegar al siglo! ¿Se da cuenta de la velocidad a que venía? Me costó trabajo alcanzarla". "Sí, oficial —le contesté—, ya sé que había bajado mi pie sobre el acelerador algo más de lo debido, pero es que iba a llegar tarde a una entrevista y a mí me gusta ser puntual. Así que, por favor —y le dediqué mi sonrisa más cautivadora—, si no me deja ir voy a llegar con mucho retraso". Él se sonrió también y me dijo: "Bueno, por esta vez pase, pero vaya con cuidado y trate de no bajar demasiado su pie sobre el acelerador. Voy a ir delante de usted, no sea que en lugar de llegar tarde, no llegue nunca".

Todo esto lo contaba con la gracia despreocupada de una jovencita irresponsable. Es más, parecía gozar interiormente como cualquier chiquilla que ha hecho una pequeña travesura.

María Elena, que se había dado cuenta del descuido de su madre al respecto, no quería que manejara, sino que tomara coches de alquiler. En una ocasión le hizo creer que el automóvil estaba descompuesto. Pero ella era demasiado lista para que pudieran engañarla:

> Yo sé que no hay problema con el auto. Lo que pasa es que Mari tiene miedo a que yo maneje y busca pretextos para que desista. Yo la comprendo, es su interés por mí, pero yo me siento tan bien cuando puedo ir de un lado al otro libremente que sin el automóvil estoy como si me tuvieran amarrada.

Tiempo después, ya bastante mal de salud, acabó por ceder. Desde entonces tomaba un taxi o aprovechaba la gentileza de Ana María Cueto, quien teniendo su propio negocio y pudiendo disponer de tiempo, se brindaba a llevarla a donde ella quisiera ir. Pero esto no ocurrió sino hasta mediados de 1980.

A fines de 1974, o a principios de 1975, le diagnosticaron enfisema, enfermedad en la que los pulmones se distienden y aparecen como inflados, lo que disminuye la capacidad respiratoria del paciente que va, prácticamente, ahogándose poco a poco hasta morir. El enfisema es, por lo general, enfermedad de fumadores empedernidos; sin embargo, Elena no había fumado jamás. También ahora, al hablar de esto con las pocas personas con quienes lo hizo, quiso quitarle importancia:

> Se trata de un enfisema crónico. El médico me ha dicho que es algo que avanza muy lentamente. Es enfermedad con la que puedo vivir largos años y morirme de otra cosa. Así, no hay que preocuparse mucho.

No obstante, algo ocurrió en la primavera de 1975 que la hizo ponerse alerta.

> Yo procuraré descansar lo más posible en vista del "aviso" que me dio mi corazón o lo que fuera. Ya me estoy sintiendo bien. Creo que dentro del plazo que transcurre hasta mi próxima visita al médico, me habré recuperado por completo a pesar de que el clima washingtoniano versus cubano no es para tranquilizar a uno[33].

---

[33] Elena Mederos, carta a M.L.G., junio 23, 1975.

Poco después comentaba:

> Me estoy sintiendo mejor pero no puedo dejar de agobiarme cuando quiero hacer más de lo que puedo hacer sin cansarme[34].

Aunque no lo confesara a nadie, es muy posible que ante el "aviso" que le había dado su corazón y las dificultades respiratorias que confrontaba, se diera cuenta de que el tiempo se le iba acabando y tenía que apresurarse para hacer cuanto le quedaba pendiente.

En enero de 1976 observaba: "Estos días [de fin de año] son muy ajetreados y uno se estropea"[35].

Cuando alguien por teléfono o en persona le preguntaba por su salud, la contestación invariable era que se sentía bien. Sin embargo, el 17 de marzo se refería a algo que parecía serio:

> Además, en estos días, al regresar a Washington, iré a ver al médico que espero me diga que no es urgente me haga chequeos más profundos del riñón. Creo que te conté que el 1 de marzo tuve un cólico nefrítico, pero después me he sentido bien[36].

Así, porque según seguía diciendo a todos, se sentía bien, a más del tremendo esfuerzo de sacar a la luz el primer número de *Of Human Rights,* labor a la que se dedicaba casi por entero, la otra pequeñísima parte de sí que se reservaba no era para entregarse al merecido descanso, sino para las otras muchas actividades de las que, si bien con menor participación, no se había desprendido totalmente.

En mayo contaba que estaba preparando, para el UNICEF, la *Carpeta del Día Universal del Niño.* Y procuraba hacer este menester de traducción de forma concienzuda, con dedicación, cuidado y amor.

---

[34] Elena Mederos, carta a M.L.G., mayo 22, 1975.
[35] Elena Mederos, carta a M.L.G., enero 10, 1976.
[36] Elena Mederos, carta a M.L.G., marzo 17, 1976.

Vale decir, que a más de la satisfacción que todos estos trabajos le producían, porque le daban la oportunidad de sentirse todavía unida al UNICEF, la remuneración percibida era dedicada a engrosar los fondos que permitirían la publicación de *Of Human Rights*.

También por esta época se había involucrado en ayudar a Ana María Cueto en la confección de una guía, en español, para la ciudad de Washington. Luego se preparaba para recibir a las amigas con las que se había reunido en Arizona.

En junio ya tenía casi acabada la traducción y se proponía viajar a New York, pero lo haría después de terminar con la *Guía turística*. El viaje, además de la visita del UNICEF, suponía también gestiones, posiblemente en relación con los derechos humanos, y contactos con personas a las que pensaba ver.

> Tan pronto logre librarme de la *Guía turística,* procuraré combinar un viaje a New York en el que quiero incluir tantas gestiones que tendré que prolongarlo más de lo deseado o posible.

Hizo el viaje y al regreso, una amiga la dejó en Penn Station, en New York, para tomar el tren que iba a Washington. Por algún motivo, hubo cierto retraso y llegaron segundos antes de la partida del tren. Elena, en lugar de esperar el próximo tren, se empeñó en abordar ése. Se subió al tiempo que arrancaba y he aquí cómo cuenta esta verdadera aventura para una mujer de 76 años que no se encontraba muy bien de salud:

> Sé que estarás deseosa de saber cómo me fue en el viaje. Apelé a la solución que ya tenía prevista: sentarme en la maleta.

Del 27 de julio al 5 de agosto de 1976 representó al UNICEF en la XVIII Asamblea de la Comisión Interamericana de Mujeres que tuvo efecto en la ciudad de Miami.

En la tercera Sesión Plenaria disertó sobre los programas que el UNICEF llevaba a cabo en distintos países, con el fin de incorporar a la mujer al proceso de desarrollo.

El año 1977 iba a estar no menos lleno de actividad y sería bien ajetreado. La publicación, al fin, del primer número de *Of Human Rights,* que salió antes de la Navidad de 1976 con fecha de enero de 1977, fue su mejor regalo en las festividades. Era la realización de un sueño acariciado durante casi dos años. Nadie podría imaginar lo que ese sueño había costado en realidad. No ya sólo en el orden económico, lo que significó allegar recursos, solicitar contribuciones aquí y allá e ir constituyendo, poco a poco, un grupo de suscriptores. Aparte del aspecto económico, supuso el esfuerzo personal de todos y cada uno de los que colaboraron en la empresa.

En cuanto a Elena, hacía de todo, desde las labores más intelectuales como seleccionar el material y brindar opinión y consejo hasta realizar las más humildes tareas de mandadero; desde pedir dinero hasta poner el propio; desde escribir cartas y más cartas en solicitud de ayuda hasta escribir cartas y más cartas para dar las gracias; desde organizar los grupos de voluntarios, llamar a éste o aquél para animarlo a venir y llevar la publicación al correo, hasta hacer cualquier clase de diligencia que fuera necesaria. Uva Clavijo, que estuvo cerca de ella en esta época y la acompañó en muchas ocasiones a visitar editores de periódicos, senadores, congresistas, reporteros, sacerdotes... cuenta:

> A mí me asombraba ver a esta mujercita de apariencia frágil, desplegarse en su VW verde por las calles de Washington repartiendo y recogiendo trabajos de las voluntarias a su cargo[37].

Al contar las actividades que dieron lugar a la fundación de Of Human Rights, Frank Calzón menciona que Jeane

---

[37] Uva Clavijo, "El legado de Elena Mederos", trabajo citado.

Kirkpatrick, profesora de Política Internacional de la Universidad de Georgetown, había tomado parte en varias conferencias organizadas por los estudiantes y los cubanos interesados en la situación de los presos políticos. Así conoció Elena a la persona destinada a ser embajadora de los Estados Unidos en las Naciones Unidas, mujer de talento y acción que habría de destacarse en el escenario mundial haciéndose portavoz de la causa de la democracia y la libertad sin dejarse intimidar por los representantes del comunismo internacional, ni tampoco por las fuerzas políticas izquierdizantes de la nación norteamericana. Elena y ella habrían de hacer buena amistad.

He aquí algunos de los conceptos que Jeane Kirkpatrick expresaría sobre Elena en el acto organizado en su recuerdo pocos meses después de su muerte:

> Era bastante vieja cuando nos encontramos por primera vez y la combinación de su cuerpo frágil y su espíritu fuerte fue una de las más notables yuxtaposiciones que yo había visto jamás. Me parecía como si tuviera misteriosos e ilimitados manantiales de resistencia que la mantenían luchando y, de hecho, con delirante energía aun cuando su cuerpo iba haciéndose progresivamente más débil. Aunque envejeció, se conservó, ciertamente, joven de espíritu hasta la misma última vez que la vi poco antes de su muerte. Tenía la más admirable combinación de dedicación, determinación y generosidad.
>
> Su simultánea profunda entrega a la libertad humana y el aprecio por los seres humanos como individuos era notable. Se enfrascaba en una lucha política por las libertades individuales y su preocupación por la colectividad nunca se sobrepuso a su amor hacia los individuos y el aprecio de los problemas humanos.
>
> Pienso que era una de las personas más extraordinarias que yo he conocido[38].

---

[38] Jeane Kirkpatrick, "Tribute", *In Remembrance of Elena Mederos de González,* Washington, D.C., Georgetown University, January 23, 1982. (Traducción del inglés.)

De lo que significó la publicación de *Of Human Rights* da fe el profesor e historiador cubano Herminio Portell Vilá en un artículo publicado en el *Diario Las Américas* sobre "Los derechos humanos":

> Por fin hay un buen informe *en inglés* acerca de las atrocidades de que son víctimas los presos políticos cubanos en las cárceles de Castro...
> La Dra. Elena Mederos de González encabeza el comité editorial de este informe que, por su cuenta, se limita a decir lo indispensable y deja que las informaciones y los datos los aporten los periódicos, los documentos, los discursos y las declaraciones que se citan.
> El criterio editorial que informa la selección de los materiales publicados en "De los derechos humanos" es excelente. La Dra. Mederos de González y sus coeditores han prescindido de las denuncias sin respaldo documental. Así tenemos un poderoso enjuiciamiento *en inglés* que demuestra lo que el régimen de Castro es en cuanto a los derechos humanos, desde 1959[39].

En relación con este artículo, Elena sintió que no era ella la sola merecedora de todos los honores que el escritor le prodigaba y así lo expresó en una carta:

> El tema artículo en el *Diario Las Américas* me recuerda uno que escribió Portell Vilá sobre *Of Human Rights* en que me atribuye todos los méritos a mí, a quien pone de "editora" y hace una apología de mi vida bastante inexacta. No le aclaré los errores, sólo le agradecí la propaganda para la causa[40].

Pero si éste fue el juicio del profesor Portell Vilá sobre la publicación del primer número de *Of Human Rights,* si

---

[39] Herminio Portell Vilá, "Los derechos humanos", *Diario Las Américas,* Miami, febrero 4, 1977.
[40] Elena Mederos, carta a M.L.G., febrero 9, 1977.

su influencia en la opinión pública pudo apreciarse por las cartas recibidas y por los artículos que se sucedieron en la prensa estadounidense y europea, cumple citar las palabras con las que Miguel Sales relató, en el homenaje rendido a Elena después de su muerte, el impacto causado entre los presos políticos cubanos de la cárcel "Combinado del Este", la aparición de la revista que un familiar de un preso, a pesar de la censura carcelaria, había logrado introducir en la prisión. He aquí el hecho como Sales lo narró, con sencillez conmovedora, al público que abarrotaba el Koubek Memorial Center de la Universidad de Miami:

> Fue a través del boletín que *Of Human Rights* publica semestralmente, que quienes entonces nos hallábamos en prisión en Cuba llegamos a conocer los esfuerzos que se realizaban en el exilio en pro de nuestra excarcelación. Y si muchos de los que en aquella época estábamos en la cárcel gozamos hoy de la libertad prestada del exilio se debe, en gran medida, a las constantes denuncias que esa publicación hizo llegar a gobiernos, órganos de prensa y agrupaciones humanitarias del mundo occidental.
>
> Mi primer contacto con los resultados de esa labor humanitaria que Elena dirigía se produjo en 1977, en circunstancias muy especiales...
>
> El 10 de enero de ese año, unos 1.500 presos políticos que nos hallábamos encerrados en la fortaleza de La Cabaña fuimos trasladados al "Combinado del Este"... Las primeras semanas en el nuevo penal fueron un tanto turbulentas. Había dificultades con el agua, la electricidad y el rancho infame que nos daban a manera de comida. Apenas disponíamos de atención médica.
>
> En medio de todos esos trastornos, que integran la vida cotidiana en el archipiélago de Gulag cubano llegó el día de las visitas: dos horas escasas de contacto con nuestros familiares, una vez al mes.
>
> Algunos no pudimos asistir a aquella primera visita porque nos hallábamos castigados. Los que sí fueron regresaron un poco más entusiasmados que de costumbre. Y con sobrada razón: habían conseguido pasar hacia el interior

del penal una revista dedicada íntegramente a denunciar las violaciones de los derechos humanos en Cuba.

Se trataba del primer número de *Of Human Rights* que casi por milagro había llegado a manos de una familia amiga y luego, encontró vía clandestina para burlar la censura carcelaria.

Difícilmente podría yo darles una idea de lo que aquel ejemplar significó para nosotros. Tras largos años de incomunicación y maltratos, cuando creíamos que nuestro sacrificio quedaba anónimo y que los cubanos libres no prestaban oídos a nuestro martirio, llegaba aquella revista a decirnos que sí, que en el exilio se escuchaba nuestra voz, que nuestro calvario era estandarte que los hombres con decoro y afán de libertad hacían tremolar ante el mundo, que los cubanos no eran indiferentes a la tortura y muerte de sus compatriotas.

Creo que en el presidio cubano jamás se había producido un acontecimiento que levantara tanto la moral de sus integrantes...

Si me he extendido tanto en la anécdota ha sido —repito— para ilustrar el alcance, a veces insospechado, que tuvo la labor de Elena. Quienes aún no la conocíamos personalmente tuvimos en nuestras manos el fruto de su abnegación e inteligencia en los momentos en que más necesitábamos ese apoyo. Aquellas páginas, compiladas con amor y dirigidas a los centros neurálgicos de la opinión norteamericana, eran el mejor reconocimiento a la utilidad de nuestro sacrificio[41].

La satisfacción causada por el éxito de la publicación no iba a detener el empeño. A Elena le parecía que ahora todo sería más fácil. Al menos, eso es lo que expresó el periodista Rafael Casalins, director de la sección "Galerías" en el periódico *The Miami Herald:*

---

[41] Miguel Sales, "Elena y el presidio político cubano", *Elena Mederos de González. In Memoriam,* tributo del Lyceum en el Koubek Memorial Center de la Universidad de Miami, Elizabeth, N.J., 1982.

Afortunadamente, en estos últimos meses, después del interés que ha demostrado el presidente Carter sobre los derechos humanos, los periódicos están llenos de declaraciones de este tipo y tendremos más facilidades para encontrar esta clase de material que el año pasado cuando empezamos. Nosotros empezamos a hablar de "human rights" antes de que el tema estuviera de moda[42].

Elena suplía con su espíritu de lucha los pequeños o grandes malestares que pudieran causarle sus dolencias físicas. Nada importaba que su salud fuera decayendo cada vez más, que perdiera peso a ojos vistas, su respiración se hiciera ligeramente más dificultosa y el corazón le latiera con alteraciones rítmicas. Lo único verdaderamente importante era que la obra se llevara a cabo. Era la misión que se había impuesto, su última misión. A la hora de los recuentos, Miguel Sales comentaría:

> Porque esta mujercita frágil, de voz algo cascada por los años y ojos llenos de luz, había consagrado silenciosamente las pocas fuerzas de su cuerpo quebrantado y las inmensas de su espíritu invicto a la causa de Cuba[43].

Quien no estuviera familiarizado con las interioridades de la publicación, no podría imaginar las gestiones y esfuerzos que la aparición de otro número de *Of Human Rights* iba a requerir. En vista del éxito del primer número, se decidió aumentar las páginas de 19 a 23, y la tirada a 10.000. Naturalmente, el costo resultaba mucho mayor. El dinero de las suscripciones no era suficiente y Elena dedicaba a engrosar los fondos cuanto dinero propio podía aportar, más los pequeños emolumentos que obtenía de sus traducciones para el UNICEF. Sin embargo, faltaba mucho

---

[42] Rafael Casalins, "Un desayuno en honor de Elena Mederos", *The Miami Herald,* Miami, junio 20, 1977.
[43] Miguel Sales, trabajo citado.

más y ella trataba, por cuanto medio estuviera a su alcance, de recaudar la suma necesaria.

Un estudiante de la Universidad de Georgetown le habló de un tío suyo residente en Londres, un importante hombre de negocios. Elena le pidió la dirección y de inmediato le escribió. No dudaba en suplicar, como muchas veces hiciera Martí por la causa de Cuba, porque en este caso también se trataba de una causa sagrada y *Of Human Rights* podía ser útil a los presos que agonizaban en injusto y cruel cautiverio. Entre sus papeles no hay copia de lo que escribió, pero el caso es que el señor quedó conmovido y le pidió que fuera a verlo, en una fecha determinada, a New York, donde él mantenía una oficina a la que solía ir con frecuencia para asuntos de negocios. Elena hizo el viaje y se encontró con él. Se trataba de una persona muy importante en el mundo de los negocios, aunque virtualmente desconocido para el público en general. El cubano-londinense, a pesar de sus ocupaciones que mantenían en constante actividad a tres o cuatro secretarias y en funcionamiento varios teléfonos que no paraban de sonar, le dedicó buen tiempo a aquella anciana distinguida que pedía ayuda para *Of Human Rights* sin actitudes humillantes sino, por el contrario, con toda dignidad. Largo rato duró la conversación entre el financiero y la dama, interrumpida de vez en cuando por llamadas de Inglaterra, Alemania y otros países europeos. El hombre de negocios, que quizás antes no se había percatado de los horrores del presidio político cubano, quedó conmovido y no sólo dio su ayuda generosa para la publicación de ese número, sino que varias veces más en el futuro envió una contribución vital y hasta el aporte de algún amigo, lo que hizo a Elena anotar: "Buenos rendimientos ha tenido el viaje a New York y ha valido la pena hacer el gasto y el esfuerzo"[44]. La única condición del caballero, cumplida fielmente por Elena, fue

---

[44] Elena Mederos, carta a M.L.G., agosto 9, 1977.

la de que no se revelara su nombre. Se trataba del donante anónimo a quien se recurría en caso de apuro.

Por otra parte, en unión de Frank Calzón, tuvo que hacer numerosas gestiones con el objeto de lograr para *OHR* la franquicia postal como asociación no lucrativa. Escritos y más escritos, visitas a tal o más cual funcionario, diligencias con personas influyentes, todo, en fin, cuanto había que hacer se hizo y el logro de este beneficio fue un gran aporte, ya que el franqueo de 10.000 ejemplares resultaba demasiado oneroso. Otro paso de importancia en el orden económico fue el de obtener que las contribuciones a *Of Human Rights* fueran deducibles de los impuestos federales.

Pero no fue la publicación del segundo número de *Of Human Rights* la única actividad llevada a cabo en 1977 a favor de la causa. El 26 de mayo tomó parte en el programa de Evans y Novak, televisado en Boston y transmitido después en distintas fechas, a través de diversos canales, a toda la nación. En un panel sobre la posibilidad de levantar el embargo económico de Estados Unidos a Cuba, ella y el senador por la Florida, Richard Stone, denunciaron las violaciones sistemáticas de las libertades fundamentales en toda la Isla, y presentaron evidencias sobre las condiciones abusivas y crueles en que se encontraban los presos políticos. En el debate, Frank Mankiewicks, del clan de los Kennedy, defendió aspectos que resultaban favorables al régimen de La Habana[45].

En junio de 1977, en un discurso ante el Cuban Women's Club de Miami, instó a las mujeres cubanas a luchar por el respeto a los derechos humanos y terminó su exposición con una cita textual de Víctor Hugo: "Cualquiera que sea la oscuridad del momento presente, la justicia, la verdad y la libertad surgirán y aparecerán sobre el horizonte"[46].

---

[45] No se ha podido localizar la transcripción de esta comparecencia.

[46] Elena Mederos, "Discurso en el Club de Mujeres Cubanas", *The Miami Herald*, Miami, junio 26, 1977.

Poco después, en entrevista con Robert R. Browning, redactor de *The Miami Herald,* expresó:

> ... el conflicto fundamental hoy es el de las sociedades abiertas en las que el respeto a los derechos humanos es un valor fundamental y las sociedades cerradas en las que los derechos humanos no son considerados un valor fundamental.
> El conflicto entre los dos planteamientos disímiles tardará aún mucho por resolverse. Pero yo tengo la esperanza de que se logre vencer la resistencia porque ellos mismos (los regímenes comunistas) no se atreven a decir abiertamente que no creen en los derechos humanos.

El periodista comentó:

> Pero esta mujer vivaz y alegre, de ojos penetrantes y risa contagiosa y de una agudeza mental que sería la envidia de una mujer de veinte años, considera que su actual cruzada por los derechos humanos es sólo el resultado lógico de una vida dedicada a la lucha por la igualdad y por esos derechos en general[47].

El día siguiente al de la charla, la Directiva del Cuban Women's Club se reunió con Elena para desayunar en el comedor privado del *The Miami Herald*. Rafael Casalins, del propio periódico, conversó con ella en esa oportunidad:

> Antes de despedirse señaló el interés de la juventud y agregó que le gustaba trabajar con gente joven porque "de los jóvenes se puede aprender mucho por estar más abiertos a las nuevas ideas". Quizás sea por eso que Elena Mederos, a los 77 años, no tiene edad...[48]

El 7 de julio de ese mismo año pronunció en la UCE de Puerto Rico una conferencia sobre los derechos huma-

---

[47] Robert R. Brauning, entrevista citada.
[48] Rafael Casalins, artículo citado.

nos[49]. Poco después participó en la Second Annual Ethnic Conference, auspiciada conjuntamente por el Consejo de Comunidades Étnicas de New Jersey y la Conferencia Nacional de Judíos y Cristianos, que se efectuó en el Beacon Manor Hotel de Point Pleasant, N.J., del 26 al 28 de septiembre. Se reunieron líderes de la comunidad de 50 diferentes grupos étnicos y Elena disertó sobre "Los derechos humanos y la Conferencia de Helsinki"[50].

Más tarde, en diciembre 6 del mismo año, la Comisión de Derechos Humanos de Jersey City, N.J., le otorgó una placa por su labor en defensa del respeto a los derechos humanos. Elena agradeció la distinción y disertó con brillantez sobre el tema[51].

Todo esto tenía lugar sin que Elena dejara sus actividades en The Georgetown Children's House y en muchos viejos empeños; a más de otros nuevos en los que se involucraba.

Naturalmente, tal ritmo de vida, que hubiera resultado exhaustivo para una persona que gozara de buena salud, tenía que ser oneroso para quien, como ella, también sufría el peso de los años. A raíz de uno de sus muchos viajes escribía:

> Una de las razones por las que quería regresar de Miami, de inmediato, era porque tenía turno para ver a mi médico, el Dr. Keimowitz, este jueves y como se me habían presentado varias molestias que estimaba debía consultarle, no quería dejar pasar la fecha sin concurrir. Desde la consulta, mientras espero, te hago estas líneas.
>
> Aquí interrumpí la carta hace ya semana y pico... Mari ha separado boleto de viaje a la Florida para el día 26. Mi regreso no está para fecha fija. El de ella es para el día 1.

---

[49] Elena Mederos, "Los derechos humanos", Conferencia en la UCE de Puerto Rico, San Juan, julio 7, 1977.

[50] Elena Mederos, "Los derechos humanos y la Conferencia de Helsinki", Conferencia, Point Pleasant, N.J., septiembre 28, 1977.

[51] No se conserva copia de esta conferencia, pero es posible que tuviera como base la conferencia en la UCE de Puerto Rico.

Yo quizá me demore unos días. Procuraré pasar dos días con Nena Planas pero aún no le he escrito ni tampoco a la familia de Ft. Lauderdale. Tengo tantas cosas pendientes con motivo de *OHR* que, de hecho, preferiría no moverme de aquí, pero no creo que lo debo hacer ni por Mari, ni por Romelia, etcétera.

Como dejé sin informarte cómo me fue con el médico en la consulta, paso a darte detalles. Me ordenó algunos análisis, después me vio para asegurarse de que no había nada que requiriese atención especial y me citó de nuevo para de aquí a dos meses[52].

El diagnóstico del médico había sido que nada requería atención especial. No quería esto decir que la salud de Elena fuera óptima ya que, por el contrario, desde hacía tiempo eran habituales en ella las varias molestias que venían aquejándola. Y lo habitual se manifestaba ya con la evidencia de su apariencia física, al extremo de que el sobrino José, que obtenía poco frecuente o casi nula comunicación, se encontraba al tanto de ella y preocupado por la salud de aquella querida tía que, con total desprendimiento, sin piedad para sí misma, iba gastando su vida en la lucha por defender los derechos humanos de quienes, él incluido, sufrían los horrores del presidio político en Cuba.

Ayer recibí una carta extraordinariamente cariñosa de Chacho, a quien los rumores de mi flaqueza han alarmado y que ha querido insistir en que me cuide. Procuraré tranquilizarlo[53].

Sin permitirse ni una queja, Elena, con su indomable voluntad, se las arreglaba para superar los quebrantos de su salud y sumergirse, como si nada, en los numerosos quehaceres de su diario vivir. Quería aparentar, y lo lograba

---

[52] Elena Mederos, carta a M.L.G., diciembre 17, 1977.
[53] Elena Mederos, carta a M.L.G., diciembre 17, 1977.

las más de las veces, que su condición física era más que aceptable para sus años. Casi se burlaba de sus males y en cierta ocasión contó divertida lo que le había ocurrido con una persona que no la había visto desde hacía tiempo:

> X cometió dos errores conmigo. Primero, me preguntó: "¿Todavía manejas?" Yo le respondí: "Suprime el todavía". Segundo, me dijo: "Pero qué flaca estás, ¿qué te pasa? Tú no pesas ni cien libras". Yo le contesté que pesaba alrededor de 110 y que el médico me había indicado que no debía ganar peso. Cortina. No me vinieron mal sus comentarios para que no se me fueran a la cabeza los halagos de mi amigo *N* sobre mi energía y actividad[54].

Si los años anteriores habían sido de total actividad, 1978 no iba a serlo menos. Por lo pronto el año se estrenaba con optimismo. La tesonera labor daba su fruto. En la primavera salió el primer número del volumen II de *Of Human Rights,* que tuvo similar acogida que los anteriores. La línea editorial seguía siendo la misma, es decir, no contenía testimonio de los editores sino sólo lo publicado en la prensa nacional e internacional, así como por entidades y personas a las que no podía tenérselas por parciales. Es más, hasta las cartas llegadas directamente desde las prisiones, como la de Huber Matos, por ejemplo, no aparecían en *Of Human Rights* si no habían sido publicadas por otros órganos de prensa. En cuanto al formato, papel e impresión, todo era de la misma superior calidad. Puede afirmarse que si los números de *Of Human Rights* anteriormente publicados habían constituido la más completa e importante colección de denuncias sobre los presos políticos cubanos y las violaciones de derechos cometidas, el tercer número no iba a desmerecer de los otros. En un momento en que Norteamérica "coqueteaba", según un editorial de *The Christian Science Monitor,* con la idea de

---

[54] Elena Mederos, carta a M.L.G., agosto 9, 1977.

normalizar sus relaciones con Cuba si ésta dejaba de constituir una amenaza en el exterior, *Of Human Rights,* con su oportuna e impresionante recopilación de artículos aparecidos en los periódicos más leídos del mundo y opiniones expresadas por personas e instituciones de reconocida autoridad, venía a ser el más formidable alegato para que no se olvidara lo que el régimen de Cuba hacía con sus ciudadanos y, en especial, con los miles y miles de hombres y mujeres que iban dejando pedazos de sus vidas en las cárceles y campos de concentración.

Esta política, algo ambigua, del gobierno norteamericano cristalizó en un movimiento encaminado a establecer un "Diálogo" entre los cubanos del exilio y Cuba, con el fin de lograr la liberación de un gran número de prisioneros cubanos. Elena fue una de las destacadas figuras a las que se habló para que tomaran parte en esta empresa. Como su amigo el banquero Bernardo Benes, residente en Miami y persona, a su juicio, de toda integridad, era uno de los propulsores del "Diálogo", Elena estuvo considerando los pro y los contra de la idea. Esto, naturalmente, inquietó su espíritu y la mantuvo en estado de angustia durante algunos días. ¡Resultaba tan difícil discernir qué había detrás de todo esto! ¿Sería una nueva maniobra de Fidel Castro? ¿Se trataba de una trampa para envolver a personas incautas o una verdadera oportunidad que pudiera determinar la libertad de millares de prisioneros, unos 15.000, que el régimen, a pesar de todas sus protestas en contra, mantenía en inmundas cárceles y campos de concentración? De sus dudas habló con las personas de su intimidad. No temía ir a Cuba por su seguridad personal; eso, a pesar de las advertencias de algunas personas allegadas, no era lo que la preocupaba. Algo más importante estaba envuelto en el asunto. Temía que se la tomara como bandera de alguna maniobra que, a la postre, fuera contra sus principios. Ya una vez le había ocurrido cuando la usaron como ministra y ahora tenía que pensar muy bien lo que hacía. Al fin tomó una decisión. No participaría en esta empresa, que le parecía algo oscura, como si encubriera un oculto propósito.

Llamó a su amigo Bernardo Benes, a quien siguió estimando como persona de buena fe, y le manifestó su decisión. Poco después tuvo la tranquilidad de saber que otro de los cubanos más eminentes del exilio, el obispo monseñor Eduardo Boza Masvidal, había también declinado su participación. La tranquilidad se convirtió en satisfacción cuando meses más tarde un familiar de un preso político "plantado" logró sacar de Cuba una carta firmada por 138 prisioneros "plantados" rechazando el "Diálogo", con palabras que hicieron a Elena experimentar una gran tranquilidad espiritual. Esta declaración coincidía con la actitud que ella había tomado y se sentía orgullosa como cubana y como tía de uno de los dos redactores de la misma: "Nuestra libertad debe ser sin condiciones. No negociamos nuestra libertad porque no negociamos nuestros principios". Era, como ella había alegado en su negativa a participar, cuestión de principios.

Por otro lado, la acogida que iba teniendo *Of Human Rights* aumentaba los bríos de Elena:

> A mí me parece que por aquí y por allá van surgiendo reacciones más realistas sobre la Cuba de hoy...
> He estado tan ocupada tratando de no retrasar el trabajo de distribución de *Of Human Rights* que mi correspondencia está acumulándose sin que ni siquiera haya podido contestar las tarjetas de Navidad. Te envío varios números como me pides. Ya tenemos el dinero con qué costear el próximo número y el material, en principio, seleccionado[55].

El 21 de abril de 1978, The National Association of Cuban American Women la honró con una placa en reconocimiento a su infatigable labor en pro de los derechos humanos y su lucha por los prisioneros políticos de Cuba.

---

[55] Elena Mederos, carta a M.L.G., febrero 4, 1978.

Es por esta época que el diario *The Miami Herald* se refiere a los directos contactos de Elena con la Casa Blanca. En una nota de prensa bajo el cintillo de "Estados Unidos favorece visita de exiliados a Cuba", se hace la siguiente mención:

> ... Por su parte, la Casa Blanca prometió a la exiliada cubana Elena Mederos que, de acuerdo con la posición del presidente Carter sobre derechos humanos, haría todos los esfuerzos posibles por resolver la situación de los presos políticos de Cuba.
>
> "Haremos todo lo posible para dar atención a este asunto en forma consecuente con la posición personal y oficial del Presidente sobre los derechos básicos de todas las personas", declaró el funcionario presidencial Valerio Giannini, dirigiéndose a Mederos, quien fue ministra de Bienestar Social en el gobierno de Castro cuando éste era primer ministro.
>
> La exposición se hizo en respuesta a una declaración contenida en una carta en inglés dirigida a Carter y enviada a Mederos por un preso político desde Cuba[56].

Lo que no contó el periódico fue que, poco después de lo narrado en la nota de prensa, Elena tuvo la oportunidad de asistir a una recepción en la Casa Blanca. Al despedirse, estrechó la mano de Carter entre las dos suyas y mirándole fijamente a los ojos le dijo estas palabras: "Señor Presidente, no olvide a los presos políticos cubanos". A lo que éste respondió que podía contar con que no los olvidaría"[57].

Aproximadamente por esta época su nombre aparece entre los de las personas que integraban el Comité Gestor

---

[56] "Estados Unidos favorece la visita de exiliados a Cuba", *The Miami Herald,* Miami, 1978.

[57] Ena Naunton, "En Washington, una cubana vela por la libertad", entrevista citada.

del Grupo Social Demócrata de Cuba. Pero no hay constancia de que realizara labor activa en esta organización[58].

Y, entre tantas y tantas actividades, siempre tenía un minuto para ocuparse del estado de algunas amigas que se encontraban enfermas. Desde la Florida escribía: "Las enfermas de nuestra grey están mejor: Graciela, Julieta y Serafina"[59].

A fines del otoño hubo una contrariedad. El número 2, vol. 2 de *Of Human Rights,* que debía salir en noviembre, se retrasó debido a problemas con la imprenta y ya no se podía contar con que apareciera ese año. Sin embargo, algo iba a compensar la involuntaria demora. Of Human Rights pudo publicar un folleto titulado *Questions and Answers about Political Prisoners in Cuba* en el que, siguiéndose la misma política editorial mantenida por la Organización, no iba ésta a aportar los datos que avalaban las respuestas, sino que ellos provendrían de fuentes absolutamente ajenas, imparciales y hasta contrarias[60].

Por otra parte, el *Diario Las Américas* refería la comparecencia del Dr. Claudio Benedí, miembro de la Directiva de *Of Human Rights,* ante la Comisión Interamericana de Derechos Humanos en su reunión de 1978. Benedí, quien había venido actuando como coordinador de las denuncias e informes presentados ante ese organismo desde su funda-

---

[58] En la nota aparecen como miembros del Comité gestor del Grupo Social Demócrata de Cuba las siguientes personas: Luis Aguilar León, Enrique Barroso, Frank Calzón, Jorge Clavijo, Uva Clavijo, Antonio Díez, Roberto Fernández, Elena Mederos González, Emilio Guede, Guillermo Mármol, Leví Marrero, Ramón Mestre, Carlos Alberto Montaner, Jorge Piñón, Manuel Ray, Mario Rivadulla, Mario Villar Roces.
[59] Elena Mederos, carta a M.L.G., agosto 7, 1978.
Las personas a las cuales se refiere son Graciela Acosta de Lobé, Julieta O'Farrill de Secades y Serafina Lastra de Giquel.
[60] *Questions and Answers about Political Prisoners in Cuba*, Washington, D.C., Of Human Rights, 1978.

ción en 1959, solicitó que se aprobara el Sexto Informe sobre la Violación de los Derechos Humanos en Cuba, así como que se exigiera la libertad de todos los presos políticos, y presentó a los exiliados que hicieron uso de la palabra en apoyo a su solicitud. Entre ellos se encontraba Elena Mederos[61].

No había sido ésta, sin embargo, la única oportunidad en que ella se uniera, directa o indirectamente, a las denuncias presentadas ante la Comisión Interamericana de Derechos Humanos de la OEA y a la Comisión de Derechos Humanos de la ONU en relación con los atropellos, las torturas y los crímenes que se estaban cometiendo en las prisiones de Cuba. Su presencia podía advertirse en todo tipo de actividad que tuviera como fin la exposición de tales atrocidades. De ello da fe, repetidas veces, Herminio Portell Vilá en varios de sus artículos del *Diario Las Américas*. También Guillermo Martínez Márquez, en un escrito publicado en el mismo diario mucho después de la muerte de Elena, alude a estas actividades:

> Tuve oportunidad de acompañarlo (se refiere a Claudio Benedí) en la primera denuncia que se formuló ante la Comisión Interamericana de Derechos Humanos. Después y durante todo este interminable exilio que el destino nos ha deparado, ha seguido presentando las denuncias de maltratos a presos políticos, de violaciones de todos los derechos habidos y por haber, las más de las veces con el muy estimado colega y amigo Humberto Medrano o con la insustituible Elena Mederos o con otros que llegaban de las prisiones cubanas y tenían algo que denunciar[62].

Y el propio Benedí menciona la presencia de Elena en esos actos:

---

[61] "Denuncia Claudio Benedí ante la CIDH la situación en Cuba comunista", *Diario Las Américas,* Miami, noviembre 15, 1978.

[62] Guillermo Martínez Márquez, "Nuestro hombre en Washington", *Diario Las Américas,* Miami, julio, 1984.

Hemos ido con el Dr. Portell Vilá, con el Dr. Guillermo Martínez Márquez, la Dra. Elena Mederos, R. Pardo, Dr. E. Brower y otros patriotas cubanos a comparecencias ante el plenario de la Comisión Interamericana de Derechos Humanos de la OEA donde hemos denunciado la violación de los derechos humanos en Cuba[63].

El año 1978 iba a terminar de forma memorable con su participación en una actividad que, por su carácter internacional, habría de tener verdadera repercusión en los destinos de muchos presos. Por intervención del profesor e historiador inglés Hugh Thomas, la organización Amnesty International invitó a María Luisa Matos y a Elena para que concurrieran a los actos que estaba preparando con el fin de conmemorar en Londres, el 10 de diciembre, el trigésimo aniversario de la Declaración Universal de Derechos Humanos proclamada por la ONU. María Luisa Matos se vio imposibilitada de concurrir y Elena gestionó que la invitación se extendiera al joven Miguel Sales, exprisionero político, declarado en una oportunidad por Amnesty International como "Prisionero de conciencia", quien, lograda al fin su libertad, acababa de llegar a los Estados Unidos.

La gira por Europa
Londres

Elena y Sales llegaron a Londres a las 8 a.m. del sábado 9 de diciembre y fueron recibidos por la coordinadora de Campañas de Amnesty International, quien los dejó instalados en el Hotel Wilbrahan, en Sloane Square. Allí se enteraron de que aunque en Amnesty todos estaban muy emocionados por la presencia de Sales, no podía ser incluido en el programa ya que Elena había sido anunciada

---

[63] Claudio Benedí, "En el homenaje al profesor Herminio Portell Vilá: paradigma de patriotismo y libertad", *Diario Las Américas*, Miami, octubre 25, 1987.

como participante y de acuerdo con lo establecido no era posible presentar a dos personas de un mismo país. Esta fue una contrariedad, ya que Sales podía haber sido un verídico exponente de la situación de las cárceles cubanas por su condición de ex-preso político.

Cenaron esa noche en casa de un buen amigo de Elena, Julio Núñez, donde también estaban invitados el historiador Hugh Thomas, Robert Moss, de los periódicos *The Economist* y *The London Observer;* Máximo Gaivisa, de *La Prensa* de Buenos Aires, y Richard Beaty, del *Daily Telegraph*. Esta reunión dio a Elena y Sales la oportunidad de expresar a miembros de la prensa internacional muchos pormenores sobre la situación de Cuba y la crueldad de su régimen carcelario.

Al día siguiente, domingo 10 de diciembre, fecha señalada por la Comisión de Derechos Humanos de las Naciones Unidas, a las 3:00 p.m. se llevó a cabo, en Hyde Park, la celebración del acto organizado por Amnesty International. En Hyde Park no había condiciones adecuadas para un acto de envergadura: un camión cubierto, estacionado frente a una explanada cercada, servía como plataforma para el desarrollo del programa. El micrófono y las luces estaban instalados junto al mismo; había entre 200 y 300 personas que aplaudían con entusiasmo mientras resistían la más o menos intensa pero constante lluvia que caía ese día sobre Londres. No había ni tan siquiera unos escalones para poder subir al camión. Cuando llegó el turno de Elena, Sales y Thomas tuvieron que alzarla en peso para dejarla en la plataforma.

Así lo cuenta Elena:

> Yo utilicé los diez minutos que me correspondían ofreciendo una síntesis del trabajo que llevaba preparado[64], en

---

[64] Elena Mederos, "Los Derechos Humanos en Cuba", traducción del discurso pronunciado en Londres el 10 de diciembre de 1978 en el acto organizado por Amnesty International, *Diario Las Américas,* Miami, diciembre 15, 1978.

el que hacía un breve análisis de la nueva Constitución aprobada por el gobierno de Cuba y señalaba aquellos aspectos en los que sus postulados contradecían los lineamientos de la Declaración de Derechos Humanos de las Naciones Unidas. Además, puse énfasis en la importancia de que quienes están comprometidos a defender los derechos humanos cumplan la obligación de denunciar sus violaciones cualquiera que fuera la ideología del gobierno que las viole, trátese de dictaduras de derecha o de izquierda, principio básico que Amnesty mantiene y practica.

La reacción del público fue favorable. Posteriormente fui informada por Miss Hoe de que en Amnesty se habían recibido numerosas cartas que solicitaban mayores detalles sobre la situación de los presos políticos en Cuba.

Durante el acto, Miguel Sales y otras personas distribuyeron ampliamente el folleto *Questions and Answers about Political Prisoners in Cuba*. El final fue muy emotivo y espectacular. Una señora que perdió a su esposo víctima de una flagrante violación de los derechos humanos fue elevada por medio de una grúa para encender una inmensa vela que se erguía en el parque como símbolo de la inquebrantable fe en que el respeto a los derechos humanos habría de prevalecer[65].

Pero he aquí cómo Miguel Sales, con visión algo menos benévola o quizás algo más realista, describe el acto:

Cuando llegamos a Hyde Park, donde iba a celebrarse el acto final, la manifestación, que acababa de atravesar la ciudad, arribaba al centro del parque.

Había allí algo así como una réplica en miniatura de la ONU, las Naciones Unidas de los Refugiados. Turcos, chilenos, vietnamitas, argentinos, libaneses, paraguayos, rusos, angoleños, checos, filipinos, lituanos, en fin, toda la gente de izquierda, centro y derecha, arriba o abajo,

---

[65] Elena Mederos, "Informe sucinto del viaje a Europa llevado a cabo por Elena Mederos y Miguel Sales", Washington, D.C., diciembre, 1978.

expulsados de sus respectivos países por regímenes de signo opuesto.

La tribuna se hallaba instalada en un destartalado camión, abierto en uno de sus costados. Un bombillo agonizante proporcionaba iluminación al estrado. Caía la noche y la fina llovizna hacía aún más intenso el frío.

Hugh Thomas, su esposa y yo distribuíamos los panfletos que llevábamos a los asistentes, bajo la mirada torva de los exiliados suramericanos, en su mayoría comunistas, que simpatizaban con el castrismo y rechazaban la idea de que en Cuba hubiese presos políticos.

Finalmente llegó el turno a Elena. La ayudamos a trepar a la precaria tribuna donde pronunció una certera denuncia de los maltratos a que han sido sometidos los detenidos políticos cubanos y las atrocidades legales sancionadas por la nueva Constitución socialista.

Calado hasta los huesos por la llovizna helada, rodeado de una turba a ratos indiferente, a ratos francamente hostil, no podía dejar de admirarme ante la fe inquebrantable de esa viejecilla que estaba dándonos a todos una lección de energía y dignidad[66].

El lunes, Elena y Sales asistieron a una conferencia de prensa presidida por el profesor Thomas, a quien Sales calificó como "el mejor amigo de Cuba en Gran Bretaña". Elena y Sales ofrecieron una información general sobre las condiciones del presidio político cubano y luego contestaron las numerosas preguntas que les formularon.

Al día siguiente, en la sede de Amnesty International, se efectuó un cambio de impresiones con Javier Zúñiga, encargado de los asuntos de Amnesty en Latinoamérica, y Roger Plant, quien en 1975 había hecho una prolongada visita a Estados Unidos a fin de conocer las condiciones del presidio político en Cuba. Recibieron copia del material recopilado por Of Human Rights.

---

[66] Miguel Sales, trabajo citado.

Ese mismo día, el profesor Hugh Thomas les ofreció un almuerzo en su casa y después de una breve presentación dio lectura al anteriormente citado documento, firmado por 138 presos políticos, todos con más de 10 años de prisión, que se oponían al "Diálogo". A continuación, Elena y Sales respondieron a las preguntas que se les hicieron.

Por la tarde visitaron las oficinas de la revista *Index on Censorship,* que publica literatura clandestina de los países en los que no existe libertad de expresión.

En la mañana del miércoles 13 se entrevistaron con Sir Keith Joseph, principal consejero político del Partido Conservador en el Centro de Estudios Políticos y Estrategias, quien acogió con interés la información que le presentaron, así como los datos sobre Eleno Oviedo, hecho prisionero en la isla de Elbow, colonia británica, lo que podría justificar una gestión del Gobierno inglés a su favor. Por la tarde tuvieron una cita con el profesor J. Lynch, de la Sección de Estudios Latinoamericanos de la Universidad de Londres. Terminada esta entrevista, fueron a tomar el té a la Cámara de los Lores con Lord Gladwyn, diputado líder del Partido Liberal y suegro de Hugh Thomas.

El jueves fueron recibidos en el Ministerio de Relaciones Exteriores por el Dr. David Stephen, consejero político del secretario de Estado para Asuntos Extranjeros y del Interior, quien hablaba español correctamente y estaba bien informado sobre la situación de los presos políticos en Cuba, así como de las actividades del régimen cubano en África. Se mostró muy interesado en todo lo que le trataron, en especial el caso de Eleno Oviedo, sobre el que pidió que le enviaran todos los detalles que se pudieran recopilar. Fueron a almorzar con Alfred Sherman, consejero político de Margaret Thatcher, jefa del Partido Conservador y en aquel entonces con posibilidades de llegar al cargo de Primera Ministra. Algo más tarde se entrevistaron con Anthony Godoy del *Journal da Tarde,* de São Paulo, Brasil.

París

Por la tarde de ese mismo día partieron en avión hacia París, donde los esperaba Eduardo Manet. En el Hotel Saint Paul donde se hospedaron encontraron una nota de Pierre Golendorf, al que llamaron por teléfono, para al poco rato incorporarse al grupo.

Al día siguiente por la noche les invitó a comer Alain Ravennes, secretario del CIEL, de gran prestigio en los círculos políticos e intelectuales de Francia.

Ambos viajeros decidieron separarse con el fin de poder dar mayor difusión a sus actividades. Sales se quedó en París para cumplir los compromisos adquiridos por Manet. Elena marchó a Madrid para reunirse con Carlos Alberto Montaner.

Madrid

Se alojó en el Hotel Aitana, cerca de los Montaner. El lunes por la mañana visitó al Sr. Yáñez, encargado de Relaciones Exteriores del Partido Socialista Obrero Español, acompañada por Montaner, Pío Serrano y Ramón Mestre. Después de una breve exposición de la problemática cubana, se trataron dos temas específicos. El primero, la importancia de que el Gobierno español gestionara la libertad de Eloy Gutiérrez Menoyo, de nacionalidad española. El segundo, que el Gobierno considerara la aceptación de una cuota mensual de presos políticos que hubiesen sido liberados y pudieran permanecer en España hasta lograr la entrada en EE.UU. El Sr. Yáñez tuvo una actitud positiva y mostró verdaderos deseos de ayudar.

Al día siguiente Elena, acompañada también por Montaner, visitó la revista *Cambio 16,* donde fueron entrevistados por Pedro Páramo.

El miércoles fueron a la oficina de Martínez Ferrol, de la Agencia Internacional de Noticias EFE y de *Gaceta,* publicación de amplia circulación en Latinoamérica.

Hilda Perera la evoca esa noche en el apartamento de Carlos y Linda Montaner:

> ... Recuerdo haberle confesado entonces, tratándola por primera vez de "tú": "Elena, tú no sabes lo que me alegro de conocerte como te conozco ahora. Antes te tenía algo así como miedo..."
> Apuntó sonriente: "Sí, parece que me he ido suavizando con los años. Tú sabes, es una suerte si, con la vida, uno logra perder la cara de usted".
> Cuando la dejamos en el hotel a ella y a su cartapacio de papeles preñado de proyectos, se despidió de nosotros otra vez lejana y a la vez enérgica. Cruzando el hall de mármol, la vimos vacilar un instante, irse de lado como si le faltara el equilibrio; mi marido corrió a ayudarla, pero Elena lo detuvo con firmeza: "Gracias, Saúl, yo puedo".[67]

En realidad podía, a pesar de su estado físico que ya era bastante precario, porque su espíritu se mantenía enhiesto por su deseo de actuar y llevar a cabo algo útil para la causa. He aquí la opinión de Emelina, que había dejado de verla durante algunos años. No puede ser más elocuente y dolorosa:

> Su energía y bríos para acometer empresas contrastan notablemente con su fragilidad corpórea y hay un desbalance entre ambas cosas que ha conmovido hondamente mi espíritu... Disfruté mucho teniéndola muy cerca y muchas veces dejaba la habitación en penumbra o cerraba los ojos para transportarme a otros tiempos y *oírla* contándome de esto y de lo otro[68].

Sin embargo, a pesar del cansancio de la jornada de casi dos semanas de agotadoras conferencias, entrevistas y di-

---

[67] Hilda Perera, "Como yo recuerdo a Elena Mederos", trabajo citado.
[68] Emelina Díaz de Parajón, carta a M.L.G., enero 2, 1979.

ligencias, con lluvia en Londres, con nieve en Madrid, Elena sentía cierta satisfacción por los resultados del viaje.

De nuevo en casa

El 21 de diciembre la fueron a recibir en el aeropuerto Kennedy varios amigos con los que cenó allí mientras esperaba su vuelo a Washington esa misma noche. Durante la comida, dio muestras de un animoso estado espiritual y las cuatro personas reunidas con ella[69] pudieron escuchar de sus labios todo el resumen del periplo europeo.

En suma, para Of Human Rights el viaje a Europa resultó de importancia por las relaciones que pudieron establecerse con personalidades de los círculos intelectuales, financieros y políticos, así como por los contactos establecidos con la prensa y las entrevistas publicadas en distintos órganos de opinión en Londres, París y Madrid. A través de ellas pudieron dar a conocer la verdadera situación de los presos políticos cubanos en muchos sectores en los que había un gran desconocimiento sobre las violaciones de los más elementales derechos humanos cometidas por el régimen castrista.

Al fin el nuevo número de *Of Human Rights* salió en la primavera de 1979. En él se incluía una Declaración de la Junta de Directores y Editores firmada por Elena como presidenta, y los miembros de la Junta de Consejeros[70]. La Declaración tenía por objeto dejar establecida la posición de Of Human Rights ante los acontecimientos relativos a la liberación de los prisioneros políticos y la reunificación de la familia cubana. En un primer párrafo se hacía mención de los esfuerzos llevados a cabo desde la publicación del

---

[69] María Luisa Matos, Carlos Ripoll, Roberto Fernández y María Luisa Guerrero.

[70] En estos momentos la Junta de Consejeros estaba integrada por Luis Aguilar León, Frances Grant, Modesto Maidique, Richard McSorley, Juan Clark y Roger Fontaine.

primer número de *Of Human Rights,* hacía ya dos años, para proporcionar al público y a las autoridades de Estados Unidos información documentada y responsable de las violaciones de los derechos de los prisioneros. En el segundo párrafo se refería a la denominada "reunificación de la familia" y señalaba que *Of Human Rights* había publicado datos sustanciales sobre cómo el Gobierno cubano había ignorado sistemáticamente el artículo 8 de la *Declaración Americana* y el 13 de la Declaración Universal de Derechos Humanos, que mantienen el derecho de cada individuo para abandonar un país, incluso el propio. En el tercer párrafo expresaba su satisfacción porque la publicidad dada a la tragedia de los prisioneros hubiera obligado al Gobierno a tratar de estos problemas.

La información proporcionada por éste y los anteriores números de *Of Human Rights,* así como las gestiones de sus dirigentes hicieron que un grupo de congresistas se dirigieran al presidente Carter con la petición formal de que intercediera por los prisioneros políticos cubanos. Y el escritor español Fernando Arrabal, de gran influencia en los círculos intelectuales parisienses, animado con la abundancia del material recogido, logró que la revista francesa *L'Express* dedicara un número completo a tratar de la situación de Cuba.

La organización Of Human Rights y su publicación del mismo nombre habían logrado penetrar y remover la costra de indiferencia que durante muchos años mantuvo en la oscuridad el drama del presidio político cubano.

Pero apenas salido el último número de la publicación, se hacía necesario preparar el próximo y otra vez había gran escasez de fondos. Elena empezó de nuevo sus diligencias para estimular la recaudación. El primer paso fue una carta dirigida a los "Amigos de Of Human Rights" el 6 de febrero de 1979, la que venía a ser un fino recordatorio a los suscriptores con el fin de que enviaran su contribución anual lo más pronto posible. Les acompañaba un ejemplar del folleto *Answers about Political Prisoners in Cuba* con el ruego de que escribieran a sus obispos, senadores y demás autoridades para informarles sobre la situación de los miles de presos políticos que todavía, a pesar de las promesas de Castro, se encontraban en las cárceles de Cuba. La carta era corta, sencilla, y no se advertía en ella todavía una situación de absoluta urgencia.

Esta constante preocupación por los problemas económicos de Of Human Rights, las penosas noticias que se recibían constantemente desde las entrañas del propio presidio, y el deterioro, cada vez más evidente, de sus condiciones físicas, no le impedían a Elena, sin embargo, realizar otras actividades. El 29 de marzo escribía: "Mañana termino el Jury Duty y tengo tantas cosas pendientes que no sé cuándo me pondré al día y podré ir a New York"[71].

Por esta época, del 9 al 11 de abril de 1979, se efectuaba en París el Primer Congreso de Intelectuales Cubanos Disidentes. A Elena, por diversos motivos, no le había sido posible concurrir. Sin embargo, estuvo presente simbólicamente, ya que preparó para el Congreso un trabajo sobre "La mujer en Cuba"[72].

A mediados del mismo año, Of Human Rights puso en circulación una hoja impresa con un sello rojo que decía "¡Urgente!" y un título: "Poeta en prisión", en la que se contaba la odisea de Armando Valladares y se pedía la cooperación de todos para que escribieran a las autoridades gubernamentales y legislativas, así como a los organismos internacionales, con el objeto de solicitar su intervención en el caso.

También por esta época Elena se vinculó a Democracy International, una organización de disidentes y líderes oposicionistas de regímenes de derecha y de izquierda de todo el mundo, fundada en New York el 19 de marzo de 1979.

---

[71] Elena Mederos, carta a M.L.G., marzo 29, 1979.
[72] Elena Mederos, "La mujer en Cuba", trabajo enviado al I Congreso de Intelectuales Cubanos Disidentes, París, abril 11, 1979.

Su coordinador y alma del grupo era Theodore Jacqueney, amigo por quien Elena sentía mucha admiración y aprecio.

A través de Jacqueney, Elena se vinculó a Democracy International, de la cual eran copresidentes Pavel Litvinov y Raúl Manglapus. (Litvinov fue uno de los organizadores de las protestas efectuadas en 1968 en la Plaza Roja de Moscú, contra la invasión soviética de Checoslovaquia; líder, en la capital, de los disidentes democráticos y colega de Andrei Sajarov). La primera Conferencia para la Acción celebrada por Democracy International se efectuó en el local de Common Cause, en Washington, D.C., el 28 de abril de 1979. James Finn, editor de *Worldview,* fue el moderador durante la sesión de la mañana. El tema era: "Mis aspiraciones para la democracia en mi país y lo que yo tengo en común con otros que buscan la democracia en sus países". Elena desarrolló el tema en el breve tiempo concedido entre 5 y 7 minutos. Destacó que era difícil hablar de sus aspiraciones para el establecimiento de la democracia en Cuba, ya que el régimen actual estaba definitivamente opuesto a ambos conceptos: el de la ideología democrática y el de una estructura democrática pluralista, y expresó lo siguiente:

> Un cambio absoluto es el paso indispensable que no podemos predecir cuándo y cómo ocurrirá. Sin embargo, no debemos perder la fe en que ésta es una posibilidad y nosotros, como exiliados, debemos concebir planes constructivos que puedan llevarse a cabo cuando se presente tal oportunidad[73].

Es el toque optimista que a la vez muestra el aspecto pragmático de su pensamiento: no es momento para hablar,

---

[73] Elena Mederos, "My Aspirations for Democracy in my Country and what I Have in Common with Those who Seek Democracy in Their Countries", participation in the Conference for Action, Washington, D. C., April 28, 1979.

sino momento para hacer, para prepararse y tener algo positivo sobre qué reconstruir una vez superada la actual situación. Se refirió también a algunos de los pensamientos fundamentales de la doctrina martiana, haciendo el siguiente comentario sobre ellos:

> Estos conceptos, profundamente enraizados en los cubanos, han hecho posible la resistencia de nuestros prisioneros políticos que, según el Memorándum de Amnesty International, "son conocidos como los de condenas más largas en el mundo de hoy"[74].

Theodore Jacqueney falleció de forma inesperada y Elena fue designada para sustituirlo en una conferencia organizada por Accuracy in Media, en la que Jacqueney iba a tener un turno. Pero resultó que Elena, hondamente abatida por la pérdida de quien calificó como "un querido amigo y un hombre noble", dedicó pocas de sus palabras al tema en sí, dando por título a su conferencia "Ted Jacqueney" con "A Eulogy" como subtítulo[75].

El fin de 1979 resultó muy atareado pues Frank Calzón, su principal colaborador en Of Human Rights, se encontraba ausente de Washington y ella tuvo a su cargo la organización de un banquete a Huber Matos, que había sido liberado recientemente después de 20 años de cautiverio en Cuba.

Éstas y otras muchas actividades realizadas con ese espíritu animoso que jamás decaía, la mantuvieron constantemente ocupada, requiriendo un gran despliegue de energía y un ritmo apresurado para que el tiempo pudiera alcanzar. Pero este extenderse a todo tenía que dejar una huella física en la vida de esta mujer eternamente atareada que no había aprendido todavía a negar su cooperación a ningún

---

[74] *Ibid.*
[75] Elena Mederos, "Ted Jacqueney: A Eulogy", delivered before Accuracy in Media, New York, November 2, 1979.

proyecto nuevo que se agregara a aquéllos en los que ya se encontraba involucrada. La carga era cada día mayor, pero ella o no la sentía o, lo que pudiera ser más cierto, quería aparentar que no la sentía. Encontraba siempre la palabra de estímulo, la sonrisa amable, el cuento simpático, algo, en fin, que desvirtuara el real estado, ya bien quebrantado, de su salud. Así creaba a su alrededor un clima de tranquilidad y serenidad que alejaba de la mente de todos lo que, si bien se miraba, estaba a la vista y era evidente.

Llama la atención que una mujer tan ocupada, tan altruista y tan vital pudiera detenerse en apreciaciones tiernas, cotidianas e infantiles. Un día, conversando con una amiga, le contó que cuando estaba desalojando la ropa de verano y poniéndola en una maleta muy buena que había traído de España, un ratoncito se le había colado por la puerta del apartamento:

> Te advierto que yo siento cierta simpatía por los ratoncitos porque son muy vivos y llenos de energía y actividad. Me resultan muy graciosos. No así las cucarachas, que no puedo pasar. Las hormiguitas también tienen mis simpatías porque son muy diligentes y trabajadoras.

Uva Clavijo alude a otro detalle:

> Y esta gran dama de ojos mansos tenía un increíble sentido del humor que sabía, además, utilizar con acierto. Muchas veces cuando nos reuníamos a trabajar, y ya a cierta hora el silencio y el cansancio se posaban sobre nuestras cabezas dobladas, era Elena quien siempre nos devolvía el ánimo con algún chiste o alguna de esas delicadas anécdotas que siempre tienen los que han vivido mucho. Regresábamos al trabajo con renovados espíritus[76].

---

[76] Uva Clavijo: "El legado de Elena Mederos", trabajo citado.

El 24 de diciembre se dedicó a escribir tarjetas de Navidad, "lo que siempre trae cierta emoción al recordar a quienes nos recuerdan y a los que nos faltan"[77].

En los primeros meses de 1980 salió, al fin, el cuarto número de *Of Human Rights*. Tenía dos páginas más que los anteriores y había sido puesto al día con el relato de Huber Matos a Jo Thomas del *New York Times*, después de su liberación en octubre de 1979, y el discurso de Elena en Londres cuando la conmemoración de la Declaración Universal de Derechos Humanos, el que había aparecido publicado en la revista *Worldview* en noviembre de 1979, con el título de "Human Rights and Cuban Law".

El reconocimiento a una vida de servicio

Pero había que pensar en el próximo número y las arcas estaban de nuevo vacías. En enero 13 Elena iba a cumplir 80 años de edad. Sus colaboradores de Of Human Rights se empeñaron en brindarle un homenaje en Miami, el que ella, opuesta siempre a este tipo de manifestaciones, no quiso aceptar al principio. No obstante, se la convenció con la idea de que el acto podría ser una buena manera de divulgar la obra de Of Human Rights y de obtener aportes para la publicación del próximo número. Pero es significativo el carácter modesto y sencillo que quiso conferirle al pedir que no se pusiera estrado presidencial. El acto se celebró en el Casablanca Banquet Hall el domingo 24 de febrero de 1980.

Ella se mezcló con el público asistente y a la hora del almuerzo se sentó en una mesa, perdida en el salón, junto a algunas amigas de antaño, entre las que se encontraba Elisita Menocal, muy unida a la familia y emparentada, en cierta forma, con la querida Lillian. Desde allí, tratando de confundirse un poco en el anonimato, escuchó todos

---

[77] Elena Mederos, carta a M.L.G., diciembre 24, 1979.

los discursos dichos en su honor, hasta que le tocó la hora de agradecer el homenaje, recibir de manos del obispo monseñor Agustín Román un pergamino en relación con los derechos humanos en la época de la colonización española en la Florida, que él con sus propias manos había copiado, y la llave de la ciudad que le entregó la Srta. Alina Navarro en nombre del alcalde Maurice Ferré.

El homenaje fue organizado por Of Human Rights. Pero el Lyceum no podía mantenerse ajeno. Uva Clavijo hizo contacto con Nena Planas, quien puso en acción a varias lyceístas. Las antiguas asociadas del Lyceum respondieron y puede decirse que cuantas vivían en Miami y muchas que pudieron viajar desde distintos puntos de la nación estuvieron presentes. En total asistieron al acto más de 400 personas.

Actuó como maestro de ceremonia Ramón Cernuda. Monseñor Román hizo la Invocación a Dios. La actriz cubana Griselda Nogueras, que había sufrido prisión en Cuba, dio lectura a varios poemas escritos en las celdas del régimen. Huber Matos contó cómo había llegado a las cárceles de Cuba, milagrosamente, el primer número de *Of Human Rights,* lo que había sido "un rayo de luz entre tantas sombras". El resumen del acto estuvo a cargo de Carlos Ripoll, consejero de *Of Human Rights* y buen amigo de Elena, quien hizo notar que:

> En la hoja de servicios de Elena, una y otra vez aparecen las palabras "asistencia" y "protección". Y siempre a lo más frágil de la sociedad: al niño, a la mujer, al enfermo; y de lo más puro: los derechos civiles, la cultura. Pero la vocación por el prójimo nunca la desvió de su amor a Cuba; todo lo contrario, en ella ha sido un solo programa. Y en el exilio ha estado junto a todo intento para la salvación de su pueblo. Y cuando por la adversidad cedían sus esperanzas, de nuevo se le fueron los ojos a los más desafortunados: se consagró a la causa de los presos políticos cubanos[78].

---

[78] Carlos Ripoll, "Evocación de Baire en el homenaje a Elena Mederos", *La Voz,* Elizabeth, N.J., marzo 6, 1980.

Elena agradeció el homenaje con la sencillez y la gracia que eran características de ella.

Emelina, que por razones de carácter familiar no pudo ausentarse de Madrid para asistir al acto, recibió estas impresiones sobre el mismo:

> De Elena te diré que estaba animada y contenta. Encorvada y consumida como tú sabes que viene desde hace tiempo, pero con la misma lucidez mental, dinamismo y cautivadora personalidad de la luchadora de antaño. Eso sí, con un sentido del humor agudizado como tú me hacías notar en tu última carta. Sin embargo, en los ratos en que pudimos conversar, antes y después del acto, me pareció algo agobiada por las múltiples responsabilidades que tiene para las que ni el tiempo, ni su mucha energía espiritual, dan abasto[79].

En suma, puede decirse que el homenaje fue un acto hermoso, ofrecido con verdadero amor por sus colaboradores de Of Human Rights, en el que predominaron la cordialidad, la sinceridad y una sana alegría entre todos los participantes.

El acto terminó como a las 4 de la tarde y Elena debió haberse sentido muy cansada. Sin embargo, cuando Hilda Perera le habló de unas grabaciones hechas a unos presos que acababan de llegar a Miami, no vaciló en irse con ella para oírlas y, según cuenta la escritora, sacó lápiz y papel para tomar nota de lo importante:

> ... un día, regresada de mil afanes, la vi sentada en mi escritorio, lápiz en mano, diciéndome: "Cuéntame de los presos políticos. Quizá tú tengas datos que a mí me falten"[80].

---

[79] María Luisa Guerrero, carta a Emelina Díaz de Parajón, marzo 1, 1980.
[80] Hilda Perera, "Elena Mederos", *Diario Las Américas,* Miami, octubre 6, 1983.

Cuando se trataba de la causa, Elena, incluso en un día como aquel, tan agitado y de tanta emoción, no se permitía tomar un descanso. A pesar de los ruegos de sus amigas, insistía en atender a todas aquellas personas que la llamaban por teléfono. Después, ya de noche, salió de nuevo para complacer a alguien que requería su ayuda. El largo y ajetreado día terminó a las 11 p.m. cuando regresó y, al fin, decidió acostarse.

A aquellas personas a las que no pudo dar las gracias personalmente, les escribió. Muestra de ello es la carta a Graciela Acosta de Lobé quien, por su estado de invalidez, no pudo asistir, pero que le envió una contribución para Of Human Rights. Elena le expresó, con su consustancial sentido del humor:

> Un millón de gracias por tu contribución al almuerzo homenaje. Ya te habrán contado que resultó muy satisfactorio en todos sentidos. Todos fueron tan afectuosos y deferentes conmigo que no podía menos que agradecer tantas muestras de afecto que perduraban a través de los años y de la ausencia. Me abrazaron muchos contemporáneos, hombres y mujeres, pero ninguno confesó sus *ochenta* sino al oído y es que hay que tener valor para cacarearlos[81].

Sin embargo, pese a su voluntad, los males de salud iban, poco a poco, haciendo estragos en aquel organismo que no se concedía tregua ni descanso. Generalmente el enfisema supone penosos síntomas: agobia caminar, moverse, estar acostado, levantado o sentado. Y Elena hacía cuanto esfuerzo fuera necesario para llevar a cabo su empeño. La pulmonía y los males del corazón son una constante amenaza. Y a Elena no la detenían los cambios de temperatura: nieve o lluvia, frío o calor. Las medicinas, tantas

---

[81] Elena Mederos, carta a Graciela Acosta de Lobé, febrero 27, 1980.

como 6 ó 7, para regular el corazón, evitar la acumulación de líquidos, prevenir el infarto, facilitar la respiración, y demás, le provocaban inapetencia. Comía cantidades mínimas, como si no necesitara muchos alimentos para sostener aquel organismo que se desvanecía poco a poco. Su delgadez era notable, así como sus dificultades respiratorias se evidenciaban en los profundos resuellos que de vez en cuando tomaba para cobrar aliento y como si tratara de aliviar una especie de opresión. Con un gesto que vino a serle característico, estiraba la cabeza un poco hacia lo alto y hacia atrás, procurando aspirar la mayor cantidad de aire posible. Una ligera tos o más bien un carraspeo que llegó a ser crónico, parecía ayudarla de cierta forma. Menos evidentes, pero no menos molestos, eran algunos problemas digestivos.

Con el fin de que aligerase su ritmo de trabajo y tuviera un relativo descanso, varias amigas la instigaban a que escribiera sus memorias o que, al menos, dictara sus recuerdos a una grabadora, con la esperanza de que, ocupada en un nuevo empeño, se quedara algunos días en casa y delegara parte de sus muchos deberes para con Of Human Rights en Frank Calzón, quien podía mantenerla al tanto de las actividades y la haría partícipe en todas las decisiones importantes. Ella no decía que no y hasta parecía inclinada a hacerlo, pero a veces, con el pretexto de que la grabadora no funcionaba bien y tenía que mandar a arreglarla, y otras sin pretexto alguno, seguía en su habitual ritmo de trabajo. En realidad, no se encontraba lista para escribir sus memorias ni para emprender una autobiografía porque estaba viviéndolas, haciéndolas todavía.

En abril de 1980 ocurrieron los hechos de la embajada del Perú en La Habana y el éxodo del Mariel. En una nota sin fecha, escrita de su mano, aparecen estas reflexiones que seguramente pensaba enviar a alguien:

> No es necesario detallarte la serie de gestiones urgentes que le han correspondido a Of Human Rights con la llegada

masiva de cubanos a los Estados Unidos. Además de procurar que se interpreten los hechos en forma tal que no perjudiquen la imagen del exilio[82].

Y con fecha 5 de mayo:

Supongo que tú estés aún más agobiada con las dramáticas fases que viene presentando la tragedia del éxodo inesperado de Cuba. Las noticias que nos llegan nos mantienen inquietos y expectantes. Hay que esperar que esto sea el preámbulo de hechos más trascendentes o no. Esperemos...

En una grabación a Ana María Cueto, que se encontraba en Caracas, hace estas reflexiones sobre el problema:

La política norteamericana ha tenido un gesto generoso para con los refugiados, pero ese gesto no significa necesariamente una posibilidad de orientación de tantas personas en un momento de recesión económica y, al mismo tiempo, la mayor parte de ellas sin poseer el idioma y muchos de los que vinieron, seleccionados por el régimen que ha querido hacer aparecer que todos los que no están con él son personas negativas dentro de la sociedad. Todo esto trae especiales dificultades y le resta prestigio al exilio cubano, que había logrado ganarse la simpatía en este país por su actividad y por su exitoso desenvolvimiento económico.

Esta noche tenemos una junta en la que se va a tratar la posibilidad de tener, bien en combinación con las Caridades Católicas o con el Comité de Rescate Internacional, una especie de albergue o casa donde pudieran ir a parar las personas que vinieran aquí y donde se buscara la manera de ubicarlos en el trabajo. Todo esto, desde luego, requiere un presupuesto grande que no sé de dónde va a salir porque las contribuciones aparentemente muy generosas del exilio

---

[82] Nota, sin fecha, escrita por su mano.

son una gota de agua dentro de una demanda tan enorme de personas necesitadas de alojamiento, comida, etc., diarios.

En un momento de recesión no es tan fácil encontrarles trabajo a estas personas cuya preparación es limitada y que al no tener el idioma están en situación de inferioridad. En fin, vamos a ver lo que se puede hacer. La realidad es que el exilio que ya existía aquí, en especial el de Miami, ya se ha movilizado y se ha dispuesto a colaborar de una manera generosa y consciente con los recién llegados. Me preocupa mucho y creo que el aporte que yo puedo dar es insignificante en estos momentos. Requeriría una actividad, un estado de salud, unos recursos económicos y una posición de influencia dentro de la administración muy superior a la que yo puedo tener. De manera que no me puedo hacer ilusiones de que mi aporte pueda ser más que una gota de agua dentro de un mar de necesidades. Pero hay que seguir luchando y de esas gotas de agua sumadas puede ser que surjan algunas soluciones[83].

A mediados de año decidió volver a la Florida para unas pequeñas "vacaciones", las que en realidad no fueron tales sino más bien un recorrido, algo vertiginoso, en el que se propuso ir en busca del contacto de la familia y de las amistades queridas.

En realidad se trataba, en cierto modo, de una despedida. Elena, aunque no quería confesárselo ni a sí misma, sabía que iba terminándose su tiempo. Tenía la necesidad de ponerse en contacto con todos aquellos que habían representado algo en distintos momentos de su vida y darles su adiós definitivo.

Por esta época, Ernesto Ardura le hizo una entrevista para *The Miami Herald* y la describía llena de esperanza y optimismo:

---

[83] Elena Mederos, de una grabación enviada a Ana María Cueto, en Caracas, 1979.

Serena, entusiasta, perspicaz, incansable e invencible en su capacidad de lucha, Elena es un pedazo vivo de historia cubana. A los 80 años todavía conserva una gran vitalidad espiritual y una actitud de optimismo histórico[84].

Con esa fe y ese entusiasmo del alma siguió con sin igual energía su batalla por los derechos humanos. Su vida giraba en la órbita de los presos políticos cubanos, sin abandonar jamás el perpetuo querer extender sus fuerzas mucho más allá de lo aconsejable.

El resto de las cosas del mundo seguían interesándola. Así, por ejemplo, se empeñaba en que una amiga que la visitaba por unos días no se fuera de Washington sin ver la Exposición de Joyas del Faraón Tutankhamon de Egipto, que por aquel entonces se exhibía en la Galería Nacional de Arte. La amiga, que se daba cuenta del estado general de Elena y de lo cansada que se encontraba, insistía en disuadirla de su propósito, pero ella iba a cada momento al teléfono a preguntar cuántas cuadras alcanzaba la cola de personas que esperaban para entrar al Museo, y advertía: "Tú verás, en cualquier momento, cuando disminuya la fila, nos llegamos allá y podremos verla". Luego le contó, con la mayor tranquilidad, que ya ella había ido dos veces. La primera, con María Elena, y habían entrado pronto porque amenazaba una tempestad de nieve y no muchas personas se habían arriesgado a salir de sus casas. La segunda, había llevado a Isabel Ospina, que la visitaba, y ese día sí habían tenido que esperar dos largas horas para poder entrar. Esto en invierno y con frío. Al fin, como las filas no disminuyeron y no hubo la posibilidad de ir, su conclusión fue: "Bueno, no has podido ver los tesoros del rey Tut, pero como a fines del año próximo la exposición va a ser llevada al Museo Metropolitano de New York, podrás verla allá". Y para que la amiga estuviera bien

---

[84] Ernesto Ardura, "Elena Mederos habla del Lyceum", *The Miami Herald*, Miami, julio 9, 1980.

documentada y disfrutara el evento, le regaló su libro de la Exposición.

En julio de 1980 ya se encontraba envuelta de nuevo en la tarea de allegar fondos para la publicación del próximo número de *Of Human Rights* "... a pesar de la buena recaudación de febrero, como $7.000,00, de hecho ya estamos de nuevo cortos de fondos"[85].

También tenía entre manos la preparación de un trabajo para ser presentado en el Segundo Congreso de Intelectuales Disidentes que iba a celebrarse en New York a fines de agosto y hacía planes para participar en el mismo:

> Procuraré asistir lo más que pueda. Quisiera que tú pudieras acompañarme... Nos mantendremos en contacto para, en definitiva, ajustar mis planes a lo que nos parezca más conveniente para las dos.

El Congreso se efectuó a fines de agosto en el Teachers College, de la Universidad de Columbia, New York. Elena concurrió a todas las sesiones excepto a dos que se efectuaron durante la noche. Ella tenía interés en una de estas sesiones nocturnas y pensó quedarse y pasar la noche en una habitación que le habían reservado en el propio College, pero al fin determinó regresar a New Jersey, donde se encontraba alojada. Esa noche respiraba con dificultad. Tomó una nitroglicerina sublingual y al poco rato se fue a acostar porque dijo, cosa que ella no solía confesar, que estaba cansada. Pero al día siguiente amaneció renovada y a las 7 a.m. estaba lista para ir al Congreso. Ese día, en la Sesión de Clausura, leyó su trabajo sobre "La mujer en la Revolución"[86].

---

[85] Elena Mederos, carta a M.L.G., julio 29, 1980.
[86] Elena Mederos, "La mujer en la Revolución", Conferencia pronunciada en la sesión de Clausura del II Congreso de Intelectuales Cubanos Disidentes, New York, Columbia University, Teachers College, agosto 3, 1980.

Durante las sesiones del Congreso, se esforzaba en no dejar notar su estado de salud y disfrutaba el encuentro con amigos viejos y jóvenes, con los que departía y cambiaba impresiones sobre Cuba y los presos. Con Cristina Cabezas indagaba sobre Jorge Valls, quien había sido designado Presidente del Congreso en Ausencia. Con el querido amigo Eugenio Florit recordaba tiempos de antaño y a personas conocidas de ambos. A Carlos Alberto Montaner le hablaba de las posibilidades de liberación de Armando Valladares, por el que Of Human Rights estaba haciendo innumerables gestiones. De Hilda Perera, quien por encontrarse escribiendo su libro *Plantado* tenía contacto con muchos de los prisioneros liberados que llegaban a Miami, demandaba noticias frescas. En fin, no paraba un instante. Recorría ligera los pasillos del Teachers College y casi llevaba a remolque a los que estaban con ella. No obstante, a veces tenía que detenerse a tomar resuello.

Elena venía decayendo desde hacía tiempo. Pero la etapa que pudiera denominarse como "agónica" empezó en 1981. Aplicada a ella, sin embargo, la palabra "agónica" no tenía sólo implicación de muerte, sino también aquel sentido que le daban los griegos, para los que "agonía" significaba preferentemente "lucha". Elena era una luchadora nata que no iba a rendirse sin ofrecer resistencia, sin tratar de aprovechar el tiempo que le quedaba para llevar adelante la causa a la que se había entregado. Cuando se sentía muy cansada o alguna dolencia la agobiaba, se quedaba en el apartamento, pero desde allí seguía el curso de los acontecimientos: la nueva huelga de hambre de los presos de Boniato, la consulta hecha a Hugh Thomas, la conversación con los dirigentes de Amnesty International, la contestación de la correspondencia, la revisión de pruebas de imprenta de *Of Human Rights* y otros muchos menesteres que se presentaran.

Durante los dos últimos años el enfisema se había agudizado. Sin embargo, en su afán de ganarle tiempo al tiempo, no le daba mucho reposo al cuerpo y éste, naturalmente, se resentía. Parecía haber alcanzado un punto tal de agotamiento que la más leve sacudida podría serle fatal. Había ido perdiendo el apetito y aunque se esforzaba en alimentarse para poder seguir su misión, en los últimos tiempos sólo comía lo mínimo. "Ya en los últimos años era puro espíritu", anotaría más tarde Ernesto Ardura[87] "... y la hemos visto desvanecerse lentamente", escribiría Hilda Perera[88].

En una de sus varias estancias en el hospital, un especialista ordenó múltiples pruebas y, al cabo de ellas, le dijo, con esa claridad con que los médicos de este país suelen hablar a los enfermos incurables, que no había nada más que hacer. Un pulmón no trabajaba en lo absoluto y el funcionamiento del otro era inferior a la mitad. Como consecuencia del enfisema, el corazón se encontraba también sumamente afectado. Las palabras del médico fueron la confirmación de lo que ya ella sabía. Pero no se dejó vencer por la angustia ni la desesperación. Estaba muy mal pero no se resignaba a abandonarse a la enfermedad. Sabía que su participación era un importante símbolo.

El 28 de enero de 1981, se efectuó en Miami una Cena Martiana a la que ella estaba invitada. Tenía grandes deseos de concurrir y recluida en su casa con una fuerte bronquitis, o más bien una crisis del enfisema, sólo dos días antes del acto aceptó la imposibilidad de asistir. Entonces preparó unas palabras que pidió que le dictaran por teléfono a Uva Clavijo para que las leyera en su nombre. Tenía la voz muy débil y la respiración entrecortada. Según su propia confesión, no podía dictarlas ella porque se cansaba mucho y temía no poder terminar:

---

[87] Ernesto Ardura, "Recordando a Elena, una mujer toda espíritu", *The Miami Herald,* Miami, 1981.
[88] Hilda Perera, "Un requiem sencillo para Elena Mederos", *Diario Las Américas,* Miami, octubre 11, 1981.

> ... aunque no me encuentro presente, estoy unida, en lo profundo de mi espíritu, al pensamiento rector que los congrega hoy a la sombra de quien ha sido, es y será, el más ilustre de los cubanos y el más ardiente defensor de estos derechos por los cuales todos estamos luchando[89].

Su voluntad era tan fuerte que se sobreponía a todos los males y de vez en cuando, casi sin fuerzas, todavía se aventuraba a dar una vuelta por la oficina. Por otra parte, no permanecía ajena a las actividades; Frank la visitaba regularmente para ponerla al día en todo y hasta le llevaba alguno que otro artículo sobre los presos para pedirle su opinión sobre la conveniencia de incluirlo en el número de *Of Human Rights* que estaban preparando. Elena, de este modo, sentía que todavía podía ser útil.

El 1 de febrero de 1981 escribía: "... yo que estoy más que fundida..."[90].

Y en marzo del propio año:

> ... y a mí es a la que por el momento me sobra el tiempo ya que todavía no estoy en condiciones de salud que me permitan rendir una labor eficaz. Sí creo poder decir que estoy mejor y espero, dentro de unas semanas, ir incorporándome a tantas y tantas cosas pendientes para volver nuestra maquinaria de Of Human Rights a su ritmo anterior[91].

En mayo, en carta a Elba López se refiere también a su salud:

> Este año me ha cogido más delicada de salud. Los 81 no los estoy disfrutando sino más bien padeciendo, pero espero vencer los achaques que me han venido fastidian-

---

[89] Elena Mederos, palabras que envió para ser leídas en la Cena Martiana celebrada en Miami el 28 de enero de 1981.
[90] Elena Mederos, carta a M.L.G., febrero 1, 1981.
[91] Uva Clavijo: "Las cartas de Elena Mederos", trabajo citado.

do... Estoy trabajando muy poco, descansando más de la cuenta[92].

Sin embargo, los males continuaron. El querer hacer más de lo que sus fuerzas físicas le permitían, constituía un perenne agobio. Necesitaba arreglar papeles, preparar escritos, contestar correspondencia, leer pruebas de imprenta, y no se daba reposo. Asombra revisar cualquiera de las hojas en las que todavía, a pesar de sus limitaciones físicas, solía anotar las diversas actividades que se proponía llevar a cabo al día siguiente. En una letra más bien menuda, bastante desfigurada ya por la falta de fuerzas, escribía cosas como éstas: "llamar a Ana Ma.", "ir a la oficina", "revisar las pruebas", "hablar con Frank", "almorzar con Mariada", "asistir a la junta de The Children's House", "conseguir un artículo publicado en el *Washington Post* el día...", "pedirle a Ripoll que se ocupe de conseguirme lo que me dijo", etc. Por lo general, hacía cuanto se había propuesto. Naturalmente, a medida que pasaba el tiempo y progresaba la enfermedad, las listas iban siendo más limitadas y no podía cumplirlas en su totalidad.

Ya para mediados de abril o mayo tenía oxígeno en la casa y algo más tarde, después de su segunda estancia en el hospital, dormía en cama Fowler, pero se levantaba para comer lo poco con que se alimentaba, y hasta para dar una vuelta por la oficina de Of Human Rights. Durante los últimos meses había contratado a una secretaria[93] para que la ayudara con todas aquellas tareas que no quería dejar inconclusas. Sabía que el tiempo se le iba acabando y se imponía una actividad incesante de ritmo apresurado. En el umbral de su último camino seguía la lucha, el no rendirse.

---

[92] José G. Simón, *Elena Mederos, símbolo de patriotismo y libertad*, Washington, D.C., Of Human Rights, 1982.
[93] María Saca.

Más o menos a fines de junio fue a visitarla Marcelino Miyares, y a pesar de habérsele advertido las condiciones en que se encontraba Elena, al entrevistarse con ella le propuso que presidiera el III Congreso de Intelectuales Disidentes que iba a celebrarse en Washington, D.C. Le especificó que los trabajos de organización no recaerían en ella, ya que otras personas se encargarían de esas tareas, pero que su presencia como Presidenta del Congreso sería de mucha importancia para el éxito del evento. Ella pareció bastante entusiasmada y posiblemente dio calor a la idea de poder hacer lo que se le pedía. No obstante, dijo a Miyares que iba a pensarlo dos o tres días para ver si se sentía mejor. Él decidió esperar por su respuesta y se retiró. Elena comentó que le gustaría aceptar la proposición pero que no sabía si estaría lo bastante bien para hacerlo. "Veremos", fue su última palabra, dicha como para sí misma. Era más que evidente para todos los que estaban cerca de ella que el fin iba acercándose y que, con toda probabilidad, cuando el Congreso se efectuara, ella no podría estar presente. Dos días después envió a Miyares su respuesta: el estado de su salud no había mejorado y sentía mucho tener que declinar la invitación.

Ésta fue, en cierto modo, su claudicación ante la circunstancia. Elena estaba acostumbrada a la lucha contra todos los males, todas las dificultades, todos los obstáculos. Pero también sabía aceptar las realidades. Al declinar la invitación de Miyares, reconocía que se trataba de una realidad inevitable y pactaba con ella. El renunciamiento debió haber sido triste para la mujer de acción, para la luchadora, sobre todo porque sabía que no le quedaba mucho tiempo y tenía demasiado que hacer todavía. Si hubo tempestad, ocurrió muy adentro, ya que solía quitar dramatismo a toda circunstancia adversa.

Y continuaba haciendo lo que podía, dándose con todo el corazón en una última entrega.

XI. Con las manos limpias y los ojos serenos

El otoño es la estación del año en que las tierras del norte presentan una policromía singular: hay una violenta confusión de colores, verdes que perduran, arces que estallan en llamas y constituyen un placer para los ojos y también el mortecino y terroso ocre en que van consumiéndose las llamaradas y los tonos brillantes. La luz prístina del verano va apagándose y a los cielos claros y despejados sucede el gris nebuloso de una estación menos propicia. El ambiente parece adquirir una tristeza esencial que se advierte en los hombres, en las plantas, en el viento que sopla como desolado. El otoño tiene quizá más de melancolía, de inevitabilidad, de angustia cósmica que el propio invierno.

Por ahí cerca, en alguna parte del jardín del edificio donde vivía Elena Mederos, crecía un arbolillo que había ido transformando el esplendor de sus días alegres en una especie de tonalidad difusa y ya daba muestras de que pronto iba a quedarse escuálido y seco. Muchas de sus hojas conservaban todavía algo de su prestancia veraniega, mientras que algunas otras, medio arrugadas, marchitas, inertes, estaban a punto de alfombrar el suelo alrededor del tronco que permanecía enhiesto, pero como si se fuera despojando de su rica vestidura. Alguien cerca de ella, Ana María Cueto, de la que recibió sobradas muestras de afecto y devoción, contemplaba día a día la decadencia de la planta y comparaba el estado físico de Elena con aquel pequeño árbol que iba desnudándose de follaje y con aquellas hojas casi sin vida que se desprendían, una a una, cuando las sacudía el viento o cuando su propio peso las hacía caer al suelo. Era como una imagen anticipada del destino. Entre la tristeza de aquel otoño que empezaba a desplomarse, poco a poco, sobre el candente verano y aquella vida que iba apagándose también, día a día, había como una relación telúrica.

La salud de Elena se resentía cada vez más. Los pulmones, minados por el enfisema, se le quejaban incapaces ya de inhalar el oxígeno vital. Desde agosto de 1981 permanecía casi todo el tiempo confinada en su cuarto, tratando de aliviar el ansia de aire con el uso frecuente de unos tubos que, por las fosas nasales, le servían el oxígeno contenido en un pequeño balón. Era ya la sombra de Elena: el corazón, cada vez más agitado, la mente lúcida atormentada por el pensamiento de su inutilidad física, los males digestivos permitiéndole comer poco, picando algo aquí y otro algo allá, como un pequeño pájaro agonizante que ya no necesitara ingerir alimentos. Se sostenía en pie a pura fuerza de voluntad, a puro empujar del alma.

A una persona con un sentido tan cabal de la realidad no podía escapársele la inminencia de su fin. Pero luchaba por extender sus días terrenos, por vivir un poco más. Quien había pagado de antemano en amor y servicio a los demás, en generosa dádiva de sí misma, no tenía por qué estar asustada. Nada debía y, por el contrario, mucho había dado. Podía entrar en la eternidad con las manos limpias y los ojos serenos.

Mas la obra estaba inconclusa. La patria seguía esclavizada y los presos políticos, por los que había luchado con dedicación integral, continuaban tras sus barrotes o tapiados. ¡Quedaba tanto por hacer, tanto que decir, tanto que denunciar a un mundo indiferente! Y quien se había pasado la vida haciendo, sentía no tener fuerzas ni tiempo para concluir o siquiera adelantar algo más la misión que se había impuesto. Además, le dolía dejar a la hija que era parte de sí misma.

Los dos últimos meses los pasó entre su cuarto de enferma y el hospital de la Universidad de George Washington. Con cada regreso del hospital cobraba fuerza y de inmediato se ponía a la tarea, a su hacer, aunque con comedimiento y mesura. Demasiado sabía ella que ya no podía excederse, que necesitaba moderar sus impulsos para seguir haciendo. Con cada ida al hospital, en ambulancia, a veces a media noche o de madrugada, sentía la angustia de su incapacidad para doblegar su naturaleza física como tanto lo había hecho en el pasado. Y cada estancia era un suplicio, era el sentir que la obra se le escapaba de las manos.

Aquel cuerpo tendido sobre la cama, de una apariencia casi etérea, de una delgadez tan transparente que parecía como si pudieran vérsele no sólo las venas, los tendones y los huesos sino hasta el alma, aquel cuerpo maltrecho, sometido a los múltiples intentos que la medicina moderna ha inventado para alargar algo más las vidas que necesariamente tienen que apagarse, no se rendía. En verdad, no era el cuerpo el que no se rendía, sino el espíritu que seguía luchando, aquel espíritu vigoroso alentado por una voluntad férrea. Una y otra vez sobrepasaba las crisis y volvía a la casa a ponerse de nuevo en contacto con lo suyo, a informarse de los últimos acontecimientos referentes a la patria y a los presos. Ya casi con el pie en el estribo, apenas recuperada de una crisis, se iba a visitar el nuevo local de Of Human Rights con el fin de dar a todos la impresión de que seguía presente y estimular con ello el entusiasmo y la dedicación de cada cual, involucrando a más personas en los proyectos, para que continuaran la labor que ella dejaba sin terminar.

Pocas alegrías tuvo durante los últimos meses de su existencia. Las noticias que llegaban de la Isla no eran buenas; el trato dado a los presos seguía siendo el más cruel e inhumano de todos los tiempos. Allá lejos, en Boniato, aislado y sin ropas, continuaba "plantado" el querido José. Había estado encarcelado durante 20 años[1] y había conocido todas las prisiones, llevando en el cuerpo la marca de cada una de ellas. Gloria, su esposa, no había podido verlo desde hacía más de 2 años. Esta espina la llevaría Elena clavada en el alma hasta el final.

El fiel Frank Calzon, que seguía al frente de Of Human Rights, la visitaba por las noches para mantenerla al tanto de las actividades referentes a los presos. A medida que iba cerrándose el periplo de su vida, su depauperación era cada vez más visible. Ya no podía tratar de ocultar con una sonrisa y un "ahí vamos" su estado; ya no podía organizar, ni con la ayuda de una secretaría y amigas diligentes, la papelería que se amontonaba en su habitación, en la sala, en el comedor; ya no podía entretener a los pocos visitantes que lograban acceso a su retiro de enferma con aquella cautivadora charla que era deleite de quienes la escuchaban. Ahora su voz era casi un murmullo y, aunque no solía quejarse, su demacración y la desgarrada profundidad de sus ojos, durante aquellos días postreros, hablaban por ella. A principios de septiembre sus sufrimientos físicos eran evidentes, a pesar de que por una especie de pudor, natural en un ser de tan reservada dignidad, se empeñara en ocultarlos. Más ya, rendido al fin aquel espíritu indomable, ansiaba que llegara la "muerte hermana" de que habló su admirado San Francisco. Ella sería la que la libraría definitivamente de tanto dolor del alma y del cuerpo.

La agobiaban los múltiples intentos de los médicos por prolongar la vida que iba entrando ya en agonía; las extrac-

---

[1] Al fin, después de casi 28 años de prisión, José Pujals Mederos fue liberado debido a las presiones ejercidas por algunos congresistas y senadores norteamericanos que el Kiwanis Club de la Florida había interesado en su favor.

ciones diarias de sangre para nuevos análisis que a nada conducían, los sueros, las inyecciones, los cardiogramas, las visitas a más y más facultativos. "¿Para qué? Ya no hay nada que hacer", le dijo a alguien que la urgía a que tomara un poco de sopa de guisantes porque era muy alimenticia. Y a esta misma persona, cuando pensó que terminaba la visita, le murmuró quedo: "Espera, déjame decirte algo, quiero despedirme", sellando estas palabras con un apretón de manos mucho más fuerte de lo que podría suponerse en aquel cuerpo macilento y de levedad suma. La mano quedó en la mano por unos instantes. Luego se aflojó y se deslizó inerte sobre la cama. Fue como si hubiera querido transmitir un adiós definitivo. La enferma, que aunque decaída y apagada conservaba su lucidez, cayó en una especie de sopor del que no salió mientras la amiga pudo permanecer a su lado. Esto sucedió el 22 de septiembre; el 25, muy de mañana, todo había terminado.

Al siguiente día, después de unas brillantes y acertadas palabras del Dr. Carlos Ripoll a nombre de Of Human Rights y la expresión del recuerdo afectuoso y emocionado de sus amigas del Lyceum, el padre Enrique Rueda, que había compartido con ella afanes patrióticos y humanitarios, dijo un sencillo responso y encomendó su alma al Creador. Luego, su hija y un numeroso grupo de personas allegadas dejaron sus restos mortales en el cementerio "The Gates of Heaven" del Estado de Maryland. Ella hubiera deseado que sus huesos se fundieran con el polvo del suelo querido, allá en la tierra isleña, bajo el límpido azul del cielo cubano. El destino dispuso otra cosa: suelo amigo y acogedor pero no era el suyo, cielos nublados, soplos de aire frío precursores de heladas invernales.

La mano amiga que días atrás estrechara la suya por última vez, escribió:

285

Sobre nosotros descendió en esta hora
la noche del dolor; mas su alma erguida,
liberada de la grávida forma,
subió al reino de la paz infinita
donde los altos espíritus moran.
Toda luz y en estado de gracia iba[2].

---

[2] María Luisa Guerrero, "Duelo por la ausencia sin retorno", poema a la memoria de Elena Mederos, 1982.

XII. Bajo el signo del Amor

La vida de una persona habla por sí sola y si es verdad que la grandeza del ser humano puede calibrarse por la obra realizada durante su tránsito terrenal, no cabe duda de que Elena Mederos ha de ser considerada entre las personas más valiosas que ha producido Cuba.

La biografía de ella que aquí ha quedado presentada no es una realidad absoluta. Se trata sólo de una aproximación a las realidades que la constituyen, ya que tal vida y tal obra van más allá de cuanto puedan rendir la investigación más acuciosa y decir las palabras más elocuentes. Es, pues, una visión de conjunto, una idea de lo que representó su trayectoria vital juzgada con cierto objetivismo, puesto que la extrema reserva personal que ella tenía sobre su vida interior hace que sólo puedan deducirse sus íntimos sentimientos. Mas, con todo, esta incompleta visión de realidad permite atisbar tal riqueza de cualidades positivas que invita al análisis de cuanto representó e hizo, con el fin de poder apreciar su verdadera dimensión humana.

Porque, ¿cómo poder encontrar en un puñado de páginas que escasamente apresan la infinita multiplicidad de sus actividades, la pauta para estimarla? ¿Cómo describir los rasgos que le fueron característicos sin caer en ditirambos que ella en vida no hubiera tolerado, y sin incurrir en omisiones que la muestren disminuida, con desconocimiento de sus verdaderas virtudes? ¿Cómo hallar el justo equilibrio para evaluarla? Elena a veces citaba un enunciado del Kempis: "No soy más porque me ensalcen, ni menos porque me vituperen". Esa, pues, debe ser la norma que guíe todo trazado de su personalidad. "Se hace camino al andar", cantó el poeta Antonio Machado. Y Elena hizo camino. Según sus contemporáneos, desde su juventud contó con una voz agradable, sugerente, persuasiva. Se advertía en ella un cierto aire de reserva, características que predominaron durante su edad adulta. Opuesta a los dramatismos exagerados, tenía ella un gran sentido de lo propio y lo adecuado. Era responsable, mesurada en la palabra, en los ademanes, en la expresión de sus ideas, en la manifestación de sus sentimientos.

De anciana seguiría fiel a estos modos. Sin embargo los años y las vicisitudes del exilio fueron dejando en su apariencia física, marca indeleble, inescapable.

Era una mujer de talento y mente ágil, que captaba rápidamente los aspectos fundamentales de un problema, y un carácter bien definido con capacidad para realizar empeños que parecían imposibles. Creía en la virtualidad de la persistencia en el esfuerzo y en la dedicación al trabajo. Era una trabajadora infatigable que no se daba por vencida ante ningún revés y para quien resultaba verídico el dicho de Thomas Alva Edison de que toda obra es producto de un uno por ciento de inspiración y un noventa y nueve por ciento de afanes y laboriosidad. Solía dedicar largas horas al trabajo y hacía que esta entrega, sin límites de horario, la compartieran gustosamente quienes la rodeaban. Esperaba de los que trabajaban con ella lo más que pudieran hacer. Pero nunca les pedía nada que no estuviera dispuesta a hacer ella misma. Esto, sin ejercer presión o insistencia, porque con su calidad de líder, el encanto natural que dimanaba de su persona, la afabilidad y gentileza de su trato y su poder de convicción, sabía concitar voluntades y despertar en todos el deseo de darle su cooperación y participar en las obras en las que ella se encontraba empeñada. Idealista y práctica a la vez, había en

Elena como una simbiosis de ambas cualidades. Los proyectos en los que se involucraba eran inspirados por el idealismo que latía en el fondo de su ser. Aspiraba y confiaba cuando muchos a su alrededor dudaban. Mas sabía reconocer las realidades, evaluarlas y hasta aceptarlas cuando eran inevitables. En suma, era un Quijote en disposición siempre de romper lanzas, pero que podía distinguir los molinos como tales y evitar estrellarse contra ellos.

La honestidad que ponía en los actos de su vida corría pareja con su carencia de vanidad y su desinterés. Jamás dio importancia a los múltiples honores que en vida recibió. Es más, ni siquiera se preocupaba demasiado en conservarlos ni tener constancia de ellos. Nadie sabe dónde se encuentran las condecoraciones de Céspedes y de Finlay concedidas en su patria, ni las llaves de las distintas ciudades que le fueron entregadas, ni los muchísimos diplomas, certificados de aprecio, así como placas con las que se reconocieron sus méritos. Gertrude Lomnitz recuerda un hecho significativo: en una ocasión, con motivo de haber representado a Cuba ante la Asamblea de la Comisión Interamericana de Mujeres, el Lyceum organizó, en los salones del Vedado Tennis Club, un acto en su honor. Después de la introducción de rigor, al levantarse ella para hablar, fue recibida con una verdadera ovación. Las lyceístas se entusiasmaron tanto que ella no podía empezar su informe. Al fin, cuando al cabo de algún rato pudo hacerse oír, dijo algo así como: "Bien, yo soy muy malagradecida para los aplausos..." y procedió de inmediato con su informe sobre los logros del evento al que había asistido. Gertrude comenta que tal actitud la impresionó vivamente y estima que con ella Elena dejaba establecida públicamente una pauta de valores[1].

Era Elena amante de su familia y tenía un alto concepto de la amistad y de la lealtad. Un fino sentido del humor,

---

[1] Gertrude Lomnitz, testimonio personal.

que se manifestó siempre desde la juventud y fue agudizándose con los años, matizaba su trato y su compañía. Poseía, además, una gran sensibilidad estética.

Debe señalarse como fundamental que Elena era una mujer polarizada hacia valores éticos que constituían una perfecta armonía de moral, carácter, ejercicio infatigable de constructiva acción, grandeza espiritual y calor humano.

Al considerar los pormenores de su biografía hay, entre otros, muchos aspectos, que se destacan nítidamente y que pueden dar la clave de su categoría como ser humano.

En su escala de valores éticos, quizás el sentido de la responsabilidad social ocupaba el primer lugar. Elena siempre procedía de acuerdo con la norma de conducta que le trazaba lo que generalmente se denomina "el deber", que para ella no era obligación onerosa impuesta por ley divina o ley natural de los hombres, sino gustoso cumplimiento de los dictados de su conciencia.

No era Elena lo que tradicionalmente se considera una persona religiosa. No practicaba una religión dogmática, sino una observancia de patrones de conducta que estaban por encima de toda filiación formal. Como Elena tenía una natural inclinación a hacer el bien, fue, sencillamente, una mujer profundamente cristiana.

Durante su larga vida había huido de toda expresión externa de afectada virtud. Su religión la llevaba escrita en el corazón. Había, sin embargo, dos manifestaciones religiosas con las que este corazón se encontraba plenamente identificado. Una era la *Imitación de Cristo*, de Tomás de Kempis, guía espiritual adoptada desde que, en sus épocas de colegiala, había escuchado su lectura de labios de Eloísa Sánchez; la otra, la *Oración de San Francisco*, de la cual se conserva una copia escrita por su mano. Puede afirmarse que a semejanza del santo de Asís, su religión no era pasiva, sino que se manifestaba en dinámica actuación. Elena rezaba con su conducta y sus hechos. Hacer por los demás es quizá la mejor forma de interpretar y poner en práctica la doctrina de amor de Cristo. Conducta y hechos respondían a un íntimo sentimiento de mística espiritualidad.

Poseía, además, una virtud que no abunda: la tolerancia, por lo que aceptaba que muchos, de buena fe, mantuvieran puntos de vista diferentes a los suyos y sentía que ninguna persona tenía el derecho de juzgar dogmáticamente a los demás. Estaba por encima de toda cerrazón de espíritu, por encima de los pensamientos pequeños. Había una extraña y perfecta armonía entre su carácter o estilo personal de conducta y su comprensión por aquellos que no se atenían al esquema de valores que ella sustentaba. Ciertos principios eran para Elena de obligado cumplimiento, pero su espíritu, amplio y moderno, estaba abierto hacia nuevas ideas y nuevas formas de comportamiento que ella trataba de entender y evaluar.

Tal liberalidad chocaba a veces con las ideas de algunos de los miembros más conservadores de su familia. En una oportunidad, con ocasión de celebrarse una pequeña reunión en su apartamento de New York, entre los invitados se encontraba una muchacha que era bibliotecaria en la sede de las Naciones Unidas. La conversación recayó sobre dos obras teatrales que estaban en las carteleras de Broadway por aquellos días, las que resultaban algo atrevidas. En relación con ellas, la joven contaba que su hermana, quien era monja, iba a venir a visitarla y le había pedido que obtuviera entrada para ambas obras. Cuando ella le argumentó que quizá para una monja eran algo fuertes, la respuesta de la hermana fue que no importaba, pues deseaba ver por sí misma la moralidad en que se fundamentaban. La joven agregó que su hermana era muy liberal y seguramente las comprendería y les encontraría un sentido moral. Entonces Elena comentó:

> Le pasará lo que a mí. Una vez mi cuñada Maísa me dijo: "Quisiera saber qué es lo que tú consideras inmoral porque yo lo he probado todo y a todo tú le encuentras una excusa... que si las circunstancias... que si la tenta-

ción.. que si no quiso perjudicar... que si habló sin pensar lo que decía... que si no trataba de ofender... que si hay que buscar los aspectos positivos"...

Siempre vivió Elena en función de servicio. Sentía que servir, ayudar a tratar de resolver los problemas de cuantos acudían a ella, ser una especie de amparo y protección en medio de las tempestades materiales o de conciencia confrontadas por los seres humanos, era su deber, una exigencia moral que regía su libre voluntad. La palabra clave de este servicio era Amor.

Sin embargo, esta mujer, que tenía mucho de sabia, al dispensar su generosidad no procedía en forma desorbitada, arbitraria o incauta. Como anota Rosario Rexach:

> Sabría moderar su piedad, afinarla, sabría ponderarla, sabría encauzarla. Y así aparece otra de las cualidades que contribuyeron a estructurar su carácter. La moderación. Era una moderación, sin embargo, no usual. Era una moderación de esa que los griegos llaman "sophrosina". Una moderación no nacida de ausencia de sensibilidad como ocurre en tantos casos, sino de una sensibilidad apasionada pero sometida a los controles que la razón y las normas imponen[2].

Estas características obrarían en el orden nacional la transformación del sentido tradicional de la caridad al moderno concepto de la asistencia social, más científico, más a tono con la nueva dinámica social.

También Rosario Rexach anota la agudeza y perspicacia que poseía para adivinar a los seres humanos tras las más variadas vestiduras.

En forma menos literaria, pero llena de una elocuente naturalidad, Gertrude Lomnitz aludiría a esta misma perspicacia y a la moderación:

---

[2] Rosario Rexach, "Cristalización de una personalidad", *In Memoriam, Elena Mederos de González,* Koubek Memorial Center, Universidad de Miami, 1982.

Con facilidad se desprendía ella de dinero, aunque no alocadamente. Daba con generosidad, pero sabía distinguir cuándo era una necesidad y cuándo picardía. Tenía una gran perspicacia para advertir si se trataba de engaño o aprovechamiento y entonces sabía también responder con la actitud correcta y procuraba encaminar a la persona dándole una suave orientación sobre la responsabilidad que a cada cual le correspondía en el orden del manejo de la economía y de los propios actos[3].

Pero la generosidad de Elena iba más allá de lo puramente material. Elena remediaba, de acuerdo con sus posibilidades, los problemas económicos que le presentaban, pero acudía, con preferencia, a quienes necesitaban más que un auxilio material, una orientación o apoyo moral y espiritual. Toda su vida, desde que tuvo uso de razón hasta el ocaso final, se proyectó en línea recta, sin zigzagueos, dirigida hacia un propósito fundamental: trabajar por el mejoramiento de los seres humanos, remediar necesidades ajenas, contribuir al bienestar social, servir, amar... Y en este propósito se vertía toda ella, porque Elena no sólo daba sino que, sobre todo, *se daba*.

En el orden afectivo puede decirse que su generosidad no tuvo límites. Nada parecía alterar su apariencia exterior, de habitual serenidad y, sin embargo, allá en lo profundo, se sentía como tocada en carne viva no sólo por los problemas de quienes estaban cerca de ella, sino también por los de aquéllos que estaban más allá de su ámbito y alcance. Se conmovía íntimamente y se ponía en acción cuando surgían graves situaciones debidas a cataclismos de la naturaleza o causadas por el hambre y las enfermedades de la infancia, tanto en su Cuba natal como en los países extranjeros. Y ni qué hablar de las penosas circunstancias que confrontaban los presos encerrados en las prisiones cubanas, por quienes libró su última batalla.

---

[3] Gertrude Lomnitz, testimonio personal.

Mas esta amorosa entrega, este sentido de ayuda con un significado tanto individual como colectivo, esta ontológica preocupación por lograr para los demás el disfrute de un mundo mejor, no implica en modo alguno que se pretenda atribuirle categoría de santidad. Elena era, como habría podido decir Unamuno: "Nada más pero nada menos que toda una mujer". Es decir, un ser humano de carne y hueso que, como tal, pudo equivocarse alguna vez y acertó muchas veces; una mujer con extraordinarias virtudes, con un sentido ético dominante y una absoluta dedicación a lograr el bienestar de la parte de la humanidad que estuviera dentro del entorno en el que se desenvolvía. Tenía un sentido pragmático que la hacía actuar no con especulaciones filosóficas sino con posibilidades concretas capaces de realización. Pero, dentro de su limitada órbita, sabía que el Amor es el gran instrumento y lo empleaba, unido a su claro entendimiento y capacidad ejecutiva, para ayudar a remediar la necesidad ajena y contribuir, por esa vía, al mejoramiento de la colectividad.

El tercero de los valores que se destacaban como fundamentales en su esquema ético era el respeto a la dignidad del ser humano. En el orden personal, por temple de carácter, era dada a levantar la cabeza aun cuando escondiera un gran dolor. Pero esto era sólo la manifestación externa de un sentimiento dominante y profundo que no tenía índole puramente personal, sino que en su amplitud se extendía a todos sus semejantes. Para ella, el respeto a la dignidad humana no era una condición de importancia secundaria, sino uno de los regalos de la naturaleza, uno de los dones supremos que el ser humano recibe desde el momento en que nace. De aquí que su fina sensibilidad se estremeciera ante la violación de un derecho que consideraba inmanente.

Durante la totalidad de su existencia, Elena Mederos estuvo dedicada a luchar por lograr el respeto a la dignidad del ser humano en todos los órdenes. Su primera actuación en la vida pública tuvo por meta la liberación femenina en su país y en Latinoamérica. Fueron años de dedicación al empeño de elevar la dignidad de la mujer y lograr para ella el respeto que se le debía tras siglos de esclavitud y sometimiento a injustas y tradicionales costumbres. Después vino su batalla por abrir, para los ignorantes sin recursos, las puertas de la educación, con el fin de hacerlos más aptos dentro de sus respectivos medios ambientales e inspirar en ellos el deseo de superarse y obtener el propio respeto y el respeto de los demás. Al mismo tiempo, llevaba a cabo otra batalla por lograr el reconocimiento de la asistencia social profesional como medio de conseguir el respeto a los más desvalidos de la sociedad, empeño que ella misma denominó "una cruzada por elevar la dignidad de la persona". Sentía repugnancia por la limosna, en la cual veía una disminución de este respeto y de aquí procedía su "cruzada", la que se proponía transformar la caridad, dándole una forma de mayor amplitud. Algo más tarde se involucró en la lucha cívica por recuperar el respeto a la dignidad ciudadana. Ya en el exilio, desde su cargo en el UNICEF, dio su colaboración a los esfuerzos de este organismo para tratar de garantizar el cumplimiento de la *Declaración de los derechos del niño* y el reconocimiento de la dignidad y el valor único que representa cada ser humano, aun el más pequeño y desamparado. Por último, durante la etapa de su vida que se consumó en Washington hasta exhalar el último aliento, su lucha por la dignidad se volcó hacia el propósito de lograr el respeto a los derechos humanos en general y, en especial, los de los presos políticos cubanos.

Su culto por la dignidad del ser humano estimulaba en ella la pasión por la libertad y la aspiración a la democracia. Para Elena, la libertad era tan esencial como el aire que se respira. Su concepto de este bien no era restringido, sino consistía en una visión amplia que cubría todos los sectores de la vida: patria, hogar, conciencia, creencias religiosas, manifestaciones de la voluntad.... Elena no hubiera concebido tener un pájaro en jaula, como tampoco concebía que se limitara el pensamiento, que se amordazara la palabra, que se sometiera la educación a un rígido patrón estatal, que se coartara la facilidad de trasladarse de un sitio a otro. Para ella, LIBERTAD se escribía con mayúsculas; era don supremo y derecho inalienable del ser humano.

En lo que se refiere a la democracia, ésta significaba no sólo un sistema de gobierno elegido y determinado por la voluntad del pueblo, sino también ejercicio de los principios de igualdad, equidad y justicia social en todas partes y por todas las personas. Elena practicó siempre la democracia con su liberalidad, con su respeto a las ideas y a las actitudes de los demás, con su lucha contra los regímenes dictatoriales, ya fueran de derecha o de izquierda, con su condena a toda forma de discriminación. Al hogar de Elena concurrían, y a su mesa se sentaban, amigos y amigas de diferentes razas, credos y clases sociales, y tenía hacia ellos idéntica consideración y aprecio. Nacida en un ambiente de holgura y bienestar, no reconocía otra aristocracia que la del espíritu, ni otra superioridad que la del que ajustaba su vida y su talento, no precisamente a las ideas que ella sustentaba, sino a los individuales principios éticos que a cada cual eran propios.

Todos estos valores por los que regía su vida eran para ella de una preponderancia ilimitada. Nada la apartó de ellos porque nada tenía más peso que la propia conciencia. La imagen que se deriva del balance de esta activa y creadora existencia es la de una mujer incansable que trabajó sin esperar recompensa, que sembró sin preocuparse de recibir para sí la cosecha, sino que, por el contrario, hizo y sembró con el deseo de servir al prójimo en la medida de todas sus capacidades.

Habituada por sus actividades a un constante viajar y con un justo sentido de la movilidad que facilita el no llevar carga excesiva, siempre lo había hecho "ligera de equipaje", como dijo el poeta Antonio Machado. Ahora, al cerrarse su periplo vital, estaba en disposición de partir para el viaje del que no se retorna, aún más ligera de equipaje, como proponía para sí el cantor de Baeza, sin valija alguna, ni su eterno cartapacio de papeles que ya no iba a necesitar más. Dejaba tras sí una obra valiosa, constructiva, útil.. un ejemplo a imitar de rectitud, bondad, desprendimiento y reverente homenaje al respeto que se le debe al ser humano... un legado de directrices sobre el patriotismo, la conducta decorosa, la obligación moral de servir a los semejantes, la virtualidad del esfuerzo y la dedicación al trabajo, y la fe en que el signo del futuro será la libertad.

La dama de los grandes deberes, de las grandes generosidades, de la gran pasión por lograr el respeto pleno a la dignidad de la persona, es, por los hechos de su vida y los atributos de su personalidad, *una mujer con perfil para la historia.*

Referencias bibliográficas

ÁLVAREZ DÍAZ, JOSÉ R., *La trayectoria de Castro: encumbramiento y derrumbe*, Miami, Editorial AIP, 1964.
ANTUÑA, VICENTINA, "El Lyceum", *Revista Lyceum*, vol. XI, núm. 37, La Habana, Editorial Lex, febrero 1954.
ARDURA, ERNESTO, "Elena Mederos habla del Lyceum", *The Miami Herald*, Miami, julio 9, 1980.
AROCENA, BERTA, *Los veinte años del Lyceum*, La Habana, Imprenta de la revista *Crónica*, Editorial Lex, 1949.
BEL GEDDES, JOAN, "UNICEF Volunteers", *UNICEF News*, Issue 59, United Nations, March-April, 1969.
BLANCO DE PADRÓN, MIRTA, "Elena Mederos liberacionista... antes de que existiera la palabra" (entrevista), *Vanidades*, Miami, mayo o junio, 1974.
BONSAL, PHILIP, *Castro and the United States in Foreign Affairs*, January, 1962.
BORRERO, ANA MARÍA, "¿Qué sabemos del Lyceum y Lawn Tennis Club?", *Vanidades*, La Habana, marzo 1945.
BRAUNING, ROBERT R., "Elena Mederos aboga por los presos políticos. Dedicada a la defensa de los derechos humanos" (entrevista), *The Miami Herald*, Miami, junio 18, 1977.
CANET, GERARDO, "Con los comunistas no es posible el diálogo, dice Elena Mederos", *¡Bravo!*, Miami, abril 23, 1981.
CASALINS, RAFAEL, "Un desayuno en honor de Elena Mederos", *The Miami Herald*, Miami, junio 20, 1977.
CLAVIJO, UVA, "Of Human Rights y los cubanos de Washington", *Diario Las Américas*, Miami, 1979.
_____, "Las cartas de Elena Mederos", *Diario Las Américas*, Miami, octubre 13, 1983.
_____, "El legado de Elena Mederos", *Diario Las Américas*, Miami, enero 3, 1985.

COMISIÓN INTERAMERICANA DE MUJERES, *Libro de Oro,* Washington, D.C., Secretaría General de la Organización de Estados Americanos, 1982.

CHACÓN Y CALVO, JOSÉ MARÍA, "El Lyceum como empresa colectiva", *Programa del Festival Pro Biblioteca Pública del Vedado,* La Habana, julio 1941.

FONDO DE LAS NACIONES UNIDAS PARA LA INFANCIA, *La infancia y la juventud en el desarrollo nacional de Latinoamérica,* México, Gráfica Panamericana, mayo 31, 1966.

_____, *Selección de documentos presentados a la Conferencia Latinoamericana sobre la infancia y la juventud en el desarrollo nacional,* México, Edimex, septiembre 14, 1966.

GOWLAND DE GALLO, MARÍA, "La obra educadora de Amanda Labarca", *Revista Américas,* Washington, D.C., Organización de Estados Americanos, 1975.

GUERRERO, MARÍA LUISA, "Reseña sobre la clausura del Lyceum", *Revista Cubana,* New York, 1968.

KIDD, PAUL, *Un pueblo traicionado,* Miami, marzo 1963.

KIRKPATRICK, JEANE, "Tribute", *In Remembrance of Elena Mederos de González,* Washington, D.C., Georgetown University, January 23, 1982.

LANCÍS, ANTONIO, *Grau: estadista y político,* Miami, Ediciones Universal, 1958.

_____, *El reordenamiento constitucional de las magistraturas del Estado,* La Habana, 1956.

MAÑACH, JORGE, "Glosas", *Diario de la Marina,* La Habana. Véanse: enero 7, sept. 17 y nov. 3 de 1948 y marzo 11 de 1953.

_____, "No hay solución sin un acuerdo entre Gobierno y Oposición", *Diario de la Marina,* La Habana, marzo 8, 1953.

_____, "El Lyceum y la conciencia nacional", *Revista Lyceum,* vol. XI, núm. 37, La Habana, Editorial Lex, febrero 1954.

MARTÍNEZ MÁRQUEZ, GUILLERMO, "La Elena que yo conocí", *In Memoriam. Elena Mederos de González.* Tributo del Lyceum en el Koubek Memorial Center de la Universidad de Miami, Elizabeth, N.J., 1982.

MEDEROS, LILLIAN, *Memoria,* Lyceum, La Habana, Editorial Hermes, 1933-34.

_____, *Memoria,* Lyceum, La Habana, Editorial Hermes, 1932-33.

MEDRANO, HUMBERTO, "Un esfuerzo más", *Diario Las Américas,* Miami, julio 1975.

NAUNTON, ENA, "En Washington una cubana vela por la libertad: Elena Mederos lucha por los derechos humanos en Cuba" (entrevista), *The Miami Herald,* Miami, mayo 6, 1978.

OLIVEIRA LIMA, FLORA DE, "The first conference of the Inter-American Commission of Women", Reprinted from the *Bulletin of the Pan American Union,* Washington, D.C., The Pan American Union, April 1930.

OROZA, ILEANA, "Elena Mederos: una defensora de los derechos humanos" (entrevista), *The Miami Herald,* febrero 3, 1980.

PERERA, HILDA, "Cincuentenario del Lyceum", *Diario Las Américas,* Miami, febrero 1979.

_____, "Un réquiem sencillo para Elena Mederos", *Diario Las Américas,* Miami, octubre 11, 1981.

_____, "Elena Mederos", *Diario Las Américas,* Miami, octubre 6, 1983.

_____, "Como yo recuerdo a Elena Mederos", *In Memoriam. Elena Mederos de González.* Tributo del Lyceum en el Koubek Memorial Center de la Universidad de Miami, Elizabeth, N.J., 1982.

PINTADO DE RAHN, MARÍA, "Elena Mederos: ministra de Bienestar Social de Cuba (entrevista), *Revista de Servicio Social,* San Juan, Puerto Rico, julio 1959.

PORTELL VILÁ, HERMINIO, "Los derechos humanos", *Diario Las Américas,* Miami, febrero 4, 1977.

REXACH, ROSARIO, "Cristalización de una personalidad", *In Memoriam. Elena Mederos de González.* Elizabeth, N.J., 1982.

_____, "El Lyceum de La Habana como institución cultural", Ponencia presentada al Congreso de la Asociación Internacional de Hispanistas celebrada en Berlín, agosto 1986.

RIPOLL, CARLOS, "Evocación de Baire en el homenaje a Elena Mederos", *La Voz,* Elizabeth, N.J., marzo 6, 1980.

ROLDÁN, RUBÉN DARÍO, *"¿Es un hombre honrado?",* Caracas, 1961.

SALES, MIGUEL, "Elena y el presidio político cubano", *In Memoriam. Elena Mederos de González,* Tributo del Lyceum en el Koubek Memorial Center de la Universidad de Miami, Elizabeth, N.J., 1982.

SALUVET, JUAN B., *Los deportados de Fernando Poo en 1869,* Matanzas. Imprenta Aurora del Yumurí, 1892.

SIMÓN, JOSÉ G., *Elena Mederos: símbolo de patriotismo y libertad,* Washington, D.C., Of Human Rights, 1982.

THOMAS, HUGH, *Cuba: The Pursuit of Freedom,* London, Harper and Row, 1971.

VARIOS, *Recuento de la gran mentira comunista,* Hialeah, Fl., Empresa Recuentos, 1ª. edición, vol. I, núm. 1, 1975.

DE ELENA MEDEROS

– "Desenvolvimiento femenino en Cuba. El feminismo en Cuba", *Almanaque de El Mundo,* La Habana, enero 1931.
– "Informe presentado a la Comisión Interamericana de Mujeres sobre el estatus de la mujer en Cuba", La Habana, 1933.
– *Memoria del Primer Congreso Nacional de Alimentación de la Federación Médica de Cuba,* La Habana, 1943.
– "Marta Abreu", *Revista de la Unión Panamericana,* Washington, D.C., Organización de Estados Americanos, 1945.

- "The Girl's Place in Latin America", Paper delivered at the Western Hemisphere Girl Guides and Girl Scouts' Meeting, La Habana, marzo 1946.
- "La mujer en el mundo actual, su estatus y proyecciones", Charla pronunciada en el Seminario de la YWCA, La Habana, s/f, c. 1948-50.
- "Antecedentes relativos a la creación de la Escuela de Servicio Social", *Revista de Servicio Social de Cuba*, La Habana, febrero 1949.
- "Recuento de seis años de servicio social", *Revista de Servicio Social de Cuba*, La Habana, septiembre 1949.
- "Las Naciones Unidas y sus proyecciones en el campo social", *Revista de Servicio Social de Cuba*, La Habana, diciembre 1949.
- "La indigencia es un mal controlable", *Cuadernos de la Universidad del Aire*, La Habana, 1950.
- "Las instituciones para niños abandonados", *Revista Lyceum*, La Habana, agosto 1950.
- "Cuestionario sobre el estado legal y tratamiento de la mujer. Derecho Público. Derecho de propiedad. Derecho de familia. Nacionalidad, etc.", La Habana, 1951.
- "Informe de la V Reunión de la Comisión de las Naciones Unidas sobre la condición jurídica y social de la mujer", *Revista Lyceum*, La Habana, Editorial Lex, mayo 1951.
- "El estatus legal de las cubanas en la Comisión Femenina de las Naciones Unidas", *Bohemia*, La Habana, mayo 1951.
- "La superación de actitudes y costumbres", *Cuadernos de la Universidad del Aire*, La Habana, 1952.
- "El Lyceum y su mundo interior", *Revista Lyceum*, vol. XI, núm. 37, La Habana, Editorial Lex, febrero 1954.
- "The Franchise", *The Caribbean. Its Political Problems*, Series I, vol. VI, Gainesville, University of Florida Press, 1956.
- "The Role of Women in the Struggle for Democracy in Latin America", La Habana, 1957.
- "Los valores espirituales en el trabajo social", trabajo presentado en la Tercera Conferencia Panamericana de Servicio Social celebrada en Puerto Rico, San Juan, 1957.
- "El trabajo social en los Estados Unidos y sus proyecciones más significativas", *Diario de la Marina*, La Habana, 1958.
- "¿Ha tenido eficacia la participación de la mujer en nuestra vida pública?", *Cuadernos de la Universidad del Aire*, La Habana, 1957.
- (y Pratts, Selenia), "Influencia de los factores socioeconómicos del medio ambiente en los problemas de la infancia abandonada", Ponencia presentada en el Onceno Congreso Interamericano del Niño, Bogotá, noviembre 1959.
- (y Concha de Zaldarriaga, Emilia), "El trabajo de la voluntaria al servicio de la comunidad. Filosofía del servicio voluntario", Informe sobre las actividades realizadas en el Seminario Bolivariano, Bogotá, abril 15-22, 1963.

– "General Impressions of Voluntary Efforts as they relate to Child Welfare in Countries Visited", Informe presentado a la Junta Ejecutiva y al Director General del UNICEF, UNICEF, junio, 1965.
– (y Guerrero, María Luisa), "Encuentro de la cultura cubana con la americana", Conferencia, Unión de Cubanos en el Exilio, New York, diciembre 1965.
– "Children Born Out of Wedlock: The Interest of UNICEF", Statement to the Sub-Commission on the Prevention of Discrimination and Protection of Minorities, Commission of Human Rights, United Nations, January 19, 1967.
– "UNICEF: Its Programmes and Aims", Statement to the Convention of the Soroptimist International Association, Toronto, July 26, 1967.
– (y Pintado de Rahn, María), "El servicio social en Cuba, 1902-59", Conferencia, Forum Cubano de Estudios Sociales, Unión de Cubanos en el Exilio, New York, 1967.
– "Development and Utilization of Human Resources", Statement to the Commission of the Status of Women, Economic and Social Council, United Nations, 1968.
– "La evolución del voluntariado en la América Latina", *La familia en una sociedad en evolución*, Naciones Unidas, UNICEF, 1969.
– "The Role of UNICEF in the Second United Nations Decade of Development", Lecture to the International Congress of the Federation of Professional and Business Women, Edmonton, July 4, 1971.
– "Education and Training: Key to Development", Report to the XII International Congress of the Federation of Professional and Business Women, Edmonton, July 10, 1971.
– "Faith in Action", Draft for a statement to some members of the International Federation of Professional and Business Women, Edmonton, 1971.
– "What do you regard as the most urgent contribution women can make in response to social and economic pressures?", Contribution to discussion group. National Conference of Business and Professional Women, Cleveland, July 26, 1971.
– "La discriminación contra la mujer es incompatible con la dignidad de la familia y de la sociedad", Exposición ante la XVI Asamblea de la CIM, Washington, D.C., Organización de Estados Americanos, 1972.
– Statement on behalf of UNICEF to the Commission of Status of Women, United Nations, January 22, 1974.
– "Mis recuerdos de Juan Ramón Jiménez y Zenobia Camprubí", Notas para una charla en inglés, New York, Manhattanville College, mayo 1, 1974.
– "Visión panorámica de la mujer latinoamericana desde que el continente fue descubierto hasta 1975", Conferencia pronunciada en la Unión de Cubanos en el Exilio, San Juan, Puerto Rico, 1975.
– "Reminiscence of Volunteer Cooperation", *UNICEF Newsletter*, núm. 28, United Nations, December 1975.

- "Informe sobre la Conferencia del Año Internacional de la Mujer", México, 1975.
- "Visión panorámica de la mujer latinoamericana desde el Descubrimiento hasta 1975", Conferencia, Frederick, Maryland, Hood College, 1975.
- "Los derechos humanos", Conferencia de la UCE de Puerto Rico, San Juan, julio 7, 1977.
- "Los derechos humanos y la Conferencia de Helsinki", Conferencia, Point Pleasant, N.J., septiembre 28, 1977.
- "Los derechos humanos en Cuba", traducción del discurso pronunciado en Londres el 10 de diciembre de 1978 en el acto organizado por Amnesty International, *Diario Las Américas,* Miami, diciembre 15, 1978.
- "Informe sucinto del viaje a Europa llevado a cabo por Elena Mederos y Miguel Sales", Washington, D.C., diciembre 1978.
- "La mujer en Cuba", trabajo enviado al I Congreso de Intelectuales Cubanos Disidentes, París, abril 11, 1979.
- "My Aspirations for Democracy in my Country and what I have in Common with those who seek Democracy in their Countries", Participation in the Conference for Action, Washington, D. C., April 28, 1979.
- "Ted Jacqueney: A Eulogy", delivered before Accuracy in Media, New York, November 2, 1979.
- "La mujer en la Revolución", Conferencia pronunciada en la sesión de clausura del II Congreso de Intelectuales Cubanos Disidentes, New York, Columbia University, Teachers College, agosto 3, 1980.

Cronología

1980-1981 DEMOCRACY INTERNATIONAL, Washington, D.C.: Miembro de la Junta Directiva.
1975-1981 OF HUMAN RIGHTS, Washington, D.C.: Fundadóra y Presidenta.
1975-1981 MENTAL HEALTH FOUNDATION, Area A, Washington, D.C.: Miembro de la Junta Directiva.
1973-1981 GEORGETOWN CHILDREN'S HOUSE, Washington, D.C.: Miembro de la Junta Directiva, Presidenta del Comité Intercultural.
1964-1970 UNICEF (FONDO DE LAS NACIONES UNIDAS PARA LA INFANCIA), Naciones Unidas, New York: Oficial de Enlace con las Organizaciones No-Gubernamentales.
1961-1964 UNICEF, Oficina Regional, Bogotá: Oficial de Programas para Servicios Sociales y Educación Primaria.
1959- MINISTERIO DE BIENESTAR SOCIAL, La Habana: Ministra en el Gabinete del Presidente Manuel Urrutia.
1954- INSTITUTO INTERNACIONAL PARA LA PROTECCIÓN DE LA INFANCIA, Montevideo: Consejera Técnica de Seminarios en México y Puerto Rico.
1953-1954 SOCIEDAD DE AMIGOS DE LA REPÚBLICA, La Habana: Vicepresidenta.
1951-1954 ORGANIZACIÓN DE NACIONES UNIDAS, COMISIÓN SOBRE LA CONDICIÓN JURÍDICA Y SOCIAL DE LA MUJER, Naciones Unidas, New York: Delegada de Cuba.
1950- COMITÉ NACIONAL DE LA UNESCO, La Habana: Delegada del Lyceum.
1949-1951 ASOCIACIÓN CUBANA DE LAS NACIONES UNIDAS, La Habana: Vicepresidenta.
1948-1949 LLAMAMIENTO DE LAS NACIONES UNIDAS EN FAVOR DE LA INFANCIA, La Habana: Vicepresidenta.

1947-1955	INSTITUTO DE REEDUCACIÓN DE LISIADOS FRANKLIN DELANO ROOSEVELT, La Habana: Vicesecretaria; Vocal de Rehabilitación Social y Familiar.
1947-1951	COLLEGE BOARD ENTRANCE EXAMINATIONS, Princeton, New Jersey: Supervisora en La Habana, Cuba.
1946-1955	FUNDACIÓN DE INVESTIGACIONES MÉDICAS, La Habana: Vicesecretaria; Vocal de la Junta Directiva.
1945-1951	FUNDACIÓN CUBANA DEL BUEN VECINO, La Habana: Vicepresidenta de la Junta Directiva; Presidenta de la Sección de Asistencia Social.
1945-1950	MESA REDONDA PARA ESTUDIAR UNA LEGISLACIÓN DE MENORES, La Habana: Delegada del Lyceum.
1944-1951	CORPORACIÓN NACIONAL DE ASISTENCIA PÚBLICA, La Habana: Vocal del Patronato.
1943-1958	ESCUELA DE SERVICIO SOCIAL, Universidad de La Habana: Fundadora; Instructora de Trabajo Social de Casos; Supervisora de Programas; Directora de Tesis.
1940-1945	FONDO CUBANO-AMERICANO DE AYUDA A LOS ALIADOS, La Habana: Miembro de la Junta Directiva.
1938-1955	PATRONATO DE SERVICIO SOCIAL, La Habana: Fundadora; Presidenta; Vicepresidenta; Vocal.
1936-1940	INSTITUCIÓN HISPANO-CUBANA DE CULTURA, La Habana: Vicepresidenta; Vocal.
1931-1961	LYCEUM, La Habana: Presidenta durante varios períodos; Vocal de distintas secciones; Consejera Permanente de la Junta Directiva desde 1951.
1928-1949	ORGANIZACIÓN DE ESTADOS AMERICANOS, COMISIÓN INTERAMERICANA DE MUJERES, Washington, D.C.: Delegada de Cuba a cinco Conferencias Interamericanas.
1928-1931	ALIANZA NACIONAL FEMINISTA, La Habana: Secretaria.
1928-1929	FEDERACIÓN NACIONAL DE MUJERES, La Habana: Miembro del Comité de Comunidades por una Acción Cívica.

Indice
onomástico

Abella, Rosa, 10
Acosta, Graciela, 251, 269
Adams, Jane, 96
Agramonte Pichardo, Roberto, 140, 154
Aguilar León, Luis, 188, 225, 251, 260
Agusti, Filiberto, 226
Alberti, Rafael, 73
Alegría, Ciro, 73
Alfaro Siqueiros, David, 73
Almendros, Herminio, 73
Alonso, Manuel, 225
Altolaguirre, Manuel, 73
Álvarez, María Teresa "Teté", 24, 29, 64, 217
Álvarez Díaz, José R., 133
Amiel, Enrique Federico, 164
Anacleto, 195, 196
André, Otilia, 89
Andreu, José Ramón, 128
Andreu, Porfirio, 55
Antuña, Vicentina, 82, 199
Añorga, Joaquín, 106
Ardura, Ernesto, 272, 273, 276
Arocena, Berta, 24, 25, 50, 66, 81, 82, 90
Arrabal, Fernando, 220, 261
Arrazcaeta, Emilia, 153
Arriba de Alonso, Leticia, marquesa de Tiedra, 49

Arrieta, Victoria, 37
Arroyo, Anita, 226
Asturias, Miguel Ángel, 73
Ayala, Ana María, 83, 84
Baeza Flores, Alberto, 73
Bannatyne, Adelina, 200
Baños, Margot, 24
Baralt, Luis A., 24, 25, 57
Baralt Mederos, Luis A., 10
Bardwell, H.B., 23
Barroso, Enrique, 251
Batista, Fulgencio, 117, 123, 125, 127-131, 133, 135, 221
Bazil, Osvaldo, 73
Beaty, Richard, 254
Beci, María, 39
Benedí, Claudio, 222, 225, 251-253
Benes, Bernardo, 248, 249
Bertot, Ernestina, 11, 41
Betancourt Agüero, Laura, 46
Betancourt de Mora, Ana, 44, 58
Blanco, Andrés Eloy, 73
Blanco, Mirta, 208
Bonsal, Philip, 134
Borrero, Ana María, 67, 81, 82, 85, 91
Bourgin, Mariada A., 100, 101, 118, 191, 212, 219, 278
Boza Masvidal, Eduardo, 193, 249

Brauning, Robert R., 28, 51, 57, 131, 156, 161, 244
Bray, Leo de, 105
Briggs, Lucy, 79
Brower, E., 253
Buonarrotti, Miguel Ángel, 27
Burke, Addie, 22-26, 31, 78
Buznego, Manuel, 200

Caballero, Mary, 66
Cabañas, Inés, 16, 17, 22, 39, 115
Cabañas, José, 14, 15
Cabañas, Mercedes, 16
Cabezas, Cristina, 275
Calzón, Frank, 10, 222, 224-228, 236, 243, 251, 264, 270, 277, 278, 284
Camoens, Luis de, 92
Campbell, William, 113
Camprubí, Zenobia, 210
Canet, Gerardo, 226, 227
Carbó, Sergio, 58
Carbonell, Candita, 16
Carbonell, Néstor Leonelo, 16
Carnicer, profesor, 26
Carrera, Antonio de la, 189
Carter, Jimmy, 229, 241, 250, 261
Casal, Lourdes, 188
Casalins, Rafael, 240, 241, 244
Casona, Alejandro, 73
Castañeda, Carlos M., 139
Castellanos, Carmen, 66, 83
Castellanos, Dulce María, 66
Castellanos, Manuel, 48
Castillo, Oílda del, 225
Castro, Fidel, 118, 128, 131, 132, 134, 135, 137-139, 143, 146-155, 158, 163, 191, 221, 229, 238, 248, 250, 262
Castro, "Manolo", 132
Castro, Martha de, 217
Castro, Raúl, 134, 199
Cepero, Alfredo, 223, 225
Cernuda, Ramón, 267
Céspedes, Carlos Manuel de, 289

Céspedes y Quesada, Carlos Manuel de, 58
Cienfuegos, Camilo, 138, 146
Clark, Juan, 260
Clavijo, Jorge, 251
Clavijo, Uva, 220, 222, 225, 227, 228, 230, 236, 251, 265, 267, 276, 277
Cruz, René, 167
Cuervo, hermanas, 16
Cueto, Ana María, 212, 233, 235, 271, 272, 278, 281

Chabás, Juan, 73
Chacón y Calvo, José María, 68
Charnow, Jack, 203, 206
Chediak, Haifa, 160, 170, 173, 189, 216
Chibás, Eduardo, 127
Chibás, Raúl, 128

Díaz, Emelina, 10, 26-28, 65, 74, 78, 86, 87, 89-91, 99-102, 119, 170, 181, 188, 199, 200, 217, 259, 268
Díaz Parrado, Flora, 48
Díaz Rivera, Tulio, 226
Díez, Antonio, 251
Dolz, María Luisa, 45
Domingo, Pedro, 107, 108
Domínguez Navarro, Ofelia, 48, 49, 57
Dorticós Torrado, Osvaldo, 141

Echemendía, Susana, 16
Echeverría, José Antonio, 128
Edison, Thomas Alva, 288
Edna, 196
Encinas, José Antonio, 73, 108
Enochs, Elizabeth, 107, 212
Espín, Vilma, 199
Espina, Concha, 73

Estrada, Celia, 217
Evans, 243

Fariñas, Elia Rosa, 217
Felipe, León, 73
Fernández, Agustín, 35, 36
Fernández, Ángel, 154
Fernández, Marcelo, 135
Fernández, Raúl, 36, 37
Fernández, Roberto, 221, 251, 260
Fernández Maza, Julio, 109
Fernández Mederos, Concha, 35, 36, 211, 212
Fernández y Jiménez, Rafaela, 16
Ferracuti, Franco, 172
Ferré, Maurice, 267
Fiallo, Amalio, 128
Finlay, Carlos J., 289
Finn, James, 263
Florit, Eugenio, 69, 275
Folks, Holmer, 94
Fontaine, Roger, 260
Fontanills, Enrique, 38
Franca, Porfirio, 58
Francisco de Asís, san, 290
Fuentes, Félix, 14
Fuentes, Justo, 132
Funes, Zoila, 102

Gaitán, Jorge Eliécer, 132
Gaivisa, Máximo, 254
Galíndez, Jesús, 221
Gallegos, Rómulo, 73, 165
García Bárcenas, Rafael, 127
García de Franca, Mirelle, 89
García Lorca, Federico, 73
Geddes, Joan Bel, 198, 199
Giannini, Valerio, 250
Gladwyn, Lord, 257
Golendorf, Pierre, 258
Gómez, Máximo, 133
Gómez Carbonell, María, 57
Gómez Ochoa, Delio, 135
González, María Elena, 26, 33, 40, 135-136, 159, 160, 173, 175, 182, 186, 202, 211, , 215, 216, 233, 245, 246, 273
González Arrieta, Hilario, 10, 37-41, 80, 150, 195, 215
González Arrieta, Maisa, 291
Gowland, María, 60
Grant, Frances, 221, 222, 260
Grau Esteban, Enrique, 140
Grau San Martín, Ramón, 58, 59, 110, 124, 127, 128, 131
Greco, El, 216
Grunwald, Hanna, 221, 223
Guanche, Carmelina, 29, 50, 64, 66
Guede, Emilio, 251
Guerra, José Antonio, 151-152
Guerrero, María Luisa, 11, 104, 160, 170, 179, 181-183, 188-192, 206, 214, 217, 222, 223, 226, 233, 234, 238, 242, 246, 247, 249, 251, 259, 260, 262, 266, 268, 274, 277, 285
Guerrero, Teresita, 231
Guerrero Costales, Carlos, 190
Guevara, Alfredo, 132
Guevara, Ernesto "Che", 134, 138, 151
Guillaume, Rosario, 49
Guillermo Marrero, Edenia, 211
Gutiérrez, José Manuel, 107
Gutiérrez, Rebeca, 50, 66, 199, 200
Gutiérrez Menoyo, Eloy, 220, 258

Hall, Helen, 105
Hannan, Francis M., 193
Henderson, Julia, 168
Henríquez Ureña, Camila, 216
Henríquez Ureña, hermanos, 73
Hernández, Evangelina, 217
Hernández Figueroa, José, 24
Heyward, Edward, 203
Hidalgo de Caviedes, Hipólito, 73
Hoe, Miss, 255
Hugo, Víctor, 243

Jacqueney, Theodore, 263, 264
Jiménez, Juan Ramón, 73, 210
Jiménez de Asúa, Luis, 73
Jorge, Pilar, 47-49
Joseph, Keith, 257
Juana de Arco, 197

Keimowitz, Dr., 245
Kempis, Tomás de, 24, 31, 288, 290
Kennedy, clan, 243
Kidd, Paul, 137
Kirkpatrick, Jeane, J., 225, 236, 237
Kissinger, Henry, 222

Labarca, Amanda, 60, 73, 193, 194, 201
Lago, Armando, 226
Lagomasino, Mary, 29, 64
Lagomasino, Rosa Trina, 52
Lamar, Hortensia, 58, 89
Lancís Sánchez, Antonio, 10, 127-131
Lastra, Serafina, 216, 251
Lavedán, Coca, 216
Lee, Muna, 47
Lewis, Oscar, 108
Liszt, Franz, 27
Litvinov, Pavel, 263
Lizama, Gloria, 159, 189, 284
Lizaso, Félix, 125
Lomnitz, familia, 170
Lomnitz, Gertrude, 10, 67, 179, 217, 289, 292, 293
Lomnitz, Gunther, 10
López, Ada, 217
López, Elba, 277
López, Margarita, 10, 46, 49
Lynch, J., 257

Llaguno, Esperanza, 155

Maceo, 126
Machado, Antonio, 288, 296, 297
Machado, Gerardo, 39, 51, 55-58, 63, 105
Machín, María Dolores, 110
Madariaga, Salvador de, 73
Maeztu, María de, 73
Maidique, Modesto, 260
Manet, Eduardo, 220, 258
Manglapus, Raúl, 263
Mankiewicks, Frank, 243
Mañach, Jorge, 24, 25, 57, 74, 95, 97, 122, 124-126
Mañas Parajón, Uldarica, 88
Marinello, Juan, 74
Mármol, Guillermo, 251
Márquez Sterling, Carlos, 226
Márquez Sterling, Manuel, 131
Marrero, Leví, 226, 251
Martí, José, 14, 16, 19, 133, 165, 242
Martínez, Julia, 46, 47
Martínez Ferrol, Manuel, 258
Martínez Márquez, Guillermo, 24, 36, 50, 226, 252, 253
Martínez Márquez, Matilde, 50, 66
Martínez Páez, Julio, 154
Masferrer, Rolando, 132
Masó, José Luis, 149
Mateo, san, 93
Matos, Huber, 158, 220, 223, 247, 264, 266, 267
Matos, María Luisa, 221-223, 253, 260
Maza, Piedad, 83, 108, 109
McKinley, William, 21
McSorley, Richard, 260
Mederos, Bonifacio, 14, 15
Mederos, Lillian, 10, 23-25, 36, 50, 64, 66, 70, 83, 95, 200, 206, 212-214, 266
Mederos Cabañas, Leopoldo, 17, 22, 32, 33, 39
Mederos Cabañas, Romelia, 17, 22, 30, 159, 214, 246

Mederos Echemendía, Diego Eladio, 10, 57
Mederos Fernández, Eladio, 16
Mederos Fernández, Elisa, 16
Mederos Fernández, Leopoldo, 16, 17, 22, 31, 35, 39, 45
Mederos Fernández, María, 16
Mederos Fernández, Rafaela, 16, 32, 35-37, 43, 45
Mederos Fernández, Rita, 16
Mederos Fernández, Rosa, 16
Mederos Fernández, Tomás, 16
Mederos y Medina, Fermín, 14-16
Medrano, Humberto, 152, 223, 226, 252
Méndez Capote, Renée, 50, 66, 67, 90
Méndez Capote, Sarah, 50, 66
Mendieta, Carlos, 59
Menocal, Elisa, 266
Mestre, Ramón, 225, 251, 258
Miret, Luis, 155
Miret, Pedro, 155
Miró, 126
Miró Cardona, José, 128, 138-140, 143
Mistral, Gabriela, 73, 178
Miyares, Marcelino, 279
Montalvo de Soto Navarro, María, 47, 48
Montaner, Carlos Alberto, 226, 251, 258, 259, 275
Montaner, Linda, 259
Mora, Gerardo, 222, 225, 227, 230
Mora, Violeta, 225
Morales, Ricardo, 71
Moré, María Teresa, 66
Morera, Margot, 87
Moss, Robert, 254
Moure, Elena, 141, 155

Naunton, Ena, 25, 250
Navarro, Alina, 267
Neruda, Pablo, 73

Nogueras, Griselda, 267
Novak, 243
Núñez, Julio, 254
Núñez Jiménez, Antonio, 151

Obana, Rosaura, 200
O'Farrill, Julieta, 251
Oliveira Lima, Flora de, 51
Orfila, Alejandro, 54
Oroza, Ileana, 28, 29, 33, 51
Ortega y Gasset, José, 29, 31
Ospina, Isabel, 10, 167-170, 174, 201, 273
Osuna, Ramón, 211
Ovares, Enrique, 132
Oviedo, Eleno, 220, 257

Pacetti, Cucú, 217
País, Frank, 134
Parajón, Mario, 71, 88
Páramo, Pedro, 258
Pardo, R., 253
Pardo Llada, José, 128
Parra, Teresa de la, 48, 73
Pate, Maurice, 166, 167, 178, 179
Pate, Mrs., 179
Paul, Alicia, 52
Paz Soldán, Carlos Enrique, 73
Pazos, Felipe, 151, 212
Pazos, Sara, 212
Peláez, Amelia, 217
Perera, Hilda, 17, 37, 41, 216, 259, 268, 275, 276
Perera, José Francisco, 37
Pérez, Faustino, 134
Pérez, Raquel, 155
Pérez Jiménez, Andrés, 221
Perón, Juan Domingo, 132
Picasso, Pablo, 196
Picón Salas, Mariano, 73
Pina, 126
Pino, Rafael del, 132
Pino Santos, Oscar, 151

311

Piñón, Jorge, 251
Pintado de Rahn, María, 108, 141, 142, 145, 188, 217
Pittaluga, Gustavo, 73
Pla, Lydia, 35, 211
Planas, Nena, 10, 216, 246, 267
Plant, Roger, 256
Portela, Guillermo, 58
Portell Vilá, Herminio, 238, 252, 253
Portilla, Martha de la, 210
Pratts, Selenia, 123
Prim, 118
Prío Socarrás, Carlos, 117, 118, 128
Pujals, Elena, 212
Pujals Claret, Francisco, 30
Pujals-Mederos, 39
Pujals Mederos, Francis, 10, 222
Pujals Mederos, José Leopoldo, 159, 170, 189, 194, 220-222, 246, 284

Rahn, familia, 170
Ramos O'Hare, May, 25, 26, 39
Rasco, José Ignacio, 188
Ravennes, Alain, 258
Ray Rivero, Manuel, 133-135, 158, 159, 189, 251
Rexach, Rosario, 71, 72, 217, 292
Reyes Alfonso, 73
Ríos, Fernando de los, 73
Ripoll, Carlos, 104, 200, 260, 267, 278, 285
Rivadulla, Mario, 251
Roca, Nenita, 102, 194, 217
Rodríguez, Carlos Rafael, 133
Rodríguez, Luis Orlando, 154
Roig, Tomás, 28
Roldán, Rubén Darío, 139
Román, Agustín, 267
Romañach, Leopoldo, 27
Romeu, Domingo, 41
Roosevelt, Franklin D., 131
Rueda, Enrique, 285

Ruiz Funes, Mariano, 73
Ruz, Otilia, 102, 217

Sabas Alomá, Mariblanca, 49
Saca, María, 278
Sajarov, Andrei, 263
Saladrigas, 57
Salazar, José, 226
Sales, Miguel, 239-241, 253-258
Saluvet, Juan B., 15
Sánchez, Celia, 146
Sánchez, Eloísa, 23-25, 31, 38, 39, 45, 290
Sánchez, Luis Alberto, 73
Sánchez Albornoz, Claudio, 73
Sánchez de Fuentes, Fernando, 52
Santamaría, Alicia, 66
Sarrá, Celia, 49
Sayán de Vidaurre, Alberto, 73
Secades, Julieta, 216
Serrano, Pío, 258
Shaffer, Alice, 108, 166
Sherman, Alfred, 257
Simón, José G., 278
Smith, Gilbert, 192
Smith, Louise, 113, 192
Sorí Marín, Humberto, 149-151, 154, 155
Sorzano de Villalón, Elodia, 193
Sosa, Jorge, 223, 224
Stein, Herman D., 180
Stephen, David, 257
Stevens, Doris, 47, 52, 53
Stone, Richard, 243
Strong, Kitty, 186
Sullivan, Dorothea, 210

Thatcher, Margaret, 257
Theberge, James D., 225
Thomas, Hugh, 124, 134, 154, 253, 254, 256, 257, 275
Thomas, Jo, 266
Tomé, Ofelia, 66
Torres, Camilo, 171

Torriente, Cosme de la, 119, 125, 126, 128, 133
Trejo, Rafael, 56
Tro, Emilio, 132
Turina, Joaquín, 73
Tutankhamon, 273

Unamuno, Miguel de, 161, 294
Urrutia Lleó, Manuel, 138-140, 143, 148, 155

Valdés Rodríguez, Antonio, 189
Valdespino, Andrés, 188
Valladares, Armando, 220, 262, 275
Valls, Jorge, 275
Varona, Enrique José, 56
Vasconcelos, Irene de, 48
Vasconcelos, José, 73
Vidaurreta, María Josefa, 66

Vilariño, Hilda, 193
Vilariño, Serafín, 193
Villar Roces, Mario, 251

Welles, Sumner, 58
Weyler, Valeriano, 94
Wood, Leonard, 21
Woss, Plintha, 47

Yáñez, Luis, 258

Zacharie, Blanche, 48
Zaldívar, Angela, 47
Zambrano, María, 73
Zapata, Ascensión, 216
Zayas Bazán, Eduardo, 226
Zayas y Alfonso, Alfredo, 38
Zizzamia, Alba, 186
Zúñiga, Javier, 256.

Índice

Prólogo		9
I.	El símbolo	13
II.	Preludio de una vida	19
III.	El amor, trayectoria íntima	35
IV.	Comienza la lucha. El camino del feminismo	43
V.	El Lyceum	63
VI.	Evolución y práctica de una idea: la asistencia social	93
VII.	Cuba entra en un callejón sin salida	117
VIII.	La gran ilusión	137
IX.	Comienza el exilio. Su trabajo en el UNICEF	163
X.	Of Human Rights: la última batalla	205
XI.	Con las manos limpias y los ojos serenos	281
XII.	Bajo el signo del Amor	287
Referencias bibliográficas		299
Cronología		305
Índice Onomástico		307

Impreso en los talleres de
Editorial Presencia Ltda.
Calle 23 No. 24-20
Bogotá, Colombia.